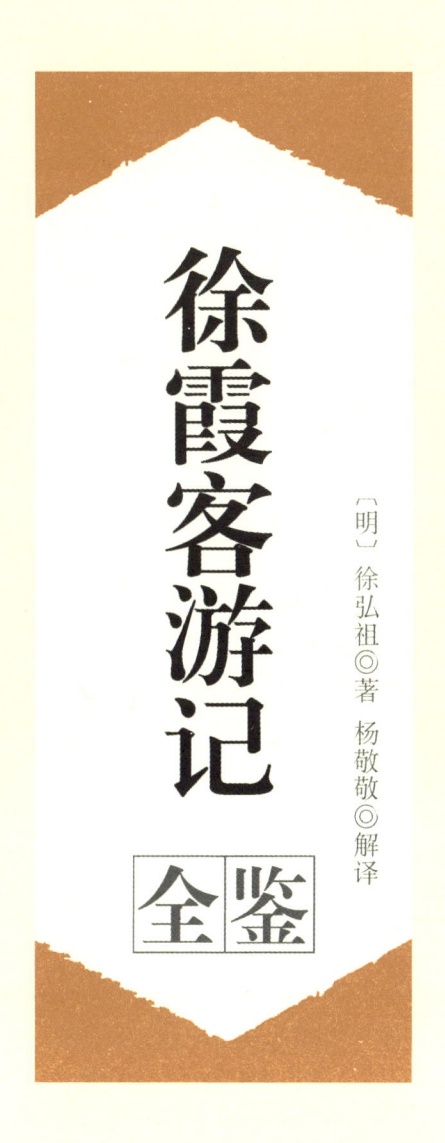

徐霞客游记全鉴

〔明〕徐弘祖 ◎ 著
杨敬敬 ◎ 解译

中国纺织出版社

内 容 提 要

《徐霞客游记》是徐霞客根据自身的游览经历，主要采用日记体的方式撰写的一本关于我国古代地理的著作，是了解我国地理不容错过的传世佳作。本书选取了《徐霞客游记》中的精华部分，并佐以题解、注释、译文等板块，方便读者理解与阅读，让读者能够跟着徐霞客的脚步，认识中国的锦绣河山和当时的一些社会状况。

图书在版编目（CIP）数据

徐霞客游记全鉴／（明）徐弘祖著；杨敬敬解译.
—北京：中国纺织出版社，2016.10（2018.4重印）
ISBN 978-7-5180-2962-4

Ⅰ.①徐…　Ⅱ.①徐…②杨…　Ⅲ.①游记—中国—明代②历史地理—中国—明代③《徐霞客游记》—译文④《徐霞客游记》—注释　Ⅳ.①K928.9

中国版本图书馆CIP数据核字（2016）第224379号

策划编辑：顾文卓　　特约编辑：张彦彬　　责任印制：储志伟

中国纺织出版社出版发行
地址：北京市朝阳区百子湾东里A407号楼　邮政编码：100124
销售电话：010—67004422　传真：010—87155801
http://www.c-textilep.com
E-mail：faxing@c-textilep.com
中国纺织出版社天猫旗舰店
官方微博http://weibo.com/2119887771
北京佳信达欣艺术印刷有限公司印刷　各地新华书店经销
2016年10月第1版　2018年4月第2次印刷
开本：710×1000　1/16　印张：20
字数：228千字　定价：38.00元

凡购本书，如有缺页、倒页、脱页，由本社图书营销中心调换

前言

《徐霞客游记》是徐霞客根据自身的游览经历主要采用日记体的方式撰写的一本关于我国古代地理的著作。作者徐弘祖,字振之,别号霞客,江苏江阴人,是我国著名的地理学家。徐霞客自幼立志要览尽祖国的大好河山,探寻大自然的奥秘。因此从22岁起便开始外出旅行,直至生命结束。在三十多年的时间里,他先后东渡普陀,北游幽燕,南达闽粤,西北勇攀太华之巅,西南远涉云贵边陲。在大半个中国留下了自己的足迹。

与历代贪恋山水风景的文人雅士不同的是,徐霞客的游览不仅仅以观赏美景为目的,同时还对所到之处的地理、地址、地貌进行了详尽的考察,以实际行动来对书籍中的错误记载进行纠正。在考察大自然的过程中,不管困难多大,条件多么恶劣,他都不会放弃,详尽而生动地记录该地的情况。也正是这种对地理地貌研究、科学的态度以及实事求是的记录风格,让《徐霞客游记》一书在中国地理科学史上有着不可比拟的重要地位。

由于常年在外跋涉,徐霞客身染重病,无法整理自己的手稿。他在临终前,托付给他的外甥季梦良来整理自己的手稿,后来经由季氏、王忠纫的共同努力将其手稿编辑成书。不过让人惋惜的是,在明末战乱时,江阴诸多地区遭到清军荼毒,《徐霞客游记》的大部分手稿也因此毁于火中,季氏整理的版本遗失殆尽。所幸世上还存有多种抄写版本,后来经过季会明、李寄（徐霞客的第四子）的多次整理搜集，让《徐霞客游记》免遭湮灭的命运。

自《徐霞客游记》问世以来，备受世人推崇。它涉及内容广泛、丰富，从名山大川到动植物，再到手工业、矿产、农业、交通运输、城市建置等，都有所记录。为研究我国历史自然地理与历史人文地理提供了价值极高的史料。另外，徐霞客用自己实际考察的结果纠正了很多错误的说法，弥补了前人研究中的不足，充分表现了徐霞客严谨的治学态度，以及追求真理的精神。

另外，《徐霞客游记》作为一部地理学名著，其文学价值也不容忽视。徐霞客使用其精妙的文笔，描绘了祖国的锦绣河山和自然界的奇妙景观，将所见所想均栩栩如生地呈现在人们面前，同时也带给人们不少思考。让人读起来，如身临其境。

本书为精编选译版本，由题解、原文、注释、译文四个部分构成。为了方便读者了解所刻画的内容的大致情况，我们增添了题解这一板块，同时也增添了注释这一板块，对难懂的词句进行了详细的注音和解释，译文多采取直译，最大程度地便于读者阅读和理解。由于编者能力有限，书中难免会有错讹疏漏，希望读者批评指正。

解译者

2016年7月

目录

- 游天台山日记　浙江台州府／1
- 游雁宕山日记　浙江温州府／15
- 游白岳山日记　徽州府休宁县／26
- 游黄山日记　徽州府／34
- 游武彝山日记　福建建宁府崇安县／51
- 游庐山日记　江西九江府
  　　　　　　山之阴为九江府　山之阳为南康府／68
- 游九鲤湖日记　福建兴化府仙游县／84
- 游嵩山日记　河南河南府登封县／96
- 游太华山日记　陕西西安府华阴县／117
- 游太和山日记　湖广襄阳府均州／128
- 闽游日记　前／141
- 闽游日记　后／156
- 游秦人三洞日记／177
- 湘江遇盗日记／191
- 游七星岩日记／205

- 与静闻永诀日记／220
- 游白水河瀑布日记／223
- 游盘江桥日记／229
- 随笔二则／237
- 游莋碧湖日记／246
- 游大理日记／255
- 游高黎贡山日记／274
- 游鸡足山日记　后／287
- 法王缘起／301
- 溯江纪源／303

- 参考文献／313

游天台山日记 浙江台州府

【题解】

天台山位于今浙江天台县北部，盛景颇多，以石梁飞瀑最为著名，也被简称为台山。台州府位于今浙江临海市。

万历四十一年（1613年），徐霞客到浙江游玩，先游览了珞珈山（普陀山），并未写下游记。之后沿海南行，在僧人莲舟的陪同下，一同游览了天台山与雁宕山。本篇日记便是在游览天台山之后留下的游记。本篇游记详尽地描写了天台胜景，是徐霞客早年地理考察的重要记录。

【原文】

癸丑之三月晦① 自宁海出西门②。云散日朗，人意山光，俱有喜态。三十里，至梁隍山③。闻此於菟夹道④，月伤数十人，遂止宿焉。

【注释】

①癸（guǐ）丑：明朝万历四十一年，即1613年。晦：指的是农历每月的最后一天。万历四十一年三月三十日，也就是公元1613年的5月19日。

②宁海：明朝时为县级行政机构，隶属台州府，是现在的浙江宁海县。

③梁隍（huáng）山：现在写为梁皇，位于现在的宁海县西南境的公路旁。

④於菟（wū tú）：对老虎的另一种称呼。

【译文】

癸丑年三月三十日 自宁海县城的西门出城。乌云散尽，天气晴朗，

人的心情、山间的风光都染上了喜悦之态。走了三十里，抵达梁隍山。听闻这里的道路两旁常有老虎出没，一个月的时间内伤了数十人，于是只好停到这里投宿旅馆。

【原文】

四月初一日　早雨。行十五里，路有岐，马首西向台山，天色渐霁。又十里，抵松门岭，山峻路滑，舍骑步行。自奉化来①，虽越岭数重，皆循山麓；至此迂回临陟，俱在山脊。而雨后新霁，泉声山色，往复创变，翠丛中山鹃映发，令人攀历忘苦。又十五里，饭于筋竹庵。山顶随处种麦。从筋竹岭南行，则向国清大路②。适有国清僧云峰同饭，言此抵石梁，山险路长，行李不便，不若以轻装往，而重担向国清相待。余然之，令担夫随云峰往国清，余与莲舟上人就石梁道③。行五里，过筋竹岭④。岭旁多短松，老干屈曲，根叶苍秀，俱吾阊门盆中物也。又三十余里，抵弥陀庵。上下高岭，深山荒寂，恐藏虎，故草木俱焚去。泉轰风动，路绝旅人。庵在万山坳中⑤，路荒且长，适当其半，可饭可宿。

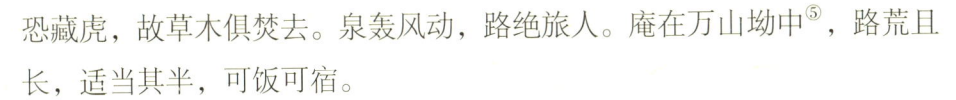

【注释】

①奉化：在明朝时为县级行政机构，隶属宁波府，也就是现在的浙江奉化。

②国清：指的是国清寺，位于天台县城北3.5公里的天台山麓。国清寺周围风光绮丽，古迹甚多。

③莲舟：江阴迎福寺的僧人。上人：对僧人的一种尊称。佛家将人分为四种，即粗人、浊人、中间人与上人。通常认为内有德智，外有胜行的人为上人。

④筋竹岭：应该就是现在位于宁海、天台两县交界处的金岭。

⑤坳（ào）：山间低洼的地方。

【译文】

四月初一日　早上雨下个不停，向前走了十五里，道路的旁边有一个岔道，停马从西边前往天台山，天气慢慢变晴。又走了十里路，到松门岭下面。山高路滑，只好放弃骑马，徒步而行。自奉化来的道路，虽然途经多重山岭，但都是沿着山麓而行；到了这里之后，不管怎么蜿蜒曲折或者临水、登高，都是在大山脊上进行。雨过天晴，秀丽的山色中叮咚的泉水声到处都能听到，不断变化出新的景观，绿树丛中的红杜鹃花交相辉映，让人忘记了攀登跋涉的艰辛。又向前走了十五里，在筋竹庵暂时停下来休息、用饭。山顶上种满了麦子。从筋竹岭向南行进，就是可以抵达国清寺的大路。正好有国清寺的僧人云峰跟我们同桌用餐。他说：从这条路前往石梁，山路险峻，且路途遥远，不便于携带行李。不如轻装前行，而让挑夫将行李先挑到国清寺去等候。我听从了他的建议，让挑夫挑着行李跟着云峰先生先去了国清寺，我跟莲舟上人一同从石梁道上动身前往。走了五里路，翻过了筋竹岭。山陵旁边有许多又矮又老的松树，树干弯弯曲曲，树根松叶却依然翠绿秀美，就像是城里人家中盆栽中的奇异清秀的松树桩。又走了三十多里，才到达弥陀庵。在高峻的山岭间上上下下，深山荒无人烟，周遭静悄悄的。（担心猛虎藏在草木之间伤人，山路上的草木都已经被人放火烧光了。）泉水轰鸣，强风动地，山路上没有其他旅行的人，显得格外荒凉且漫长。弥陀庵位于万山坳之中，正位于中途，行人可以在这里用餐或者住宿。

【原文】

初二日　饭后，雨始止。遂越潦攀岭，溪石渐幽，二十里，暮抵天封寺①。卧念晨上峰顶，以朗霁为缘，盖连日晚霁，并无晓晴。及五更梦中，闻明星满天，喜不成寐。

【注释】

①天封寺：现称为天封，位于天台县东北境。

【译文】

初二日　用过饭之后，雨开始停了下来。于是跨过路边的积水，攀登山陵，溪流、山岩逐渐变得清澈、幽静。走过了二十里路，傍晚时分到达天封寺。躺在床上还想着明天早晨要攀登峰顶的事情，如果天气晴朗便是有缘分，因为已经多日都是晚上才雨后转晴，并没有一天是从早上开始就晴好的。五更时分从睡梦中醒了过来，听仆人说，天空中布满了星星，高兴得无法入睡。

【原文】

初三日　晨起，果日光烨烨①，决策向顶。上数里，至华顶庵；又三里，将近顶，为太白堂，俱无可观。闻堂左下有黄经洞，乃从小径。二里，俯见一突石，颇觉秀蔚。至则一发僧结庵于前，恐风自洞来、以石甃塞其门②，大为叹惋。复上至太白，循路登绝顶③。荒草靡靡，山高风冽，草上结霜高寸许，而四山回映，琪花玉树，玲珑弥望。岭角山花盛开，顶上反不吐色，盖为高寒所勒耳④。

【注释】

①烨烨（yè）：形容阳光很强烈。

②甃（zhòu）砖。

③绝顶：最顶峰。

④勒：强迫。

【译文】

初三日　早晨起床，果然看到阳光像火焰一样熠熠生辉，于是决定要前往山顶。向上攀登几里，到达了华顶庵；又走了三里，抵达了太白堂，都没有什么值得观赏的美景。听说太白堂的左下方有一处黄经洞值得一览，于是从小路走了过去。走了二里，低下身子看到一块很突出的大石头，觉得十分秀美。走到跟前，发现那是一名发僧在黄经洞前建造的庵，担心风从洞里面吹出来，用石头牢牢地塞住了洞门，我大大为之感叹并惋惜，又开始向上走，回到了太白堂。沿着山路到达了山峰的峰顶，到处都是被风吹倒的荒草，山高而寒风凛冽，草上结下的霜足足有一寸多厚，而峰下四周的山峦上，美丽的鲜花与碧玉般的绿树，远远望去觉得十分玲珑清晰。山脚下山花烂漫，山顶上反而没有花开，大概是高处寒冷所导致的。

【原文】

仍下华顶庵，过池边小桥，越三岭。溪回山合，木石森丽，一转一奇，殊慊所望①。二十里，过上方广，至石梁，礼佛昙花亭，不暇细观飞瀑。下至下方广，仰视石梁飞瀑，忽在天际。闻断桥、珠帘尤胜，僧言饭后行犹及往返，遂由仙筏桥向山后。越一岭，沿涧八九里，水瀑从石门泻下，旋转三曲。上层为断桥，两石斜合，水碎进石间，汇转入潭；中层两石对峙如门，水为门束，势甚怒；下层潭口颇阔，泻处如阈②，水从坳中斜下。三级俱高数丈，各级神奇，但循级而下，宛转处为曲所遮，不能一望尽收。又里许，为珠帘水，水倾下处甚平阔，其势散缓，滔滔汩汩。余赤足跳草莽中，揉木缘崖，莲舟不能从。暝色四下③，始返。停足仙筏桥，观石梁卧虹，飞瀑喷雪，几不欲卧。

【注释】

①慊（qiè）：满意，满足。

②阈（yù）：门坎。

③暝色：指的是夜色。

【译文】

顺着原来的路下山到了华顶庵，路过了池边的小桥，翻过三座山。泉水潆洄，山峦层层，树木丛生茂盛，山上的石头散发着光泽，每一次转弯都能看到一番奇异的美景，让我想要观赏的心愿得到了满足。走过了二十里路，途经上方广，抵达石梁，在昙华亭敬拜了佛祖，已经没有时间去细细观赏石梁飞瀑的奇观了。向下走到了下方广，抬头看到石梁飞瀑，突然觉得它仿佛是从天上落下的一般。听闻断桥、珠帘水尤为著名，僧人说用过饭后再去依然能够往返，于是从仙筏桥先到山后。翻过了一座山岭，沿着溪涧走了八九里，就看到流水形成的瀑布从石门倾泻而下，

经过了三道溪湾。最上面那层为断桥，有两块巨石倾斜而相结联，溪水从这两块巨石之间流出，浪花四溅，汇合之后流入潭中；中间的层次，两块石头相互对峙就像是一个窄门，溪水被窄门所束缚，因此流势变得更加湍急；最下面的层次，潭的出口很宽，而溪水倾泻的地方就像是被门坎所阻隔，只能从地势较低的地方倾泻而出。三级瀑布每一级都有数丈之高，每一级的风景都十分奇特，不过由于溪流沿着台级而向下流，在转弯的地方被溪湾所遮盖，无法将全部景色尽收眼底。又走了一里多路，就是珠帘水了，水倾泻而下的地方十分开阔，水势较为缓和、散漫，汩汩泉水弥漫潭中。我赤着脚跳入草丛之中，攀到树枝上面，顺着山崖前行，导致莲舟无法跟上。各处的夜色慢慢降下来的时候才回去。停驻在仙筏桥，看到了如同彩虹一般的天然石桥，瀑布水花四溅就像是在喷散雪花一般，让人几乎不想去睡觉。

【原文】

初四日　天山一碧如黛。不暇晨餐，即循仙筏上昙花亭，石梁即在亭外①。梁阔尺余，长三丈，架两山坳间。两飞瀑从亭左来，至桥乃合以下坠，雷轰河隤，百丈不止。余从梁上行，下瞰深潭，毛骨俱悚。梁尽，即为大石所隔，不能达前山，乃还。过昙花，入上方广寺。循寺前溪，复至隔山大石上，坐观石梁。为下寺僧促饭，乃去。饭后，十五里，抵万年寺，登藏经阁。阁两重，有南北经两藏。寺前后多古杉，悉三人围，鹤巢于上，传声嘹呖②，亦山中一清响也。是日，余欲向桐柏宫，觅琼台、双阙，路多迷津，遂谋向国清。国清去万年四十里，中过龙王堂③。每下一岭，余谓已在平地，及下数重，势犹未止，始悟华顶之高，去天非远！日暮，入国清，与云峰相见，如遇故知，与商探奇次第。云峰言："名胜无如两岩，虽远，可以骑行。先两岩而后步至桃源，抵桐柏，则翠城、赤城，可一览收矣。"

【注释】

①梁：也就是桥的意思。石梁：在中方广。

②嘹呖（lì）：形容声音洪亮且悠远。

③龙王堂：也就是现在位于天台县北境的龙皇堂。

【译文】

初四日 天空碧蓝，万里无云，群山广袤，一片碧绿。来不及吃早饭，就顺着仙筏桥登上了昙华亭，石桥就在昙华亭的外面。石桥有一尺多宽，三丈高，架在两座山的山坳之间。两股飞瀑自昙华亭的左面流过来，到桥边汇合成为一股急流倾泻而下，形成瀑布，响声就像雷声轰鸣，又像是河堤塌陷，瀑布有百丈以上之高。我从石桥上走了过去，俯瞰深潭，不禁觉得毛骨悚然。走过了石桥，就被大石阻断了道路，无法从这里抵达前面的山，于是只好原路返回。经过了昙华亭，进入上方广寺。沿着寺庙前的溪水，再次爬到了阻挡前山的大石上面，坐下来观赏石桥。由于下方广寺的僧人催促着去吃饭，于是起身前去。用过饭之后，走了十五里，来到了万年寺，登上了藏经阁。藏经阁有两层，存放着南北佛经两藏。万年寺的前后都种着很多古杉，树干都有三个人围那么粗，鹤群在上面筑有巢穴，传来鹤的鸣叫声洪亮且悠远，也是深山之中的一种清雅的响声。这一天，我本想到桐柏宫去，寻找琼台、双阙这两处名胜景观，因为途中有诸多让人迷惑的错路，因此更改了计划去了国清寺。国清寺距离万年寺有四十里路，途中要路过龙王堂。每走过一座山峰，我都觉得已经到了平地上，直到走了几座山峰，这种态势依然没有终止，这才开始感受到华顶峰的高，仿佛距离天都不远了！傍晚的时候，才走进了国清寺，与云峰和尚见面，就像是与知心的老友久别重逢一般，于是跟他探讨了游览探奇的先后顺序。云峰和尚说："风景名胜没有比得上寒岩、明岩的，虽然路途比较遥远，但是可以骑马前往。先游览这两处，然后再步行去桃源洞，抵达桐柏宫，如此一来翠壁、赤城栖霞两处的名胜景观，也可以一览无余了。"

【原文】

初五日　有雨色，不顾，取寒、明两岩道，由寺向西门觅骑。骑至，雨亦至。五十里至步头，雨止，骑去。二里，入山，峰萦水映，木秀石奇，意甚乐之。一溪从东阳来①，势甚急，大若曹娥②。四顾无筏，负奴背而涉。深过于膝，移渡一涧，几一时。三里，至明岩。明岩为寒山、拾得隐身地③，两山回曲，《志》所谓八寸关也④。入关，则四周峭壁如城。最后，洞深数丈，广容数百人。洞外，左有两岩，皆在半壁；右有石笋突耸，上齐石壁，相去一线，青松紫蕊，蓊荟于上⑤，恰与左岩相对，可称奇绝。出八寸关，复上一岩，亦左向。来时仰望如一隙，及登其上，明敞容数百人。岩中一井。曰仙人井，浅而不可竭。岩外一特石，高数丈，上岐立如两人，僧指为寒山、拾得云。入寺。饭后云阴溃散，新月在天，人在回崖顶上，对之清光溢壁。

【注释】

①东阳：在明朝的时候为县级行政机构，也就是现在的浙江东阳。

②曹娥：今名依然为曹娥江，源出天台山北麓，向北流经新昌、嵊县、上虞进入杭州湾。

③寒山、拾得：这两个是唐朝的僧人。寒山曾经在天台山寒岩隐居，与拾得是好友。拾得原为孤儿，被国清寺的僧人丰干所收养，因此而得名。两位僧人曾被世人尊称为"和合二仙"。

④《志》：这里指的是《大明一统志》。

⑤蓊苁（wěng cōng）：草木繁茂。

【译文】

初五日　虽然有要下雨的征兆，也不管了。选择好了前往寒岩、明岩的道路，从国清寺到西门寻找了乘骑。马到了，雨也开始下了。在雨中走完了五十里路之后抵达了步头，雨也停了下来，骑的马也打发走了。步行了二里路之后，进入了山中，山峰倒映在潆绕流动的溪水中，树木秀丽，山势奇异，心情也因此而十分愉悦。一条溪水自东阳流来，水势十分湍急，流量大小近似曹娥江。查看周围并没有竹筏能够帮助人们渡过小溪，只好让仆人背着涉水过溪。溪水的深度没过了膝盖，渡过一条溪涧，竟然用了差不多一个时辰。又走了三里路，抵达明岩。明岩是寒山、拾得两位僧人隐居的地方，两座山迂回曲折，这就是《大明一统志》中所记载的八寸关。进入八寸关，那么四周的岩石峭壁就像是城墙一般。最后面有一个几丈深、宽的地方可以容纳几百人之多的山洞。山洞的外面，左面有两座石岩，均悬在半壁间；右面有高耸的石笋，顶头与石壁高度相等，中间只有一线之隔。石笋的上面生长着青松与紫色的花蕊，正好跟左边的两座石岩形成对峙之势，可称得上是奇绝的景观了。走出八寸关，再登上一座方向依然是朝向左边的石岩。来的时候，抬头看就像是相隔只有一线的缝隙，等到登上了石岩的顶上，才看清楚这道缝隙其实很宽阔，能够容纳数百人。石岩的中间有一口井，被称为仙人井，很浅，但是井水并不会枯竭。石岩的外面还有一块十分奇异的石头，高有数丈，上部分开成了两部分，就像是两个站着的人，当地的和尚指点说这是寒山、拾得两位僧人的化身。回到寺中。晚饭之后，乌云散尽，一轮新月挂在碧蓝的天空，人站在回崖顶上，对着满天的月色，连岩壁上都洒满了明亮的月光。

【原文】

初六日　凌晨出寺，六七里至寒岩。石壁直上如劈，仰视空中，洞穴甚多。岩半有一洞，阔八十步，深百余步，平展明朗。循岩右行，从石隙仰登。岩坳有两石对耸，下分上连，为鹊桥，亦可与方广石梁争奇，但少飞瀑直下耳。还饭僧舍，觅筏渡一溪。循溪行山下，一带峭壁巉崖①，草木盘垂其上，内多海棠、紫荆，映荫溪色，香风来处，玉兰芳草，处处不绝。已至一山嘴，石壁直竖涧底，涧深流驶，旁无余地。壁上凿孔以行，孔中仅容半趾，逼身而过，神魄为动，自寒岩十五里至步头，从小路向桃源。桃源在护国寺旁，寺已废，土人茫无知者。随云峰莽行曲路中，

日已堕，竟无宿处，乃复问至坪头潭②。潭去步头仅二十里，今从小路，返迂回三十余里宿，信桃源误人也。

【注释】

①巉（chán）崖：高耸险峻的悬崖。
②坪头潭：指的是现在的平镇，位于天台县西境。

【译文】

初六日　凌晨出了寺院，走了六七里之后抵达寒岩。石壁笔直就像是被刀劈了一样，仰头看天，有很多洞穴。岩石的半山腰处有一个洞穴，有八十步宽，一百步深，洞中平坦敞亮。沿着石岩的右侧走，自岩石的狭窄小路向上攀登。山岩的低洼处有两块岩石耸立，下面分开而上面连接，这就是所说的鹊桥，能够与上方广寺的石桥相媲美，只是少了飞溅的瀑布直流而下的景色而已。回到僧人住的地方吃完饭，然后找到了竹筏渡过了一条溪流，之后沿着溪流走到了山下。这一地区都是高耸陡峭的悬崖峭壁，荒草盘结，树枝下垂，里面有很多海棠树与紫荆藤，树荫倒映在溪水中，更增添了景色的多姿。带有香气的风吹来的地方，玉兰花、芬芳的香草，到处都是，无穷无尽。走到一山嘴处，岩壁笔直地插入到涧底，涧水很深且十分湍急，四下没有可行走的多余地方。岩壁上凿有石阶用来行走，石阶只能够容得下半只脚，身体贴着岩壁走过，让人胆战心惊。从寒岩走出十五里抵达步头，自小路再到桃源洞。桃源洞位于护国寺的旁边，而护国寺的庙宇现在已经成为废墟，向当地人询问，他们都十分茫然，无人知晓。随着云峰和尚在杂草丛生的曲折的道路上行走，太阳已经落山了，居然还没有找到可以住宿的地方，再去问路，终于抵达了坪头潭。从坪头潭到步头只有二十里路程，现在从小路走，反而迂回三十多里，才得以住宿。的确是由于桃源洞误人了。

【原文】

初七日　自坪头潭行曲路中三十余里，渡溪入山。又四五里，山口渐夹，有馆曰桃花坞。循深潭而行，潭水澄碧，飞泉自上来注，为鸣玉涧。涧随山转，人随涧行。两旁山皆石骨，攒峦夹翠，涉目成赏，大抵胜在寒、明两岩间。涧穷路绝，一瀑从山坳泻下，势甚纵横。出饭馆中，循坞东南行①，越两岭，寻所谓"琼台"、"双阙"，竟无知者。去数里，访知在山顶。与云峰循路攀援，始达其巅。下视峭削环转，一如桃源，而翠壁万丈过之。峰头中断，即为双阙②；双阙所夹而环者，即为琼台。台三面绝壁，后转即连双阙。余在对阙，日暮不及复登，然胜已一日尽矣。遂下山，从赤城后还国清，凡三十里。

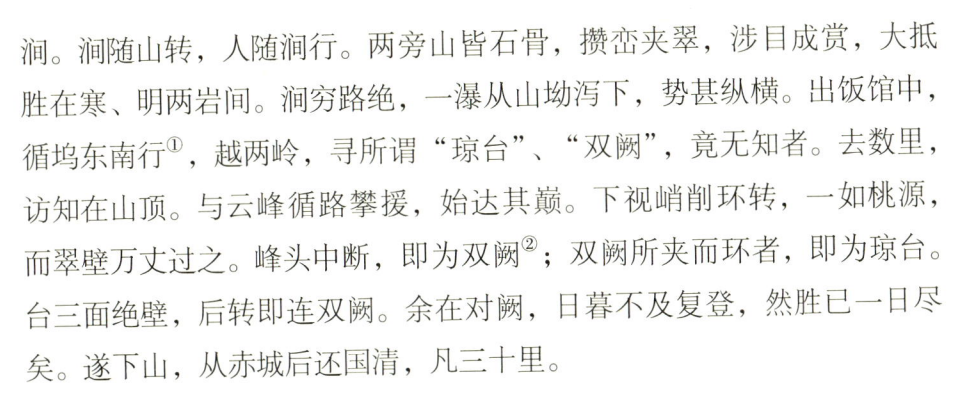

【注释】

①坞（wù）：四周高中间低的山洼。

②阙：古时的宫殿、祠庙、陵墓前面的建筑物。先要筑高台，在上面修楼观，往往左右各一，中间缺而为道，因此称之为"阙"或者"双阙"。这里是用来形容天然形成的峰崖就像是一对阙楼，所以称之为"双阙"。

【译文】

初七日 从坪头开始，走三十多里弯弯曲曲的山路，渡过溪水进入五台山。然后接着走四五里，山口慢慢变得狭窄起来，有一处房舍称为桃花坞，沿着深潭继续走，潭中的水清冽、碧绿，飞溅的潭水自上注入到潭中，称为鸣玉涧。涧水沿着山流而转，人则沿着涧水边前行。水涧的旁侧都是由裸露的岩石构成的山，翠绿的树木夹杂在层层叠叠的山峦之间，放眼望去都是美丽的景致，景致的美妙之处大部分都在寒岩、明岩这两个岩石之间。涧水的尽头，路也随之消失。一条瀑布从山坳间倾泻而下，甚为壮观奔放。用完饭之后，从桃花坞中出来，沿着山洼往东南方向前行，翻过两座山，去寻找人们所说的"琼台""双阙"这两处美景，竟然无人知晓。走了几里路，才知道是在山顶上。跟云峰和尚沿着山路攀爬上去，才得以抵达山顶。向下俯视那些陡峭如刀削一样的山岩，与桃源洞周围的相同，而长满了翠绿树木的万丈岩壁则超过了桃源洞的险峻。山峰的顶部中间被断隔分开，就是人们所说的双阙；夹在双阙正中央的环形的石台，

就是琼台了。琼台的三面都是绝壁,后转而与双阙相连接。我已经站在双阙之上,天色已暗,顾不上再去爬上琼台了。不过,这里优美的景观已经都尽收眼底了。于是下山,从赤城的后面回到了国清寺,一共走了三十里。

【原文】

初八日　离国清,从山后五里登赤城①。赤城山顶圆壁特起,望之如城,而石色微赤。岩穴为僧舍凌杂,尽掩天趣。所谓玉京洞、金钱池、洗肠井,俱无甚奇。

【注释】

①赤城:是天台山的支脉,位于天台县西北3.5公里,高339米。

【译文】

初八日　离开了国清寺。从山后走了五里路登上了赤城山。赤城山的山顶上有圆形的岩壁耸起,十分特别,看上去就像是一座城,而岩石的颜色呈现为红色。岩洞也成为僧人住宿的地方,十分杂乱,天然的景致全都被掩盖了。所说的玉京洞、金钱池、洗肠井,全部都没有什么特别奇特的地方。

游雁宕山日记　浙江温州府

【题解】

雁宕山也简称为雁山，今称为雁荡山。位于浙江温州境内，并分为南、中、北三段。其中北雁宕山的面积最大，风光最佳。本篇徐霞客所记的是就是北雁荡山。温州府永嘉县，也就是现在的温州。

万历四十一年（1613年），徐霞客首次对雁宕山进行了游览，他从天台山游览之后，从黄岩进入了雁宕山。本篇游记使用了简练的笔触，全面地为读者描写了雁宕山的景观布局，内容丰富而不杂乱，显现出徐霞客写景方面的超凡水平。

【原文】

自初九日别台山，初十日抵黄岩①。日已西，出南门三十里，宿于八岙②。

【注释】

①黄岩：在明朝的时候为县级行政机构，隶属台州府，也就是现在的浙江黄岩。

②岙（ào）：浙江、福建等沿海地区对山间的平地的一种称呼。

【译文】

从初九那天离开天台山，初十到达了黄岩。（当时）太阳已经偏西了，出了南门走三十里，在八岙的旅社中住宿。

【原文】

十一日　二十里，登盘山岭。望雁山诸峰，芙蓉插天，片片扑人眉宇。又二十里，饭大荆驿①。南涉一溪，见西峰上缀圆石，奴辈指为两头陀，余疑即老僧岩，但不甚肖。五里，过章家楼，始见老僧真面目：袈裟秃顶，宛然兀立，高可百尺。侧又一小童伛偻于后，向为老僧所掩耳。自章楼二里，山半得石梁洞。洞门东向，门口一梁，自顶斜插于地，如飞虹下垂。由梁侧隙中层级而上，高敞空豁。坐顷之，下山。由右麓逾谢公岭②，渡一涧，循涧西行，即灵峰道也。一转山腋，两壁峭立亘天，危峰乱叠，如削如攒，如骈笋，如挺芝，如笔之卓，如幞之欹③。洞有口如卷幕者，潭有碧如澄靛者。双鸾、五老，按翼联肩。如此里许，抵灵峰寺。循寺侧登灵峰洞。峰中空，特立寺后，侧有隙可入。由隙历磴数十级，直至窝顶洞。则窅然平台圆敞④，中有罗汉诸像。坐玩至暝色，返寺。

【注释】

①大荆驿：现在依然称为大荆，位于乐清县东北角。

②谢公岭：位于乐清县东北，传闻晋代著名诗人谢灵运曾经游览过这里，由此而得名。

③幞（fú）：古代男子的头巾。欹（qī）：倾斜。

④窅（yǎo）然：深远的样子。

【译文】

十一日 行进了二十里，登上了盘山岭。远远看到雁宕山的各个山峰，就像是木芙蓉插进了蓝天之中，片片花瓣一般的景色扑入人的眼帘。又向前走了二十里，在大荆驿用了餐。向南渡过了一条溪水，看到西面的山峰上有一块圆石点缀着，仆人们认为那就是两头陀岩，我则怀疑其是老僧岩，但是看着又不是很像。走了五里路，途经章家楼，才看清老僧岩的真实面目：像一位老僧披着袈裟，头上秃顶，形态逼真地站立着，有百尺高。它的旁边还有一个像一个孩童弯着腰和背跟在后面的岩石，不过平日里通常会被老僧遮盖住罢了。自章家楼走出二里路，在半山腰的地方寻到了石梁洞。洞门朝向东面，东门口有一座石桥，从洞顶斜插到地上，就像是飞虹下垂一般。从石桥的侧面的缝隙中一级一级地盘上去，上面高而且十分宽敞、开阔。坐下来休息一会儿，才下山。从右侧的山麓穿过谢公岭，渡过一条溪涧，沿着溪涧岸向西走，就是前往灵峰的路。刚刚转过一个山腋，就看到两侧的岩壁陡峭笔立，直插入云霄之中，险峰层层叠叠，形态各异，有的像刀削般笔立，有的则像群峰簇拥，有的像头巾一般倾斜。山洞洞口有的像卷起的帷帐，水潭有的碧绿得像是澄清的蓝靛一样。双鸾峰像是羽翼相接的双飞鸾，五老峰颇像是五位肩并着肩走着的老翁。经过景致如此幽奇的一里多路，抵达了灵峰寺。沿着灵峰寺旁边的山路登上了灵峰洞，灵峰的半山腰的地方是空的，十分奇特地矗立在灵峰寺的后面，它的侧面有缝隙能够让人进入。从缝隙的地方走几十级台阶，直抵窝顶上，远处的平台是圆形的，十分开阔，有十八罗汉的塑像。坐在平台上观赏周围绮丽的风光，直到暮色降临才回到灵峰寺。

【原文】

十二日　饭后，从灵峰右趾觅

碧霄洞。返旧路，抵谢公岭下。南过响岩，五里，至净名寺路口。入觅水帘谷，乃两崖相夹，水从崖顶飘下也。山谷五里，至灵岩寺。绝壁四合，摩天劈地，曲折而入，如另辟一寰界。寺居其中，南向，背向屏霞嶂。嶂顶齐而色紫[1]，高数百丈，阔亦称之。嶂之最南，左为展旗峰，右为天柱峰。嶂之右胁介于天柱者，先为龙鼻水。龙鼻之穴从石罅直上[2]，似灵峰洞而小。穴内石色俱黄紫，独罅口石纹一缕，青绀润泽[3]，颇有鳞爪之状。自顶贯入洞底，垂下一端如鼻，鼻端孔可容指，水自内滴下注石盆。此嶂右第一奇也。西南为独秀峰，小于天柱，而高锐不相下。独秀之下为卓笔峰，高半独秀，锐亦如之两峰。南坳轰然下泻者，小龙湫也。隔龙湫与独秀相对者，玉女峰也。顶有春花，宛然插髻，自此过双鸾，即极于天柱。双鸾止两峰并起，峰际有"僧拜石"，袈裟伛偻，肖矣。由嶂之左胁，介于展旗者，先为安禅谷，谷即屏霞之下岩。东南为石屏风，形如屏霞，高阔各得其半，正插屏霞尽处。屏风顶有"蟾蜍石"，与嶂侧"玉龟"相向。屏风南去，展旗侧褶中，有径直上，磴级尽处，石阈限之。俯阈而窥，下临无地，上嵌岩峒。外有二圆穴，侧有一长穴，光自穴中射入，别有一境，是为天聪洞，则嶂左第一奇也。锐峰叠嶂，左右环向，奇巧百出，真天下奇观！而小龙湫下流，经天柱、展旗，桥跨其上，山门临之。桥外含珠岩在天柱之麓，顶珠峰在展旗之上。此又灵岩之外观也[4]。

【注释】

[1]嶂：高险如同屏障一般的山。

[2]罅（xià）：缝隙，裂缝。

[3]绀（gàn）：青红色。

[4]灵岩：与右侧的倚天峰相合，像人的手掌一般，被称为合掌峰，高270米。

【译文】

十二日　用过饭之后，自灵峰的右面的山脚去寻访碧霄洞。按原路返回，抵达谢公岭的下面。从南面途经响岩，再走五里路，到达净名寺的路口。走进去寻访水帘谷，所说的水帘谷就在两崖相夹的地方，水自崖顶流下来。从水帘谷走出五里，就到达了灵岩寺。这里四周被绝壁所包围，摩天劈地，由一条曲折的小路进去，犹如来到了另一个开阔的世界。灵岩寺坐落在其间，朝向南面，后面是屏霞嶂。屏霞嶂的顶部十分平坦且整齐，岩石呈现为紫色，有数百丈高，宽与高相当。在屏霞嶂的最南端，左边是展旗峰，右边是天柱峰。位于屏霞嶂右胁与天柱峰正中的地方，率先映入眼帘的是龙鼻水。龙鼻水的出水洞穴，沿着岩石缝隙一直向上，看上去像灵峰洞，但是要比灵峰洞小一点。洞穴中的岩石都呈现为黄紫色，只有缝隙口有一缕石纹是青红色的，而且十分湿润，形状像是龙鳞龙爪。从洞顶连贯到洞底，下面的一段像是人的鼻子，鼻尖部位的石孔可以容纳手指，水从石孔中滴落到石盆中。这就是屏霞嶂右面的第一奇观。屏霞嶂的西面是独秀峰，要比天柱峰小一些，而高度与岩石的尖锐程度却不分伯仲。独秀峰的下面是卓笔峰，高度只有独秀峰的一半，岩石的尖锐程度与之相比相差无几。两峰南面的山坳间，轰然向下倾泻的，就是小龙湫瀑布。隔着小龙湫与独秀峰相对着的，是玉女峰。玉女峰顶上长有春花，像是少女发髻上的装饰。从这里路过双鸾峰，也就到了天柱峰的尽头。双鸾峰旁边有两座山峰并排耸起。峰际有一块"僧拜石"，看上去像是一位身披袈裟，佝偻着身子的老僧人。从屏霞嶂向左走，介于展旗峰的中间，最靠前的是安禅谷，安禅谷也就是屏霞嶂的下岩。东南面是石屏风，看上去形状很像屏霞嶂，高度和宽度均为屏霞嶂的一半，恰巧插在了屏霞嶂的尽头。石屏峰顶部有"蟾蜍石"，对着屏霞嶂侧面的"玉龟石"。由石屏峰向南走，在展旗峰的侧面的褶皱中，有一条通往峰顶的小路，在石阶的尽头的地方，有石门坎阻隔着。在石门坎俯身向下窥看，几乎看不到地面，头顶上镶嵌着高高的天空。展旗峰的外面有两个圆孔，侧面有一个长孔，明媚的光亮从孔中射出来，另有一番景色，这就是天聪洞，是屏霞嶂左边的第一奇景。尖峰与高山层

层叠叠，左右回环，奇特的景色层间迭出，真不愧是天下奇观啊！而小龙湫瀑布的水往下流，流经天柱峰与展旗峰，有石桥架在溪流之上，灵岩寺的山门面向石桥。石桥的外面，能够看到在天柱峰麓的顶珠峰。这便是灵岩寺外面的风光。

【原文】

十三日　出山门，循麓而右，一路崖壁参差，流霞映彩。高而展者，为板嶂岩。岩下危立而尖夹者，为小剪刀峰。更前，重岩之上，一峰亭亭插天，为观音岩。岩侧则马鞍岭横亘于前。鸟道盘折①，逾坳右转，溪流汤汤②，涧底石平如砥③。沿涧深入，约去灵岩十余里，过常云峰，则大剪刀峰介立涧旁。剪刀之北，重岩陡起，是名连云峰。从此环绕回合，岩穷矣。龙湫之瀑，轰然下捣潭中，岩势开张峭削，水无所着，腾空飘荡，顿令心目眩怖。潭上有堂④，相传为诺讵那观泉之所⑤。堂后层级直上，有亭翼然。面瀑踞坐久之，下饭庵中，雨廉纤不止⑥，然余已神飞雁湖山顶。遂冒雨至常云峰，由峰半道松洞外，攀绝磴三里，趋白云庵。人空庵圮，一道人在草莽中，见客至，望望去。再入一里，有云静庵，乃投宿焉。道人清隐⑦，卧床数十年，尚能与客谈笑。余见四山云雨凄凄，不能不为明晨忧也。

【注释】

①鸟道：形容道路险绝。

②汤汤（shāng）：水流湍急的样子。

③砥：细的磨刀石，用来形容光滑平整。

④堂：方方正正且高的建筑。

⑤诺讵（jù）那：罗汉的名字。是西域的高僧，十八罗汉中的第五尊，因为仰慕雁荡的美名，而率弟子三百来到雁荡山建立寺院，世传为雁荡开山祖师。

⑥雨廉纤不止：雨下个不停。廉纤：细雨。

⑦道人：原指修道之人，这里指的是和尚。

【译文】

十三日　走出了灵岩寺的山门，沿着山麓向右走，一路上只看到山崖、岩壁参差不齐，流霞和山间的景色相映成辉。高耸峻峭且顶部平坦，是板嶂岩。在板嶂岩的下面耸立的又尖又窄的，是小剪刀峰。继续向前，层峦叠嶂的山岩上面，有一座山峰亭亭玉立直插入天，那就是观音岩。观音岩的侧面则是横亘在前面的马鞍岭。陡峭险要的山路蜿蜒、曲折，穿过山坳向右转，有一条水势湍急的溪流，山涧底部的石头十分平整就像是细磨刀石一般。顺着山涧的深处继续前行，离开灵岩寺走十多里，途经常云峰，就可以看到耸立在涧旁的大剪刀峰了。这里，山水环绕，峰会闭合，岩石穷尽了。大龙湫瀑布的流水，轰然下落，直击到水潭中。山岩的态势开阔且陡峭如刀削一般，而流水由于没有河床的承载，腾空飘荡下来，让人感觉头晕目眩。水潭的上面坐落着一座庙堂，传说是诺讵那罗汉观赏泉水之处。自庙堂的后面顺着石阶而上，有一座建在岩壁上的亭榭犹如鸟展翅一样。面对瀑布坐下来观赏了良久，才下山回到庵中用饭。细雨蒙蒙下个不停，然而我的心神早已飞往了雁湖的山顶。于是，顶着雨来到常云峰，从常云峰的半山腰的道松洞的外面，爬了三里多的十分陡峭险绝的石阶，到达了白云庵。这里已经人去庵塌，一位和尚在草莽之中，瞧见有客人到访，看了看就离开了。又走了一里路，有云静庵，于是在这里投宿。清隐和尚已经久卧病床几十年了，依旧能够与客人谈笑。我看到周围的山峰乌云密布，细雨不止，备感寒冷凄凉，不由地为明天早晨的行程感到忧心。

【原文】

十四日　天忽晴朗，乃强清隐徒为导。清隐谓湖中草满，已成芜田，徒复有他行，但可送至峰顶。余意至顶，湖可坐得，于是人捉一杖，跻攀深草中①，一步一喘，数里，始历高巅。四望白云，迷漫一色，平铺峰下。诸峰朵朵，仅露一顶，日光映之，如冰壶瑶界，不辨海陆。然海中玉环一抹②，若可俯而拾也。北瞰山坳壁立，内石笋森森，参差不一。三面翠崖环绕，更胜灵岩。但谷幽境绝，惟闻水声潺潺，莫辨何地。望四面峰峦累累，下伏如丘垤③，惟东峰昂然独上，最东之常云，犹堪比肩。

【注释】

①跻：登。

②玉环：明朝的时候称为与环山，也就是位于乐清县东海中的玉环岛，现是浙江省玉环县。

③丘垤（dié）：小土堆。

【译文】

十四日　天气忽然晴朗起来，便强烈请求清隐和尚的弟子能够给我们做向导。清隐和尚说，雁湖中长满了草，如今已经成为一片荒地，他的弟子还需要出门去办理其他事情，但是可以将我们送到峰顶。我想了一下，只要到达了峰顶，就能够观赏雁湖了，于是每人手中拿着一个拐杖，在深草之中攀登，一步一喘气地走了几里路，终于抵达了峰顶。四下看去，白云缭绕，白色一直平铺到山峰的下面。每一座山峰就像是云海中的朵朵鲜花，只有峰顶能够露出云海，阳光洒在峰顶之上，就像是盛着冰的玉壶，又像是洁白的瑶台仙境，无法分辨出哪里是云海，哪里是山川陆地！那玉环山就像是一抹飘带，仿佛弯下腰就能将其拾起。向北遥望，山坳中的岩壁如刀削一般耸立着，石笋繁密茂盛，参差不齐，三面均被长满绿树的山崖所环绕，景致要比灵岩寺更加秀美。但是山谷幽深且境地十分陡峭险绝，只能听到潺潺的流水声，却无法分辨出是从哪里发出来的。遥望周围，峰峦叠起，低伏的有的像小土堆，唯独东边的山峰傲然独立向上高耸着，最东面的常云峰，尚能与之抗衡。

【原文】

导者告退，指湖在西腋一峰，尚须越三尖。余从之，及越一尖，路已绝；再越一尖，而所登顶已在天半。自念《志》云："宕在山顶，龙湫之水，即自宕来。"今山势渐下，而上湫之涧，却自东高峰发脉，去此已隔二谷。遂返辙而东，望东峰之高者趋之，莲舟疲不能从。由旧路下，余与二奴东越二岭，人迹绝矣。已而山愈高，脊愈狭，两边夹立，如行刀背。又石片棱棱怒起，每过一脊，即一峭峰，皆从刀剑隙中攀援而上。如是者三，但见境不容足，安能容湖？既而高峰尽处，一石如劈，向惧石锋撩人，至是且

无锋置足矣！踌躇崖上，不敢复向故道。俯瞰南面石壁下有一级，遂脱奴足布四条，悬崖垂空，先下一奴，余次从之，意可得攀援之路。及下，仅容足，无余地。望岩下斗①，下同深百丈，欲谋复上，而上岩亦嵌空三丈余，不能飞陟②。持布上试，布为突石所勒，忽中断。复续悬之，竭力腾挽，得复登上岩。出险，还云静庵，日已渐西。主仆衣履俱敝③，寻湖之兴衰矣。遂别而下，复至龙湫，则积雨之后，怒涛倾注，变幻极势，轰雷喷雪，大倍于昨。坐至暝日落始出，南行四里，宿能仁寺。

【注释】

①斗：通"陡"，陡峭。

②陟（zhì）：攀登。

③敝（bì）：破。

【译文】

作为向导的和尚告别的时候，指点说雁湖在西侧中部的一座山峰上，还要翻过三座陡峭的山峰。听取了向导的话，可是只翻过了一座高山，就发现道路已经断绝了；又翻过了一座高山，一看所要攀登的山顶，已经遮盖住了半个天空。我回想《大明一统志》中曾经说过："雁荡在山顶，龙湫瀑布的流水，便是从雁荡流出来的。"如今山势已经慢慢降低，而上龙湫的山涧，将东侧的高峰作为源头，距离这里已经隔了两道山谷。于是更改了行走的路线朝东走，看到东面珠峰中的高峻山峰往前走。莲舟和尚累得无法跟随我。从原路返回，我与两个仆人向东穿过了两座山岭，荒无人烟。接下来山势越来越高，山脊也变得越来越狭窄，两侧夹立着直立的岩壁，如同行走在刀背上。而且石片的棱角十分明显，每翻过一道山脊，就会遇到一座陡峭的山峰，每次都从那如同刀剑般锋利的石片缝隙中攀援而上。这样攀登多次，所经过的地方大都容不下一只脚，怎可能容纳得了一个湖泊呢？然后就到了高山的尽头，石壁就像是刀劈一般，我一向惧怕石片锋利逼人，更何况这里已经没有锋利的石片能够放脚了呢！在山崖上再三犹豫，不敢再从原路返回。俯瞰南面的岩壁上有一石级,让奴仆们脱下四条裹脚布结成绳子,然后从悬崖上垂下,让一个奴仆先顺着布绳滑下去,我跟在他的后面滑下去,想着终于找到攀援的路了。等到了石级上,只能容得下脚,再也没有多余的地方了。远远望去岩壁的下面,十分陡峭,有百丈深,打算设法攀援上去,但是上面的岩石镶嵌在空中三丈多高的地方,无法飞跃攀高上去。手拉着布绳试着向上攀爬,布绳被凸起的锋利石头勒紧,突然断开了。重新将布绳接好让它悬空,使出全身的利器挽住布绳向上拉拽,才得以重新爬到上面的岩石上。当我们脱离了险境,重新回到云静庵的时候,太阳已经慢慢西垂。主人和奴仆们的衣服和鞋子全部都弄得破烂不堪,寻找雁湖的念头也大大减弱。于是,与清隐师徒告别下山,重新来到了龙湫瀑布。而溪水聚积了雨水之后,水势比昨天增加了一倍。一直走到天黑才出山门,向南走了四里路,在能仁寺投宿休息。

【原文】

十五日 寺后觅方竹数握,细如枝;林中新条,大可径寸,柔不中杖①,老柯斩伐殆尽矣!遂从岐度四十九盘,一路遵海而南,逾窑岙岭,往乐清②。

【注释】

①中(zhòng):符合要求。
②乐清:在明朝时为县级行政机构,也就是现在的浙江乐清县。

【译文】

十五日 在能仁寺的后面找到了几把方竹,竹子很细就像是树枝;竹林中新长出的竹条,大的直径可以达到一寸,但是比较柔软,不适合作为手杖,而新的竹子已经砍伐殆尽了!于是,从岔路翻过了四十九盘岭,一路沿着东海边向南走,翻过窑岙岭,前往乐清县。

游白岳山日记 徽州府休宁县

【题解】

白岳山，今称齐云山，位于安徽省休宁西约15公里的地方，与黄山南北相望，景色优美，素有"黄山白岳甲江南"的美誉。在公元1616年正月，徐霞客游览了白岳山。这篇日记对具体景致的描写不甚详细，文中的语气颇为急促，可见作者当时游览的匆匆脚步以及想要游尽全山的心境。不过对一些著名景观，作者着墨颇多，也十分细致。

【原文】

丙辰岁①，余同浔阳叔翁，于正月二十六日，至徽之休宁。

出西门。

其溪自祁门县来，经白岳，循县而南，至梅口，会郡溪入浙②。循溪而上，二十里，至南渡③。过桥，依山麓十里，至岩下已暮。

登山五里，借庙中灯，冒雪蹑冰，二里，过天门，里许，入榔梅庵。路经天门、珠帘之胜，俱不暇辨，但闻树间冰响铮铮。入庵后，大霰作④，浔阳与奴子俱后。余独卧山房，夜听水声屋溜，竟不能寐。

二十七日，起视满山冰花玉树，迷漫一色。坐楼中，适浔阳并奴至，乃登太素宫。宫北向，玄帝像乃百鸟衔泥所成，色黧黑⑤。像成于宋，殿新于嘉靖三十七年，庭中碑文，世庙御制也。左右为王灵官、赵元帅殿，俱雄丽。背倚玉屏，前临香炉峰。峰突起数十丈，如覆钟，未游台、宕者或奇之。出庙左，至舍身崖，转而上为紫玉屏，再西为紫霄崖，俱危耸杰起。再西为三姑峰、五老峰，文昌阁据其前。五老比肩，不甚峭削，颇似笔架。

返榔梅，循夜来路，下天梯。则石崖三面为围，上覆下嵌，绝似行廊。循崖而行，泉飞落其外，为珠帘水。嵌之深处，为罗汉洞，外开内伏，深且十五里，东南通南渡。崖尽处为天门。

崖石中空，人出入其间，高爽飞突，正如阊阖⑥。门外乔楠中峙，蟠青丛翠⑦。门内石崖一带，珠帘飞洒，奇为第一。返宿庵中，访五井、桥崖之胜，羽士即道士汪伯化，约明晨同行。

【注释】

①丙辰岁：干支纪年，也即是明朝万历四十四年，即公元1616年。

②浙：指的是浙溪水，也就是现在的率水，位于新安江上游。

③南渡：在现在的休宁以西，现称为兰渡。

④霰（xiàn）：雪珠，雪丸。

⑤黧（lí）：黑中泛黄的颜色。

⑥阊阖（chāng hé）：传说中的天门。

⑦蟠青丛翠：形容树木高大挺拔苍翠的样子。

【译文】

丙辰年，我与浔阳叔翁，在正月二十六这一天，一同前往徽州府休宁县。

走出县城西门。

有一条溪水从祁门县流过来，途经白岳山，沿着县城向南流去，在梅口汇合郡溪水之后一同注入浙溪水。顺着溪水向上走，走二十里路，抵达南渡。途经一座桥，沿着山麓走十里路，抵达岩石下面的时候已经是傍晚时分了。

登上山走了五里，向庙中借了灯笼，顶着漫天大雪，踩着一路冰凌，走了二里，途经天门与珠帘两处胜景，继续走了一里左右，就进入榔梅庵中。路途中经过天门、珠帘两地胜景，并没有时间驻足观赏，只能听到树林中冰凌坠落时发出的清脆的声音。走过榔梅庵之后，一场冰雹突然降下，而浔阳叔翁与奴仆僮子还在后面。我独自一人躺在房间的床上，一整夜都在听取屋檐上滴水的声音，无法入眠。

二十七日早上起床之后，看到满山都是冰花玉树，天地之间呈现为银白色。坐在楼中，正好浔阳叔翁与奴仆都来了，于是一起登上了太素宫。太素宫朝向北面，传闻玄帝的塑像是百鸟衔来泥土所塑成的，脸色显得有些黛黑。塑像建成于宋朝，大殿在嘉靖三十七年（1558年）新建而成，庭院之中的碑文，是明世宗皇帝亲自下令制成的。左右两侧是祀祭王灵官、赵公元帅的殿堂，全部十分雄伟壮丽。太素宫背靠着像是玉屏一样的齐云岩，前面挨着香炉峰。香炉峰有几十丈那么高，像是一个倒覆的钟，有些没有游览过天台山、雁宕山的人或许会觉得它十分神奇。从庙的左侧走出来，抵达了舍身崖，转而向上，便是紫玉屏了，再西面便是紫霄崖，全部都是高耸而突兀的。继续向西便是三姑峰、五老峰，文昌阁雄踞在它们的前面。五老峰像是五位老人并肩站立着，并不怎么陡峭，倒是像一个笔架。

回到榔梅庵，沿着夜里来时走的路，走下了天梯。但是看到有三面全都被石崖所围住了，上面还有石崖覆盖，下面则镶嵌在石崖之间，看上去特别像是走廊。顺着石崖向前走，泉水飞溅在石崖的外面，便是珠帘水的奇观了。镶嵌在石崖深处的，便是罗汉洞，洞的外面十分开阔而洞的里面却十分低矮，纵深却有十五里，东南方向可以跟南渡相通。石崖尽头的地方便是天门。

崖石中间是空洞，人在洞里面出入，感到高阔气爽而飞檐突兀，就像是走进了传说中的天门。天门的外面，高大的楠树挺立在其中，青松盘曲，绿树苍翠。天门里面的石崖地区，珠帘水飞洒而下，是为第一奇观。回到榔梅庵中歇息住宿，向道士询问了五井、桥崖的景色情况，道士汪伯化邀请我明早跟他一起走。

【原文】

二十八日　梦中闻人言大雪，促奴起视，弥山漫谷矣。

余强卧。已刻，同伯化躩屐①，二里，复抵文昌阁。览地天一色，虽阻游五井，更益奇观。

二十九日　奴子报："云开，日色浮林端矣。"急披衣起，青天一色，半月来所未睹，然寒威殊甚。方促伯化共饭。饭已，大雪复至，飞积盈尺。

偶步楼前，则香炉峰正峙其前。

楼后出一羽士曰程振华者，为余谈九井、桥岩、傅岩诸胜。

【注释】

①蹑屐（niè jī）：穿着木屐。这里指的是轻步快走的样子。

【译文】

二十八日　在睡梦之中听人说下了大雪，催促着仆人起来察看，白雪已经覆盖了整个山谷。

我勉强睡下。上午巳刻时分，与汪伯化一起轻步快走了二里，再次来到了文昌阁。看到天地一色，虽然到五井胜景的游览计划被打断了，但是更加增添了其他景观的奇妙。

二十九日　仆人汇报说："云已经散开，阳光已经照在树梢上了。"我匆忙披好衣服起床，看到了蓝天一色，是半个月以来从未见过的好天气，不过寒气依然十分厉害。于是催促着汪伯化一起用饭。吃完饭之后，大雪又重新下了起来，飞雪堆积超过了一尺厚。

偶然走到了楼前，看到香炉峰正矗立在前面。

楼后走出一位叫程振华的道士，为我讲解九井、桥岩、傅岩各处胜景的情况。

【原文】

三十日　雪甚，兼雾浓，咫尺不辨。伯化携酒至舍身崖，饮睇边饮边看元阁。阁在崖侧，冰柱垂垂，大者竟丈。峰峦灭影，近若香炉峰，亦不能见。

二月初一日　东方一缕云开，已而大朗。浔阳以足裂留庵中。余急同伯化蹑西天门而下。十里，过双溪街，山势已开。五里，山复渐合，溪环石映，倍有佳趣。三里，由溪口循小路入，越一山。二里，至石桥岩①。桥侧外岩，高亘如白岳之紫霄。岩下俱因岩为殿。山石皆紫，独有一青石龙蜿蜒于内，头垂空尺余，水下滴，曰龙涎泉，颇如雁宕龙鼻水。岩之右，一山横跨而中空，即石桥也。飞虹垂蝀，下空恰如半月。坐其下，隔山一岫特起，拱对其上，众峰环侍，较胜齐云天门。即天台石梁，止一石架两山间；此以一山高架，而中空其半，更灵幻矣！穿桥而入，里许，为内岩。上有飞泉飘洒，中有僧斋，颇胜。

【注释】

①石桥岩：原名岐山，位于白岳岭西。

【译文】

三十日 雪下得更大了，再加上雾也变得浓厚，咫尺的距离也无法分辨方向。汪伯化带着酒来到了舍身崖，在娣元阁中一起欣赏雪景。娣元阁在山崖的侧面，冰柱一根根从山崖上下垂，长的居然有一丈。峰峦的影像已经消失在了雪雾之中，像香炉峰这样距离很近的，人也无法看清楚它的影像。

二月初一日 东方有一缕云彩散开，然后天空晴朗开来。浔阳叔翁由于脚被冻裂，不能行走而在榔梅庵中停歇。我急着与汪伯化沿着西天门向下走。走了十里路，路过双溪街，山势已经显得十分宽阔了。继续走了五里路，山势重新变得慢慢合拢起来，溪水环绕，山石倒映到溪水之中，愉快的心情更加倍增。走完三里路，从山溪口沿着小路进去，翻过一座山，走二里路，抵达了石桥岩。石桥岩侧面的外岩，高峻绵延，像白岳山的紫霄岩。外岩的下方，都是利用岩石作为殿堂。山岩的颜色全部都呈现为紫色，只有一条青色的石龙盘在里面，龙头垂突高有一尺多，水从龙口向下滴淌，称为龙涎泉，跟雁宕山的龙鼻水很像。外岩的右面，有一座山横跨而过，山的中间是空的，这便是石桥。石桥看上去像是彩虹飞架一般，下面空的地方像是半月。坐在石桥的下面，隔着一座山，有一座山峰突耸起来，拱对石桥之上，周围群峰环绕，景色比齐云山天门更加美妙。天台山的石梁，是一巨石架架在了两座山之间；而这里以一座山高架两侧，中间一半是空的，更显得灵巧而奇幻了！穿过石桥，走了一里多路，便是内岩。内岩上有飘洒的飞泉，中间还有僧人供给斋饭，真乃是绝佳景观啊。

【原文】

还饭于外岩。觅导循崖左下。灌莽中两山夹涧，路棘雪迷，行甚艰。

导者劝余趋傅岩，不必向观音岩。余恐不能兼棋盘、龙井之胜，不许。行二里，得涧一泓，深碧无底，亦"龙井"也。又三里，崖绝涧穷，悬瀑忽自山坳挂下数丈，亦此中奇境。转而上跻，行山脊二里，则棋盘石高峙山巅，形如擎菌，大且数围。登之，积雪如玉。回望傅岩，屼嵲云际。由彼抵棋盘亦近，悔不从导者。石旁有文殊庵，竹石清映。转东而南，二里，越岭二重，山半得观音岩。禅院清整，然无奇景，尤悔觌面失傅岩也[①]。仍越岭东下深坑，石涧四合，时有深潭，大为渊，小如臼，皆云"龙井"，不能别其孰为"五"，孰为"九"。凡三里，石岩中石脉隐隐，导者指其一为青龙，一为白龙，余笑颔之。又乱崖间望见一石嵌空，有水下注，外有横石跨之，颇似天台石梁。伯化以天且晚，请速循涧觅大龙井。忽遇僧自黄山来，云："出此即大溪，行将何观？"遂返。

里余，从别径向漆树园。行巉石乱流间[②]，返照映深木，一往幽丽。三里，跻其巅，余以为高埒齐云③，及望之，则文昌阁犹巍然也。五老峰正对阁而起，五老之东为独耸寨，循其坳而出，曰西天门，五老之西为展旗峰，由其下而渡，曰芙蓉桥。余向出西天门，今自芙蓉桥入也。余望三姑之旁，犹殢日色④，遂先登，则落照正在五老间。归庵，已晚餐矣。相与追述所历，始知大龙井正在大溪口，足趾已及，而为僧所阻，亦数也！

【注释】

①觌（dí）面：当面，迎面。

②巉（chán）石：山石陡峭险峻。

③埒（liè）：等同。

④殢（tì）：滞留。

【译文】

回到外岩吃饭。找到了一个向导，沿着山崖的左侧下了山。被灌木草丛所覆盖的两座山之间有一条溪涧，道很难走，再加上大雪遍布，走起来就更加困难了。向导劝说我到傅岩去，不必去观音岩。我忧心无法兼顾游览棋盘、龙井的景色，没有答应。走了二里，看见溪涧中有一潭深水，碧绿的仿佛看不到底，也像是"龙井"了。继续走了三里，山崖和山涧全都到了尽头，高悬的瀑布突然从山坳之中飞挂下来几丈，也是这里十分奇特的景观。折转而向上攀爬，在山脊口走了二里路，就看到棋盘石高耸在山顶，形状像是向上托起的一朵蘑菇，有好几围那么大。攀登上棋盘石，上面覆盖的积雪像是洁白的玉一样。回头看傅岩，高耸入云。从傅岩到棋盘石路途颇近，后悔没有听从向导的话。棋盘石旁建有一座文殊庵，庵里面的翠竹碧绿、山石清秀，相互掩映。转向东之后再向南走二里，翻过两座山岭，在山腰的地方看到了观音岩。观音岩禅院十分清幽干净，不过并没有什么特殊的景观。对已经到了傅岩却没有去游览傅岩感到追悔莫及。依旧翻过山岭向东走下深坑，石涧周围被山峰围拢，偶尔会有深水潭，大的是渊，小的有的像是柞臼，全都说是"龙井"，无法辨别出哪里是"五龙井"，哪里是"九龙井"。向前一共又走了三里，石岩中石脉若隐若现，向导指着其中的一处说是"青龙"，指另一处说是"白龙"，我笑着点头。之后又在乱崖之中看到一块石头镶嵌在崖壁，悬垂空中，有水向下注入，外面有横石跨越，跟天台山的石梁特别像。由于天快黑了，道士汪伯化请我快些沿着山涧寻觅大龙井。突然碰到了一位从黄山归来的和尚，说："走出这里便是大溪，还要去观赏什么景色？"于是就回去了。

走过了一里多路，从其他的小路向漆树园进发。在嘎石乱流中快走，夕阳映照在深邃的树林中，显得十分幽静而瑰丽。走了三里，登上了漆树园的山顶，我原以为这座山的高峻程度可以与齐云山不相上下，等到认真察看之后，文昌阁还是很巍峨的。五老峰正对着文昌阁耸起，它的东面是独耸寨，沿着独耸寨的山坳出来，叫作西天门；五老峰的西侧便是展旗峰，从展旗峰下面渡过溪水，叫作芙蓉桥。我之前从西天门出来，如今从芙蓉桥进去。我看到在三姑岩的旁边，还留有夕阳的余晖，于是率先登了上去，看到西垂的太阳正在五老峰之间慢慢地下落。返回到榔梅庵的时候，已经到了吃晚饭的时候。相互回忆了这一天的经历，才了解到大龙井就在大溪口，咫尺便能够到达，却由于被和尚阻止而没能游览，这大概是上天的旨意吧！

游黄山日记 徽州府

【题解】

黄山亦称为黄岳，相传黄帝与容成子、浮丘公在这里炼丹，后得道成仙，因此而得名。黄山一向以秀著称，素有"五岳归来不看山，黄山归来不看岳"的美名。

本篇乃徐霞客首次游览黄山所留下的游记。万历四十四年（1616

年),徐霞客游览黄山时,大雪已经封山三月,他的兴致并未因此而消减,欣然前往。他详细记载了沿途的气象变化,并运用了比较的手法抓住山川景物的特点,认真观察了黄山上的奇松,阐述了植物与环境的关系,最后详细地分析了黄山周围各个水流的源头。

【原文】

初二日 自白岳下山,十里,循麓而西,抵南溪桥。渡大溪,循别溪,依山北行。十里,两山峭逼如门,溪为之束。越而下,平畴颇广①。二十里,为猪坑。由小路登虎岭,路甚峻。十里,至岭。五里,越其麓。北望黄山诸峰,片片可掇②。又三里,为古楼坳。溪甚阔,水涨无梁,木片弥布一溪③,涉之甚难。二里,宿高桥。

【注释】

①平畴:平整的田地。
②掇:拾取的意思。
③弥:遍。

游黄山日记

【译文】

初二日 从白岳山下来,走了十里,沿着山麓一直向西,到达了南西桥。渡过大溪,沿着别溪,顺着山麓一直向北走。又走了十里,就看到两座陡峭险峻的山峰像两扇门一般耸立着,溪水也被其约束住了,翻过这两座山,向下走,跃入眼帘的就是平坦的田地,十分宽阔。走了二十里,就是猪坑了。从小道攀登上虎岭,山路十分陡峭。又走了十里,到了虎岭。再走五里,翻过虎岭的山麓。向北遥望黄山各个山峰,小的像是片片山石,仿佛可以拾取一般。又走了三里,就是古楼坳。溪水十分宽阔,水暴涨没有桥梁,木片遍布整条溪水,光着脚涉水十分困难。走了二里路之后,投宿在高桥。

【原文】

初三日 随樵者行,久之,越岭二重。下而复上,又越一重。两岭俱峻,曰双岭。共十五里,过江村①。二十里,抵汤口②,香溪、温泉诸水所由出者。折而入山,沿溪渐上,雪且没趾。五里,抵祥符寺③。汤泉在隔溪④,遂俱解衣赴汤池。池前临溪,后倚壁,三面石瓮⑤,上环石如桥。汤深三尺,时凝寒未解,而汤气郁然⑥,水泡池底汩汩起,气本香洌。黄贞父谓其不及盘山⑦,以汤口、焦村孔道,浴者太杂遝也⑧。浴毕,返寺。僧挥印引登莲花庵,蹑雪循涧以上。涧水三转,下注而深泓者,曰白龙潭;再上而停涵石间者,曰丹井。井旁有石突起,曰"药臼",曰"药铫"⑨。宛转随溪,群峰环耸,木石掩映。如此一里,得一庵,僧印我他出,不能登其堂。堂中香炉及钟鼓架,俱天然古木根所为。遂返寺宿。

【注释】

①江村:也就是现在位于黄山以南、沅溪右侧的岗村。
②汤口:现位于黄山南部边缘的公路旁,是进入黄山的门户。
③祥符寺:后文也称为汤寺,位于今黄山管理处的礼堂附近。
④汤泉:指的是黄山温泉,也被称为朱砂泉。

⑤石瓮：石砌。
⑥郁然：水汽旺盛的样子。
⑦盘山：现在位于天津蓟县西北12公里的地方。
⑧杂遝（tà）：众多而杂乱。
⑨铫（diào）：小铁锅。

【译文】

初三日 跟着一位樵夫同行，走了很长时间，翻过了两座山岭。下山之后又重新爬上了另一座山，又翻过了一座山岭。两座山岭都很险要，称为双岭。一共走了十五里，途经江村。走了二十里路之后，抵达汤口，这里是香溪、温泉各条溪水的源头。改变方向进入山中，顺着溪水慢慢上山，堆积的雪漫过了脚趾。走了五里，到达祥符寺。温泉就在隔着溪水可以看到的地方，于是大家就脱去衣服和鞋子来到温泉池中泡澡。温泉池的前面挨着溪水，后面倚靠着岩壁，三面都被石头镶砌，上面架着的石条就像是桥一样。温泉水有三尺深，当时寒冬的寒气还没有完全消散，温泉的水汽十分旺盛，水泡从池子的底部汩汩地冒出来，散发着原本就很清新的气味。黄贞父说黄山的温泉比不上盘山的好，这是由于汤口、焦村是交通孔道，来泡温泉的人多而杂。洗浴完毕之后，回到了祥符寺。挥印和尚领着我们登山前往莲花庵，沿着山涧，踩着积雪上山。涧水有三次转弯，向下流进一个深潭水之中，这个潭被称为白龙潭；再上的那个地方，山间水在石头间的涵洞中停歇下来，那个涵洞被称为丹井。丹井的边上有一块凸起的石头，叫作"药臼"或者"药铫"。随着溪水蜿蜒而行，周围环绕着耸立的群峰，树林与山石相互掩映。途中走的一里多路，都是如此景色，寻到了一座寺庵，原本在庵中居住的印我和尚有事情出去了，我们没能进入到庵堂之中休息片刻。只看到庵堂中的香炉、钟以及鼓架，均是用古树的树根雕刻而成的。于是就回到了祥符寺住宿。

【原文】

初四日　兀坐听雪溜竟日①。

初五日　云气甚恶，余强卧至午起。挥印言慈光寺颇近②，令其徒引。过汤地，仰见一崖，中悬鸟道，两旁泉泻如练。余即从此攀跻上，泉光云气，撩绕衣裾。已转而右，则茅庵上下，磬韵香烟，穿石而出，即慈光寺也。寺旧名珠砂庵。比丘为余言③："山顶诸静室，径为雪封者两月。今早遣人送粮，山半雪没腰而返。"余兴大阻，由大路二里下山，遂引被卧。

【注释】

①兀坐：独坐的意思。

②慈光寺：原名为珠砂庵，在万历年间被封为护国慈光寺，曾盛极一时。新中国成立之后改建为宾馆，称为慈光阁。

③比丘：梵文音译，也就是和尚的意思。

【译文】

初四日　整天独坐倾听雪滑落的声音。

初五日　乌云密布，寒气颇重，我强迫自己躺在床上，到了中午才起床。挥印和尚说慈光寺离这里很近，叫他的徒弟领着我们去。经过

了温泉池，仰头瞧见了一处山崖，中间悬着一个险要的小路，小路的旁边倾泻而出的是雪白如绢匹的泉水。我随即从这里攀登而上，泉水的闪光与云气，在衣服的前后环绕。之后向右转，就看到了茅草寺庵上下，有磬钹的声音与袅袅升起的香烟，穿过石头散发出来，这就是慈光寺。慈光寺原名为珠砂庵。和尚对我说："山顶上的那个慈光寺的各个静室由于大雪挡住了去路已经封闭了两个月了。今天早上派人去送粮食，因为半山腰的积雪有到人腰那么厚，无法通过，只好返了回来。"这句话让我兴致大减，从大路走了二里就下山了，回到了住处，盖上棉被便开始睡觉。

【原文】

初六日　天色甚朗。觅导者各携筇上山①，过慈光寺。从左上，石峰环夹，其中石级为积雪所平，一望如玉。疏木茸茸中，仰见群峰盘结，天都独巍然上挺。数里，级愈峻，雪愈深，其阴处冻雪成冰，坚滑不容着趾。余独前，持杖凿冰，得一孔置前趾，再凿一孔，以移后趾。从行者俱循此法得度。上至平冈，则莲花、云门诸峰，争奇竞秀，若为天都拥卫者。由此而入，绝𪩘危崖②，尽皆怪松悬结。高者不盈丈，低仅数寸，平顶短鬣③，盘根虬干④，愈短愈老，愈小愈奇，不意奇山中又有此奇品也！松石交映间，冉冉僧一群从天而下，俱合掌言："阻雪山中已三月，今以觅粮勉到此。公等何由得上也？"且言："我等前海诸庵，俱已下山，后海山路尚未通，惟莲花洞可行耳。"已而从天都峰侧攀而上，透峰罅而下，东转即莲花洞路也。余急于光明顶⑤、石笋矼之胜⑥，遂循莲花峰而北。上下数次，至天门。两壁夹立，中阔摩肩，高数十丈，仰面而度，阴森悚骨。其内积雪更深，凿冰上跻，过此得平顶，即所谓前海也。由此更上一峰，至平天矼。矼之兀突独耸者，为光明顶。由矼而下，即所谓后海也。盖平天矼阳为前海，阴为后海，乃极高处，四面皆峻坞，此独若平地。前海之前，天都、莲花二峰最峻，其阳属徽之歙，其阴属宁之太平⑦。

【注释】

①筇（qióng）：手杖。

②巘（yǎn）：大山上的小山。

③鬣（liè）：松针。

④虬（qiú）：传说中的一种龙，用来比喻树木枝干弯曲的奇形怪状。

⑤光明顶：位于黄山中部，海拔1840米。

⑥矼（gāng）：亦作"杠"。

⑦宁：指的是宁国府，位于今安徽宣城县。太平：明朝时为县级行政机构，隶属宁国府，位于今安徽黄山市东、麻河西岸的仙源镇。

【译文】

初六日　天气晴朗。找到了一位向导，我们各自拿着竹杖上山，途经慈光寺。从左面向上攀爬，周围石峰环绕，其中的石阶都被积雪覆盖，看上去像白玉一样。稀疏的树枝上挂满了茸茸的雪花，在其中仰望黄山的群峰盘根错节，只有天都峰傲然地耸立在群山之上。向上走几里路，石阶越来越陡峭，积雪也越来越深，那些阴面的区域雪已经冻成了冰，坚硬且滑，让脚不能踩稳。我独自一人往前走，用竹杖将冰凿破，挖出一个孔来放前脚，再凿出一个孔，以便来移动后脚。随着我一起来的人都使用了这一方法得以通过。向上走到平冈，看到莲花峰、云门峰等诸多山峰争奇竞秀，就像是在为天都峰当护卫一般。从这里进去，不管是极其险峻的山峰，还是高峻的石崖，全都长满了怪异的盘根错节的松树，高的不足一丈，矮的只有几寸，平顶上的松树松针都很短，盘根错节且枝干弯曲，像虬一般，越是短粗的就越是老松树，越是矮小的便长得越是怪异，没想到这座奇山之上会长有如此奇异的品种！呵！在奇松怪石交相辉映的中间，一群和尚仿佛从天而降一般，向我们缓步走来，都合掌说："我们被大雪隔绝在深山之中已经有三个月了，为了能够找到食物才勉强走到这里。各位为什么要上山呢？"又说："我们前海各个寺庵的僧人，都已经下山去了；后海的山路到现在依然不能通行，只能走莲花洞的路。"后来我们从天都峰的侧面向上攀援，穿过山峰的缝隙下山，再向东转就是前往莲花洞的路了。我迫切地想要游览光明顶、石笋矼的美景，于是沿着莲花峰的路向北走。上上下下好几次，终于抵达了天门。天门的两侧为如刀削般直立的石壁，中间的宽度只能擦肩行走，高有数十丈，抬头向上度量，阴森得让人毛骨悚然。天门里的积雪更深更厚，只能凿开冰洞向上攀爬，穿过了这里就抵达了平顶，也就是所说的前海了。由这里再登上一座山峰，就能够抵达平天矼了。平天矼上独立耸立且突兀的地方，就是光明顶。自平天矼上往下走，就是所说的后海了。可能平天矼的南边是前海，北边是后海，就是最高的地方了，四周均是险峻的凹地，只有这里看上去像是平地。前海的前面，天都与莲花这两座山峰是最高的，它的南边属于徽州的歙县管辖范围，北边属于宁国府的太平县管辖范围。

【原文】

余至平天矼，欲望光明顶而上。路已三十里，腹甚枵[1]，遂入矼后一庵。庵僧俱踞石向阳。主僧曰智空，见客色饥，先以粥饷。且曰："新日太皎[2]，恐非老晴。"因指一僧谓余曰："公有余力，可先登光明顶而后中食，则今日犹可抵石笋矼，宿是师处矣。"余如言登顶，则天都、莲花并肩其前，翠微、三海门环绕于后，下瞰绝壁峭岫，罗列坞中，即丞相原也。顶前一石，伏而复起，势若中断，独悬坞中，上有怪松盘盖。余侧身攀踞其上，而浔阳踞大顶相对，各夸胜绝。

【注释】

①枵（xiāo）：空虚，这里指的是肚子饿。
②新日太皎：指的是刚出来的太阳太过明亮。

【译文】

我来到平天矼，打算向光明顶的方向继续向上走。已经走了三十里的路，饥肠辘辘，于是进入到平天矼后面的一座庵中。庵中的和尚全都坐着面向南方。住持和尚名叫智空，见到客人露出这般饥饿的神色，先拿出稀饭来款待。并说："刚出来的太阳如此明亮，恐怕这个晴天是不会长久的。"于是指着一位和尚对我说："徐公如果还有多余的体力，可先游览光明顶，然后再回来吃中午饭，今天尚能抵达石笋矼，晚上回来之后可在这位禅师的处所借宿。"我听从他的建议登上了光明顶，见到天都与莲花两座山峰并肩而立，翠微、三海门在后面环绕着，向下俯瞰悬崖峭壁与山岭，排列在大山山坞之中，这就是丞相原了。光明顶的前面有一块巨石，低伏一段之后又重新峙立，像是劈开一般，孤独地悬挂在山坞之中，岩石上怪异的松树盘根错节地覆盖着。我侧转过身子攀登到巨石的上面坐着，浔阳叔则坐在光明顶上跟我面对面坐着，互相称赞这番极为优美的风光。

【原文】

下入庵，黄粱已熟。饭后，北向过一岭，蹀躞菁莽中[1]，入一庵，曰

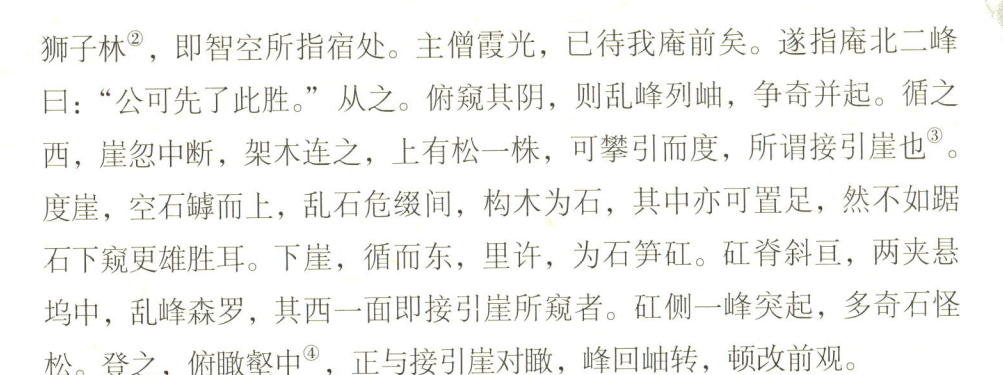

狮子林②，即智空所指宿处。主僧霞光，已待我庵前矣。遂指庵北二峰曰："公可先了此胜。"从之。俯窥其阴，则乱峰列岫，争奇并起。循之西，崖忽中断，架木连之，上有松一株，可攀引而度，所谓接引崖也③。度崖，空石罅而上，乱石危缀间，构木为石，其中亦可置足，然不如踞石下窥更雄胜耳。下崖，循而东，里许，为石笋矼。矼脊斜亘，两夹悬坞中，乱峰森罗，其西一面即接引崖所窥者。矼侧一峰突起，多奇石怪松。登之，俯瞰壑中④，正与接引崖对瞰，峰回岫转，顿改前观。

下峰，则落照拥树，谓明晴可卜，踊跃归庵。霞光设茶，引登前楼。西望碧痕一缕，余疑山影。僧谓："山影夜望甚近，此当是云气。"余默然，知为雨兆也。

【注释】

①踯躅（zhí zhú）：徘徊，停下脚步。

②狮子林：黄山的北面有狮子峰，建在狮子张口处的寺庙称为狮子林。

③接引崖：现在称为始信峰，位于黄山北海散花坞东，凸起于绝壑之上，是三十六小峰之一，海拔 1683 米。

④壑（hè）：山谷，山沟。

【译文】

走下光明顶返回到庵中，黄粱米饭已经做熟了。用过饭之后，向北走，翻过了一座山岭，在草木繁茂的地方徘徊，进入到一座庵中，名为狮子林，也就是智空和尚所指的可以投宿的地方。狮子林的住持霞光和尚，已经在庵前等候我了。他指了指狮子林北面的两座山峰说："徐公可以先游览这两处景观。"听从了他的建议。俯身窥看这两座山峰的北面，山峰甚多，山岭重重叠叠，互相争奇。沿着两座山峰的西侧走，山崖突然断开，架设的木桥将两边连接起来，上面有一棵松树，能够攀引着穿过木桥，这也就是所说的接引崖了。过了接引崖，穿过石岩的缝隙向上攀爬。乱石间连接的地方都十分危险，将木头作为石梁架在上面，也能

够在其间行走，但是没有坐在岩石上窥探，显得下面景色更加壮丽。走过接引崖，沿着小道向东走一里多，就是石笋矼。石笋矼的山脊倾斜连绵，两夹崖悬在山坞之中，乱峰就像是树木一般森罗万象，它的西面的一侧就是在接引崖上能够窥见的地方。登上山峰的峰顶，俯瞰山谷，恰巧可与接引崖对视，峰回山转，顿时与前面的景色大为不同。

走下山峰，只看到夕阳洒在松树上，认为能够预知明天的天气是晴朗的，不禁欢呼雀跃地回到了狮子林庵。霞光住持已经准备好了茶水，带着我登上了前楼。往西面眺望，天际有一抹碧绿色的痕迹。我怀疑是山峰的阴影。霞光住持说："山的影子在晚上看起来会很近，这个应该是云气。"我顿时沉默不语，知道这是下雨的前兆。

【原文】

初七日　四山雾合。少顷，庵之东北已开，西南腻甚①，若以庵为界者，即狮子峰亦在时出时没间。晨餐后，由接引崖践雪下。坞半一峰突起，上有一松裂石而出，巨干高不及二尺，而斜拖曲结，蟠翠三丈余，其根穿石上下，几与峰等，所谓"扰龙松"是也。

【注释】

①腻：凝滞的意思。

【译文】

初七　四周的山由于下雾的原因成为一体。过了一会儿，狮子林庵东北方向的雾散开了，但是西南方向的雾依然十分浓厚。如果将狮子林庵作为分界处，就算是距离较近的狮子峰也在雾气中若隐若现。早饭过后，从接引崖踩着积雪下山。山坞的半山腰上有一座凸起的山峰，峰上有一棵挣扎着从石头中长出的松树，树干粗大却不足二尺高，像斜面延伸弯曲盘结，翠绿的枝叶弯曲地环绕有三丈多长，树根上下穿过石岩，长度与山峰的高度相当。这就是所说的"扰龙松"了。

【原文】

攀玩移时，望狮子峰已出，遂杖而西。是峰在庵西南，为案山。二里，蹑其巅，则三面拔立坞中，其下森峰列岫，自石笋、接引两坞迤逦至此，环结又成一胜。登眺间，沉雾渐爽①，急由石笋矼北转而下，正昨日峰头所望森阴径也。群峰或上或下，或巨或纤，或直或欹，与身穿绕而过。俯窥辗顾，步步生奇，但壑深雪厚，一步一悚②。

【注释】

①爽：舒朗的意思。

②悚：恐怖，心惊胆战的意思。

【译文】

攀登游玩了一段时间，四处望了望发现自己已经走出了狮子林，于是就挂着手杖向西而行。这座山峰位于狮子林庵的西南方，名为案山，走了两里路之后，攀上了案山的顶峰，三面拔地而起耸立于山坞之中，山的下面是森罗万象的峰峦与诸多山岭，自石笋矼、接引崖这两处山坞蜿蜒连绵至此，环绕盘结有形成一处美景。登上山峰远眺，浓雾已经逐渐散开，于是赶紧从石笋矼的北面折转而下，正是昨日在峰顶上所看到的阴森道路。群峰有高的有低的，有粗壮的也有纤细的，有陡峭笔直的有倾斜的，行走在其中常常擦身而过。或俯仰或窥看，或辗转或回顾，每行走一步都会产生新奇的感觉，但是因为山谷太深而且积雪太厚，每走一步都心惊胆战。

【原文】

行五里，左峰腋一窦透明①，曰"天窗"。又前，峰旁一石突起，作面壁状，则"僧坐石"也。下五里，径稍夷②，循涧而行。忽前涧乱石纵横，路为之塞。越石久之，一阙新崩，片片欲堕，始得路。仰视峰顶，黄痕一方，中间绿字宛然可辨，是谓"天牌"，亦谓"仙人榜"。又前，鲤鱼石；又前，白龙池。共十五里，一茅出涧边，为松谷庵旧基。再五里，循溪东西行，又过五水，则松谷庵矣。再循溪下，溪边香气袭人，则一梅亭亭正发，山寒稽雪③，至是始芳。抵青龙潭④，一泓深碧，更会两溪，比白龙潭势既雄壮，而大石磊落，奔流乱注，远近群峰环拱，亦佳境也。还餐松谷，往宿旧庵。余初至松谷，疑已平地，及是询之，须下岭二重，二十里方得平地，至太平县共三十五里云。

【注释】

①窦（dòu）：孔，洞。
②夷：平地，平坦。
③稽：留止，存留。
④抵青龙潭：黄山的北部松谷溪中有五个龙潭，分别是青龙潭、乌龙潭、黄龙潭、白龙潭及油龙潭。五个龙潭的颜色、深浅各不相同。

【译文】

走了五里山路，看到左侧的山峰腋部有一个透出光亮的孔穴，称为"天窗"。继续向前走，山峰的旁边凸起了一块巨石，呈现为面壁的形状，那就是"僧坐石"了。向下走五里，道路稍微平坦了一些，沿着山涧水继续向前走。突然前面的山涧中乱石纵横，道路都被这些乱石所阻隔。穿过这些乱石走了很长一段时间，看到了一个新崩开的缺口，片片石块仿佛都要掉落下来，才重新找到了可以行走的路。仰头看峰顶，有一块黄色的痕迹，中间的绿色字体宛然可见，这就是"天牌"，也被称为"仙人榜"。继续向前走，到了鲤鱼石；再往前走，就是白龙池了。总行程有十五里，一座茅庐出现在了涧水旁，这便是松谷庵的旧址。再走了五里，沿着溪水往东西方向走，又渡过了五条溪水，就抵达松谷庵了。再沿着溪水向下走，溪水边上飘来阵阵香气，原来是一棵亭亭玉立的梅树正在开花，山谷中十分寒冷，到处都是积雪，到了这里才有花香弥漫。到达青龙潭，这是一泓深碧色的潭水，又汇合了两条溪流，与白龙潭相比，气势壮观，又有突出的大石，奔流的溪水向潭中乱注，远处近处的山峰环绕着，也是一处绝佳的景致。回到松谷庵用晚饭，住在了松谷庵的旧址。我第一次到松谷庵的时候，怀疑那里已经是平地，等到这里向人询问，说是还需要走两座山，二十里路之后才能到达平地，到达太平县一共需要走三十五里之类的。

【原文】

初八日　拟寻石笋奥境，竟为天夺，浓雾迷漫。抵狮子林，风愈大，雾亦愈厚。余急欲趋炼丹台，遂转西南。三里，为雾所迷，偶得一庵，入焉。雨大至，遂宿此。

初九日　逾午少霁①。庵僧慈明，甚夸西南一带峰岫不减石笋矼，有"秃颅朝天""达摩面壁"诸名。余拉浔阳蹈乱流至壑中，北向即翠微诸峦，南向即丹台诸坞，大抵可与狮峰竞驾，未得比肩石笋也。雨踵至，急返庵。

【注释】

①霁（jì）：晴朗。

【译文】

初八日　打算去寻找石笋矼的秘境，却没想到被老天夺去了兴致，山中浓雾弥漫，到达狮子林的时候，风刮得更大，雾也更加浓厚了。我急于想要赶去炼丹台，于是转为西南方向。走了三里路，因为雾太大而迷失了方向，我偶然看到一座庵，就走了进去。接着下起了大雨，于是就住在了这里。

初九日　中午过后，天气逐渐晴朗。庵中的僧人慈明，甚至对西南一带的山峰岩洞大为夸耀，称其险奇程度并不输给石笋矼，有"秃颅朝天""达摩面壁"这些名胜景观可供游览。我拉着浔阳叔翁踏过乱流来到了山谷之中，往北走就是翠微峰等山峰，往南走就是炼丹台等山坞，景色大抵与狮子林不相上下，但是无法与石笋矼相提并论。雨又开始下了，我们匆忙回到了庵中。

【原文】

初十日　晨雨如注，午少停。策杖二里，过飞来峰，此平天矼之西北岭也。其阳坞中，峰壁森峭，正与丹台环绕①。二里，抵台。一峰西垂，顶颇平伏。三面壁翠合沓②，前一小峰起坞中，其外则翠微峰、三海门蹄股拱峙。登眺久之。东南一里，绕出平天矼下。雨复大至，急下天门。两崖隘肩，崖额飞泉，俱从人顶泼下。出天门，危崖悬叠，路缘崖半，比后海一带森峰峭壁，又转一境。"海螺石"即在崖旁，宛转酷肖，来时忽不及察，今行雨中，颇稔其异③，询之始知。已趋大悲庵，由其旁复趋一庵，宿悟空上人处。

【注释】

①丹台：也就是炼丹台，位于黄山中部的炼丹峰下面。

②合杳（tà）：重叠的意思。

③稔（rěn）：熟悉的意思。

【译文】

初十日 早晨下起了瓢泼大雨，中午的时候才稍微停了一下。挂着手杖走了二里，途经飞来峰，这就是平天矼西北方向的山岭。飞来峰南边的山坞中，山峰壁立陡峭，刚好与炼丹台相互环绕。走了二里，到达炼丹台。有一座向西垂的山峰，山峰的顶部较为平坦，三面有青翠绿树覆盖的岩壁重重叠叠，前方有一座小山峦在山坞中凸起，山坞的外面就是翠微峰，三海门紧挨着对峙耸立着。爬上顶峰向四下眺望了许久。向东南走了一里，从天平矼下面绕出来。大雨又重新下了起来，急忙走下了天门。两侧狭窄的只有肩膀的宽度，崖峰顶上的飞泉，全部都是从人的头顶上泼下来。走出天门，高耸的山崖悬空层叠着，道路顺着山崖的半山腰延伸，与后海一带森严的山峰、险峻的岩壁相比，转而成为另一番景色。"海螺石"就在山崖的旁边，宛转的形状酷似一只海螺，来的时候由于匆忙并没有观察仔细，现在在雨中慢慢走，倒是十分了解了它的奇异之处，这是向人询问才知道的。后来前往大悲庵，从大悲庵的旁边又到了另一座庵，在悟空上人处住了下来。

【原文】

十一日 上百步云梯。梯磴插天，足趾及腮，而磴石倾侧崡岈①，兀兀欲动②，前下时以雪掩其险，至此骨意俱悚。上云梯，即登莲花峰道。

又下转，由峰侧而入，即文殊院、莲花洞道也。以雨不止，乃下山，入汤院，复浴。由汤口出，二十里抵芳村，十五里抵东潭，溪涨不能渡而止。黄山之流③，如松谷、焦村，俱北出太平；即南流如汤口，亦北转太平入江；惟汤口西有流，至芳村而巨，南趋岩镇，至府西北与绩溪会。

【注释】

①嵁岈（hán yá）：中间空而幽深的意思。

②兀兀：挺立高耸的意思。

③黄山之流：松谷的水源自黄山往北流，也就是现在的凄溪河。焦村的水源自黄山往西流，再转向北，也就是现在的秋溪河。汤口的水也是向北，也就是现在的麻河。汤口西之流，在明朝时被称为新安江，现今称为西溪。绩溪源自绩溪县，在明朝的时候称为杨之水，也就是现在的练江。岩镇应当就是现在的岩寺。

【译文】

十一日　爬上百步云梯。云梯的石阶陡峭得仿佛直插入云霄之中。爬石阶的时候，脚趾差不多能够到脸腮，石阶的石条倾斜导致其间的缝隙很大，高高凸起仿佛是在移动。过去下山的时候上面的积雪盖住了它的险要，如今看清楚了不由得感到心惊胆战。爬完了百步云梯，也就

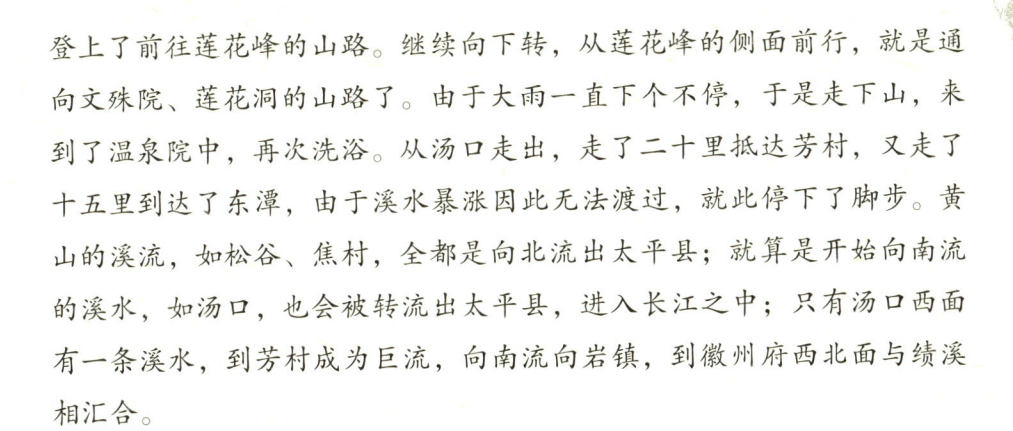

登上了前往莲花峰的山路。继续向下转，从莲花峰的侧面前行，就是通向文殊院、莲花洞的山路了。由于大雨一直下个不停，于是走下山，来到了温泉院中，再次洗浴。从汤口走出，走了二十里抵达芳村，又走了十五里到达了东潭，由于溪水暴涨因此无法渡过，就此停下了脚步。黄山的溪流，如松谷、焦村，全都是向北流出太平县；就算是开始向南流的溪水，如汤口，也会被转流出太平县，进入长江之中；只有汤口西面有一条溪水，到芳村成为巨流，向南流向岩镇，到徽州府西北面与绩溪相汇合。

游武彝山日记　福建建宁府崇安县

【题解】

武彝山也称为武夷山，是我国著名风景区，这里有特殊的丹霞地貌，碧水丹山，景色秀丽，素有"奇秀甲东南"的美誉。山中奇景颇多，尤其是武彝溪的两岸，有鬼斧神工般的石峰涧水以及悬棺这一人文景观。

徐霞客在万历四十四年（1616年），游览了武夷山，并写下了这篇游记。徐霞客此番游历，不仅寻幽览胜，还记录了诸多武夷山的文物古迹。

【原文】

二月二十一日　出崇安南门①，觅舟。西北一溪自分水关，东北一溪自温岭关，合注于县南，通郡、省而入海。顺流三十里，见溪边一峰横欹②，一峰独耸。余咤而瞩目③，则欹者幔亭峰，耸者大王峰也④。峰南一溪，东向而入大溪者⑤，即武彝溪也⑥。冲祐宫傍峰临溪。余欲先抵九曲，然后顺流探历，遂舍宫不登，逆流而进。流甚驶，舟子跣行⑦。第一曲，右为幔亭峰、大王峰，左为狮子峰、观音岩。而溪右之濒水者曰水光石，上题刻殆几乎遍。二曲之右为铁板嶂、翰墨岩，左为兜鍪峰、玉女峰。而板嶂之旁，崖壁峭立，间有三孔，作"品"字状。三曲右为会仙岩，左为小藏峰、大藏峰。大藏壁立千仞，崖端穴数孔，乱插木板如机杼。一小舟斜架穴口木末，号曰"架壑舟"⑧。四曲右为钓鱼台、希真岩，左为鸡栖岩、晏仙岩。鸡栖岩半有洞，外隘中宏，横插木板，宛然塒榤⑨。下一潭深碧，为卧龙潭。其右大隐屏、接笋峰，左更衣台、天柱峰者，五曲也。文公书院正在大隐屏下。抵六曲，右为仙掌岩、天游峰，左为晚对峰、响声岩。回望隐屏、天游之间，危梯飞阁悬其上，不胜神往。而舟亦以溜急不得进⑩，还泊曹家石。

【注释】

①崇安：隶属建宁府，也就是现在的福建省崇安县。

②攲（qī）：倾斜、外斜。

③咤：吃惊的样子。

④大王峰：也称为天柱峰，乃进入武夷山的第一峰。

⑤大溪：明朝的时候也称为崇溪，也就是现在的崇阳溪。

⑥武彝溪：明朝的时候也称为九曲溪、清溪，源自三保山，途经星村进入武夷山，盘折九曲，到武彝宫前汇入崇溪。

⑦舟子：指船夫。跣：光着脚。

⑧架壑舟：当地的一种葬具，俗称船棺葬、崖墓。形状很像是船，用整木凿成，存放在悬崖洞隙等人烟稀少的地方。

⑨塒榤（shī jié）：鸡巢中鸡栖息的小木桩。

⑩溜（liù）：急流。

【译文】

二月二十一日　出了崇安县的南城门，寻找能够搭乘的船只。西北面有一条溪水自分水关流来，东北面有一条溪水自温岭关流来，汇合之后流入县城的南面，途经各郡、省，最后汇入大海。搭乘的船只顺流而下行驶了三十里，就看到溪边有一座倾斜的山峰，一座独立高耸的山峰。

我感到十分诧异并对它们十分关注，那座倾斜的山峰是幔亭峰，高耸的山峰则是大王峰。山峰的南边有一条溪流，从东面流进大溪，也就是武彝溪了。冲祐宫的后面依靠着山峰，前面挨着溪水。我打算先到九曲，然后沿着溪流去探寻景观、寻求奇景，于是就决定不再攀登冲祐宫，逆流而上。溪水的水流十分湍急，纤夫们光着脚走在溪水中间拉着船前行。第一曲的右侧是幔亭峰与大王峰，左侧是狮子峰与观音岩。溪流的右边临近溪水的石头叫水光石，上面差不多已经被题诗与刻字布满了。第二曲的右侧是铁板嶂与翰墨岩，左侧是兜鍪峰与玉女峰。铁板嶂的旁边，崖壁陡峭笔直，中间有三个孔穴，呈现为"品"字状排列。第三区的右侧是会仙岩，左侧是小藏峰与大藏峰。大藏峰壁立千仞，山崖顶端有好几处小孔，酷似织布机上乱插着多个木板。一只小船斜架在孔穴口木板的末端，称为"架壑舟"。四曲的右侧是钓鱼台与希真岩，左侧是鸡栖岩、晏仙岩。鸡栖岩的半山腰的地方有一

个石洞，外面十分狭窄，而里面却十分宽敞，哼唱着的模板，像是鸡巢中鸡栖息的木桩。岩壁的下面有一处潭水，潭水深而呈现为碧蓝色，那就是卧龙潭。它的右侧是大隐屏、接笋峰，左侧是更衣台、天柱峰的，那就是五曲了。文公院恰好在大隐屏峰的下面。到达六曲的时候，看到右侧有仙掌岩、天游峰，左侧是晚对峰、响声岩。回头张望大隐屏与天游峰之间的地方，看到高峻的石梯、飞檐斗阁悬挂在山峰的上面，不禁十分憧憬。我所搭乘的船也由于急流汹涌而无法驶入进去，只能回到曹家石停泊。

【原文】

登陆入云窝①，排云穿石，俱从乱崖中宛转得路。窝后即接笋峰。峰骈附于大隐屏②，其腰横两截痕，故曰"接笋"。循其侧石磴，跻磴数层，四山环翠，中留隙地如掌者，为茶洞。洞口由西入，口南为接笋峰，口北为仙掌岩。仙掌之东为天游，天游之南为大隐屏。诸峰上皆峭绝，而下复攒凑，外无磴道，独西通一罅，比天台之明岩更为奇矫也。从其中攀跻登隐屏，至绝壁处，悬大木为梯，贴壁直竖云间。梯凡三接，级共八十一。级尽，有铁索横系山腰，下凿坎受足。攀索转峰而西，夹壁中有冈介其间③，若垂尾，凿磴以登，即隐屏顶也。有亭有竹，四面悬崖，凭空下眺，真仙凡夐隔④。仍悬梯下，至茶洞。仰视所登之处，崭然在云汉⑤。

【注释】

①云窝：在五曲接笋峰与六曲仙掌峰之间，建有八亭分散在冈头或者溪边，还有盘山石径可以在各个景点之间往来。

②骈：并列，并排。

③冈：山脊的意思。

④夐（xiòng）：远。

⑤崭然：高峻挺拔的样子。云汉：天河，银河。

【译文】

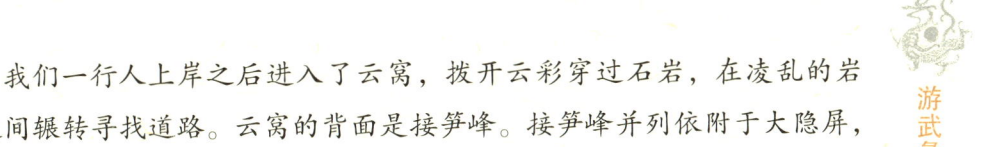

我们一行人上岸之后进入了云窝，拨开云彩穿过石岩，在凌乱的岩崖之间辗转寻找道路。云窝的背面是接笋峰。接笋峰并列依附于大隐屏，接笋峰的山腰处横向显现出分为两段的痕迹，因此称为"接笋峰"。沿着它侧面的石岩隘口，登上好几级石阶，远远望见它的周围被翠绿的山峦所环绕，中间留有手掌一样大小的空隙，那就是茶洞。洞口自西边可以进入，洞口的南面是接笋峰，北侧是仙掌岩。仙掌岩的东面是天游峰，天游峰的南侧就是大隐屏了。每一座山峰的顶部都极为陡峭险峻，但是下面却十分紧凑集中，外面没有石阶可让人攀登，只有西面有一道缝隙相连接，与天台山的明岩相比则更为壮观雄伟。从山峰的中间往上攀登可以抵达大隐屏，走到极为险峻的山崖，山崖上悬架着大木作为梯子，紧挨着岩壁直插入云霄之中。木梯是用三根大木连接起来的，一共有八十级。阶梯的尽头，有铁索横架在山腰的地方，下面有凿开的石坎可以让脚踩着。攀援着铁索向西边沿着山峰转，两侧的岩壁之中有山脊在其中，如同是下垂的尾巴一般，凿出石阶用来登高，这就是大隐屏的顶峰了。峰顶建有亭子，有翠竹，四下都是悬崖峭壁，凭空向下俯瞰，短时感觉仿佛仙境与凡界相隔甚远。仍旧是从悬架的母体上下来，抵达茶洞。仰望所攀援上去的地方，高峻得如同在天河之中。

【原文】

　　隘口北崖即仙掌岩。岩壁屹立雄展，中有斑痕如人掌，长盈丈者数十行。循岩北上，至岭，落照侵松①，山光水曲，并加入览。南转，行夹谷中。谷尽，忽透出峰头，三面壁立，有亭踞其首，即天游峰矣②。是峰处九曲之中，不临溪，而九曲之溪三面环之。东望为大王峰，而一曲至三曲之溪环之。南望为更衣台，南之近者，则大隐屏诸峰也，四曲至六曲之溪环之。西望为三教峰，西之近者，则天壶诸峰也，七曲至九曲之溪环之。惟北向无溪，而山从水帘诸山层叠而来，至此中悬。其前之俯而瞰者，即茶洞也。自茶洞仰眺，但见绝壁干霄，泉从侧间泻下，初不知其上有峰可憩。其不临溪而能尽九溪之胜，此峰固应第一也。立台上，

望落日半规,远近峰峦,青紫万状。台后为天游观。亟辞去,抵舟已入暝矣。

【注释】

①侵:映照。

②天游峰:位于五曲银屏峰后面,景色秀丽。

【译文】

隘口北面的石崖就是仙掌岩。岩壁屹立于溪边,雄壮而宽阔,岩壁的中间部分有像人的手掌一般的斑痕,长度超过一丈的有几十行。沿着山崖从北边攀登上去,到达岭上,落日的余晖照在松树上,山光绮丽,溪水曲折,相互辉映,让人赏心悦目。向南转,走在狭窄的山谷之中。在山谷的尽头,突然出现一座山峰的顶部,三面都是陡峭的岩壁,山峰的顶部建有亭子,这个就是天游峰。天游峰位于九曲的中间地带,没有挨着溪水,而九曲的溪流从三面将其环绕起来。向东眺望是大王峰,有一曲到三曲的溪流环绕着它。向南眺望是更衣台,与南面最近的是大隐屏各座山峰,四曲到六曲的溪流将其环绕。向西眺望是三教峰,与西面最接近的是天壶峰等山峰,七曲到九曲的溪水环绕着它。只有北边的没有溪水,但是山峦从水帘封等各座山岭层层叠叠延伸而来,到这里悬挂起来。之前我俯看的地方,便是茶洞了。从茶洞仰头眺望,只看到绝壁直插入云霄，泉水从侧面的崖壁间倾泻落下，开始的时候不清楚它上面还有山峰能够游览休息。如果打算不亲自去九曲溪而看尽九曲溪的美景，这座山峰当是首选。站在峰台之上，远眺那个半圆的正在西落的太阳，远近有无数山峰，呈现出青色、紫色万千的景象。峰台的后面是天游观。我匆忙告别而前去，回到游船上的时候已经是黄昏时分了。

【原文】

二十二日　登涯[1]，辞仙掌而西。余所循者，乃溪之右涯，其隔溪则左涯也。第七曲右为三仰峰、天壶峰，左为城高岩。三仰之下为小桃源，崩崖堆错，外成石门。由门伛偻而入，有地一区，四山环绕，中有平畴曲涧，围以苍松翠竹，鸡声人语，俱在翠微中。出门而西，即为北廊岩，岩顶即为天壶峰。其对岸之城高岩矗然独上，四旁峭削如城。岩顶有庵，亦悬梯可登，以隔溪不及也。第八曲右为鼓楼岩、鼓子岩，左为大廩石、海蚱石。余过鼓楼岩之西，折而北行坞中，攀援上峰顶，两石兀立如鼓，鼓子岩也。岩高亘亦如城，岩下深坳一带如廊，架屋横栏其内，曰鼓子庵。仰望岩上，乱穴中多木板横插。转岩之后，壁间一洞更深敞，曰吴公洞。洞下梯已毁，不能登。望三教峰而趋，缘山越磴，深木蓊苁其上[2]。抵峰，有亭缀其旁，可东眺鼓楼、鼓子诸胜。山头三峰，石骨挺然并矗。从石罅间蹑磴而升，傍崖得一亭。穿亭入石门，两崖夹峙，壁立参天，中通一线、上下尺余，人行其间，毛骨阴悚。盖三峰攒立，此其两峰之罅；其侧尚有两罅，无此整削。

【注释】

①涯：水边。
②蓊苁（wěng cōng）：形容草木生长茂盛。

【译文】

二十二日　上岸之后，离开了仙掌岩往西走。我所沿着走的，是溪水的右岸，隔着溪水的是左岸。第七曲的右侧是三仰峰、天壶峰，左边是城高岩。三仰峰的下面是小桃园，崩裂的山崖，错落的岩堆，在外面形成了一道石门。弯下身子从这个石门进去，有一片地，四面被山峦所环绕，中间有平地与弯曲的涧水，苍松翠竹将其环绕，鸡的叫声以及人说话的声音，都在青山之中回荡。出了石门向西而行，就到了北廊岩，北廊岩的顶部就是天壶峰。其正对着的城高岩独自耸立在天上，四周的悬崖峭壁就像是刀削一般，如同城墙一样。城高岩的顶部有一座庵，也是通过悬梯可以攀登而上，由于隔着溪水所以并没有去那里。第八曲的右侧是鼓楼岩与鼓子岩，左侧是大廪石与海蚱石。我穿过鼓楼岩的西侧，辗转向北，走到山坞之中，攀爬上峰顶，有两块像鼓一样的岩石矗立着，这就是鼓子岩了。鼓子岩的高度与宽度跟城高岩差不多，岩石下面的山坞中如同一条长廊一般，建有房屋横栏在其间，称为鼓子庵。仰头遥望岩石的上面，散乱的洞穴横插着很多木板。走到岩石的后面，岩壁的中间有一个深邃且宽敞的洞穴，称为吴公洞。吴公洞下面的木梯已经被损坏，无法攀登。遥望着三教峰向前走，沿着山路踩着石蹬，山上草木茂盛。抵达三教峰，建在山峰旁的亭子点缀了景色，可以向东眺望鼓楼山、鼓子言等各处的美景。山顶上有三座山峰，石岩的骨架十分挺拔高大，并排矗立着。从岩石缝隙中踩着石蹬往上攀岩，石崖的旁边有一个亭子。穿过亭子进入石门，两崖壁对立，中间十分狭窄，崖壁高耸参天，中间只有一线的通道，宽只有一尺左右，人在其间行走，不禁觉得毛骨悚然。三宗山峰簇拥而立，这里是两座山峰间缝隙；其侧面还有两道缝隙，不过没有整齐削尖。

【原文】

已下山，转至山后，一峰与猫儿石相对峙，盘亘亦如鼓子，为灵峰之白云洞。至峰头，从石罅中累级而上，两壁夹立，颇似黄山之天门。级穷，迤逦至岩下，因崖架屋，亦如鼓子。登楼南望，九曲上游，一洲中峙，溪自西来，分而环之，至曲复合为一。洲外两山渐开，九曲已尽。是岩在九曲尽处，重岩回叠，地甚幽爽。岩北尽处，更有一岩尤奇：上下皆绝壁，壁间横坳仅一线，须伏身蛇行，盘壁而度，乃可入。余即从壁坳行；已而渐低，壁渐危，则就而伛偻①；愈低愈狭，则膝行蛇伏，至坳转处，上下仅悬七寸，阔止尺五。坳外壁深万仞。余匍匐以进，胸背相摩，盘旋久之，得度其险。岩果轩敞层叠，有斧凿置于中，欲开道而未就也。半晌，返前岩。更至后岩，方构新室，亦幽敞可爱。出向九曲溪，则狮子岩在焉。

【注释】

①伛偻（yǔ lǚ）：弯着身子。

【译文】

下山之后，走到了山的后面，看到一座山峰跟猫儿石对立着，盘旋绵延也像鼓子岩一般，这就是灵峰的白云洞。来到山峰的顶部，从石岩的缝隙中相继沿着石阶向上攀登，两边对峙矗立的岩壁都十分狭窄陡峭，与黄山的天门十分接近。走到石阶的尽头，沿着蜿蜒连绵的山路来到石岩的下面。利用岩石搭建房屋，情况也如同鼓子岩一般。爬上高楼向南遥

望，九曲的上游，在溪水中有一片小洲屹立，溪水从西方流过来，到这里分流将小洲的四周环绕，到了九曲的地方重新合并为一股溪水。小洲的外围有两座山峰渐渐宽阔开来，这里便已经到尽头了，这岩就在九曲尽头的地方，还有一岩特别怪异：上下均为陡峭的石壁，石壁的中间横凹的地方只有一线宽，需要人低着身子像蛇一样爬行，环绕着石壁越过去，才能够进入。我从岩壁凹的地方爬行，没过多久，凹的地方逐渐变得低矮，岩壁也逐渐变得更加险要起来，于是只好顺着山势弯着腰驼着背；岩石凹下去的地方越来越低矮、越来越狭窄，于是只能像蛇那样匍匐着贴着膝盖爬行，到了壁坳拐弯的地方，上下悬隔只有七寸，宽度也只有一尺五。壁凹的外面，岩壁有万仞之深。我匍匐着前行，胸部背部与岩石不断摩擦，弯弯曲曲走了很长的时间，才成功穿过了这块险要的地方。石岩确实十分高大开阔，层层叠叠，其中有斧头凿过的痕迹，应当是想要在这里开通道路但是并没有成功。过了一会儿，回到了前岩，又重新回到了后岩，刚建造好的新房屋，也很幽静、宽敞，惹人喜爱。出来之后走向九曲溪，就见到狮子岩矗立在那里。

【原文】

　　循溪而返，隔溪观八曲之人面石、七曲之城高岩，蔚然奇丽，种种神飞。复泊舟，由云窝入茶洞，穿窾窈窕[①]，再至矣，再不能去！已由云窝左转，入伏羲洞，洞颇阴森。左出大隐屏之阳，即紫阳书院[②]，谒先生庙像[③]。顺流鼓棹，两崖苍翠纷飞，翻恨舟行之速[④]。已过天柱峰、更衣台，泊舟四曲之南涯。自御茶园登岸[⑤]，欲绕出金鸡岩之上，迷荆丛棘，不得路。乃从岩后大道东行，冀有旁路可登大藏、小藏诸峰，复不得。透出溪旁，已在玉女峰下。欲从此寻一线天，徬徨无可问，而舟泊金鸡洞下，迥不相闻。乃沿溪觅路，迤逦大藏、小藏之麓。一带峭壁高骞[⑥]，砂碛崩壅，土人多植茶其上。从茗柯中行[⑦]，下瞰深溪，上仰危崖，所谓"仙学堂"、"藏仙窟"，俱不暇辨。

【注释】

①穹窿（qióng lóng）：长曲。窈窕：又深又远。

②紫阳书院：紫阳为山名。位于安徽省歙县南，宋朝的朱松在上面读书，他的儿子朱熹长期在崇安读书讲学的地方，故称为紫阳书院。后人建造的紫阳书院指的是文公书院。

③谒：拜见的意思。

④翻：同"反"。

⑤御茶园：位于武彝山四曲溪的南面，是元朝官府督制贡茶的地方。

⑥高骞（qiān）：高昂着头。

⑦茗：指茶。

【译文】

沿着溪水返回，隔着溪水观赏八曲的人面石与七曲的城高岩，各种美景让人赏心悦目。再次靠岸停船，从云窝进入茶洞，又长又曲折还幽深，已经是第二次到达这里了，让人再也不想回去。然后又从云窝左转，进入伏羲洞，洞中显得十分阴森。从左面出来，来到大隐屏峰的南面，步入紫阳书院，拜见了朱熹先生的塑像，顺着溪水快速地划船，溪水两岸的苍翠山崖如同在飞一般匆匆掠过，反而要埋怨船走得太快。随后经过了天柱峰、更衣岩，在四曲的南岸水边将游船停靠。从御茶园上岸，打算绕道走出去，登上金鸡岩后面的峰顶，满山遍野都是丛生的荆棘，让人困惑不已，找不到路。于是从金鸡岩背后的大路向东走，希望有岔路能够攀登大藏、小藏各个山峰，也没有找到路。穿过山岩来到西边的时候，已经身处在玉女峰的下方了。打算从这里寻找一线天，犹豫再三也没人能够询问路线，而游船又停靠在了金鸡洞的下方，距离很近却不知晓。于是顺着溪岸寻找到路，在大藏峰、小藏峰的山路上弯弯曲曲地走。这一带峭壁高耸，沙石有的壅塞，有的坍塌，当地人种了很多茶树在上面。在茶树叶中间穿行向前，从岩壁的上面俯瞰深深的溪水，向上仰望陡峭的高崖，就是所说的"仙学堂"及"藏仙窟"，来的时候却没

有时间来辨析欣赏。

【原文】

已至架壑舟，仰见虚舟宛然，较前溪中所见更悉。大藏之西，其路渐穷。向荆棘中扪壁面上①，还瞰大藏西岩，亦架一舟，但两崖对峙，不能至其地也。忽一舟自二曲逆流而至，急下山招之。其人以舟来受，亦游客初至者，约余返更衣台，同览一线天、虎啸岩诸胜。过余泊舟处，并棹顺流而下②，欲上幔亭，问大王峰。抵一曲之水光石，约舟待溪口，余复登涯，少入，至止止庵。望庵后有路可上，遂趋之，得一岩，僧诵经其中，乃禅岩也。登峰之路，尚在止止庵西。仍下庵前西转，登山二里许，抵峰下，从乱箐中寻登仙石③。石旁峰突起，作仰企状，鹤模石在峰壁罅间，霜瓴朱顶，裂纹如绘。旁路穷，有梯悬绝壁间，蹑而上，摇摇欲堕。梯穷得一岩，则张仙遗蜕也④。岩在峰半，觅徐仙岩，皆石壁不可通；下梯寻别道，又不可得；蹑石则峭壁无阶，投莽则深密莫辨。佣夫在前，得断磴，大呼得路。余裂衣不顾，趋就之，复不能前。日已西薄，遂以手悬棘，乱坠而下，得道已在万年宫右⑤。趋入宫，宫甚森敞。羽士迎言："大王峰顶久不能到，惟张岩梯在。峰顶六梯及徐岩梯俱已朽坏。徐仙蜕已移入会真庙矣。"出宫右转，过会真庙。庙前大枫扶疏繁茂⑥，荫数亩，围数十抱。别羽士，归舟。

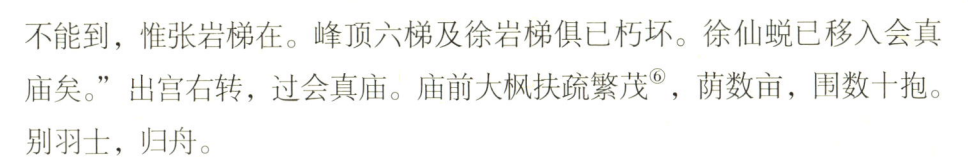

【注释】

①扪（mén）：抚摸。

②棹（zhào）：一种类似于船桨的划船工具。

③箐（qìng）：山间的大竹林，也用来泛指竹林丛生的山谷。

④遗蜕：尸体。道家认为死是将其形骸遗下而化去，因此将尸体称为"遗骸"。蜕：虫类脱下的皮。

⑤万年宫：也曾称为冲祐宫、武夷宫，位于武彝山溪口，是著名的道教活动中心。

⑥扶疏：茂盛、繁茂。

【译文】

随后走到了架壑舟的下面，仰头去看那个悬在半空中的架壑舟，十分逼真，比过去乘船在溪水上漂流所看到的更加清晰可辨。大藏峰西面的道路，慢慢到了尽头。向荆棘丛中走去，扳着岩石向上攀爬，回头俯瞰大藏峰西面的岩壁上，也有一架壑舟，不过两崖壁相对屹立，无法达到这里。忽然看到一艘游船从二曲逆流而上来到这里，匆忙下山招呼船过来。那个乘船的人将船靠岸之后接我上船，他也是刚来到这里的游客，邀请我一起返回更衣岩，一起游览一线天、虎啸岩这些名胜风光。路过我停泊游船的地方，两艘船一起顺流而下，打算攀登慢亭峰，探寻大王峰。到达了一曲的水光石，跟游船约好让其在西口等候。我再次登上岸边，向前走了一小段路程，就来到了止止庵。看到庵的后面有路，于是就加紧步伐上路而去，来到了一石岩，看到有僧人在诵念着经文，那里就是禅岩了。前往大王峰的道路，位于止止庵的西侧。我仍旧需要下来之后来到止止庵的前面，向西转，走二里多山路，来到大王峰的下面，从乱箐沟寻找登仙石。登仙石的旁边山峰突兀而起，看上去像是仰着头看的样子；鹤模石在山峰岩壁的缝隙之中，有着像霜一样的白色翎羽，红色的头，裂开的自然纹路就如同是一幅画一样。旁侧的路已经到尽头了，有悬架在陡峭的崖壁之间的木梯，踩着梯子向上攀登，梯子摇摇欲坠。爬完了梯子之后登上了一座山岩，俨然是张仙遗体存放的地方。山岩位于山峰的半山腰的地方。寻找徐仙岩，四周都是石壁，无法通过。走下梯子重新寻找其他的道路，还是没有找到。打算攀登涉石岩则发现其全都是陡峭的石壁，没有石阶；在荆棘之中行走，杂草又高又密，无法辨别方向。雇来的挑夫走在前面，找到了中断的石磴，就大喊着说找到路了。不顾衣服被荆棘、乱石所撕裂，我快步跑了过去，向他走近，结果发现依然无法向前走。太阳已经西垂，于是用手攀援着荆棘，胡乱悬空着落下来，找到路的时候发现自己已经身处在万年宫的右侧了。疾步走进了万年宫，万年宫显得十分阴森、开阔。道士迎着我说："大王峰的顶部在很久之前就已经无法攀登上去了，只有上张仙岩的梯子还在。上登顶的六级梯子以及上徐仙岩的梯子，全部都已经腐蚀损坏了。徐仙的遗体已经搬进会真庙中了。"走出万年宫向右转，路过会真庙。庙前面的大枫树生长得十分茂盛，绿荫有几亩地那么宽，树围数十抱那么粗，辞别了道士，返回到了游船之中。

【原文】

二十三日　登陆，觅换骨岩、水帘洞诸胜。命移舟十里，候于赤石街，余乃入会真观，谒武彝君及徐仙遗蜕①。出庙，循幔亭东麓北行二里，见幔亭峰后三峰骈立，异而问之，三姑峰也。换骨岩即在其旁，望之趋。登山里许，飞流汩然下泻。俯瞰其下，亦有危壁，泉从壁半突出，疏竹掩映，殊有佳致。然业已上登，不及返顾，遂从三姑又上半里，抵换骨岩，岩即幔亭峰后崖也。岩前有庵。从岩后悬梯两层，更登一岩。岩不甚深，而环绕山巅如叠嶂。土人新以木板循岩为室，曲直高下，随岩宛转。循岩隙攀跻而上，几至幔亭之顶，以路塞而止。返至三姑峰麓，绕出其后，复从旧路下，至前所瞰突泉处。从此越岭，即水帘洞路；从此而下，即突泉壁也。余前从上瞰，未尽其妙，至是复造其下。仰望突泉又在半壁之上，旁引水为碓，有梯架之，凿壁为沟以引泉。余循梯攀壁，至突泉下。其坳仅二丈，上下俱危壁，泉从上壁堕坳中，复从坳中溢而下堕。坳之上下四旁，无处非水，而中有一石突起可坐。坐久之，下壁循竹间路，越岭三重，从山腰约行七里，乃下坞。穿石门而上，半里，即水帘洞。危崖千仞，上突下嵌，泉从岩顶堕下。岩既雄扩，泉亦高散，千条万缕，悬空倾泻，亦大观也！其岩高矗上突，故岩下构室数重，而飞泉犹落槛外。

【注释】

①武彝君：武彝山传说有神人武彝君而得名。相传在汉朝的时候，武彝君在八月十五日登山，置幔亭，化虹桥，大会仙人宴饮。

【译文】

二十三日　上岸，寻找换

骨岩、水帘洞这几处景观。嘱咐游船前行十里路，在赤石街等候。于是我进入会真观，拜见了武彝君的神像以及徐仙的遗体。出庙之后，沿着幔亭峰东面的山麓向北走了二里路，看到幔亭峰的后面有三座并排屹立的山峰，因为其形状奇异便向人打探，原来是三姑峰。换骨岩就位于三姑峰的旁侧，我看着换骨岩快步向前走。登了一里多的山路，就看到飞流奔腾着纷纷向下倾泻。俯身鸟瞰下面的景观，也有高耸的岩壁，清泉从岩壁向下流出，周围有稀疏的竹林相映成辉，让人兴致盎然。然而虽然已经登上了三姑峰，却顾不上回去仔细观赏，于是就从三姑峰继续向上走了半里路，来到了换骨岩，换骨岩其实就是幔亭峰的后崖，换骨岩的前面有一座庵。从换骨岩的后面架设了两层悬梯，再次登上了另一座悬岩。悬岩并不是很深邃，环绕着山巅就像是叠嶂一般。当地人用木板顺着岩壁修建了房屋，所有房屋的曲直高低都是依照蜿蜒的岩壁而进行的。顺着岩壁的缝隙攀爬上去，差不多快要到幔亭峰的顶部了，由于道路被堵住而没能登上。回到了三姑峰的山路，从三姑峰的后侧绕了出来，然后沿着原路下山，来到了之前俯瞰奔突的流泉的地方。从这里穿过了山岭，就是通往水帘洞的路了；从这里下去，就是奔突的泉水流出的岩壁。我之前从上面俯瞰这里，并没有尽览其妙处，直到现在再次来到了它的下面，抬头观望奔流的泉水，又是在半壁之上。当地人引流泉水到旁侧的石碓，岩壁上架有梯子，凿开的岩壁成为一道沟，用来引导泉水。我沿着梯子登上了岩壁，来到了奔突的泉水的下方。那坳凹只有两丈多宽，上下均是高耸的岩壁，泉水自上面的岩壁坠入到坳凹之中，注满之后溢出来的会再从坳凹的地方下落。坳凹的上下以及周围，到处都是水，而中间有一块凸起来的石头，人能坐在上面。在石头的上面坐了许久，才从下岩壁上爬下来，沿着竹林间的小道，穿过了三座山岭，从山腰的地方大抵走了七里路，才下到了山坞之中。穿过石门向上，走了半里路之后，就到了水帘洞。千仞山崖高耸，上半部分向外突出，下半部分凹嵌，泉水从山崖的顶部坠落下来。山崖看起来雄壮开阔，泉水从较高的地方纷纷下落。形成了千条万缕的细小水柱，从半空中向下倾泻，也是一个奇观啊！那山岩高高耸立而上部向外突出，因此在山岩的下面建造了数间房间，那飞流直下的泉水，就仿佛是落在房屋栏杆的外面一般。

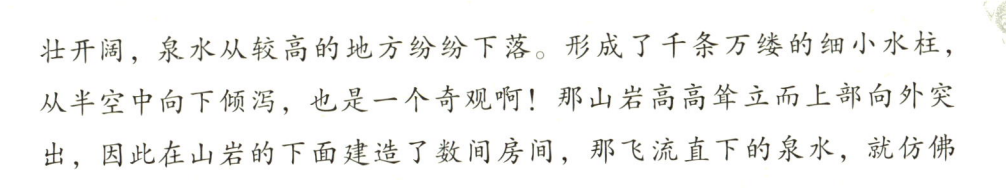

【原文】

先在途闻睹阁寨颇奇，道流指余仍旧路①，越山可至。余出石门，爱坞溪之胜，误走赤石街道②。途人指从此度小桥而南，亦可往。从之，登山入一隘，两山夹之，内有岩有室，题额乃"杜辖岩"，土人讹误传为睹阁耳。再入，又得一岩，有曲槛悬楼，望赤石街甚近。遂从旧道，三里，渡一溪，又一里，则赤石街大溪也。下舟，挂帆二十里，返崇安。

【注释】

①道流：道士之流。
②赤石街：位于崇安县的南面。

【译文】

过去曾经在途中听说睹阁寨十分奇异，道士指引我说依然要沿着旧路走，穿过山岭就可以抵达。我出了石门，十分喜爱山坞、溪流的美景，因此而误走了赤石街的路。路人指引说要从这里走过小桥继续向南走，也能够前往。我听从了路人的话，登上山进入了一山隘，旁侧有两座山相夹，山隘之中不仅有山岩还有房屋，题额上写着"杜辖岩"三个字，当地人错误地称之为睹阁寨。再次进入到里面去，又遇到一山岩，有曲槛以及高悬的楼阁，一眼望去发现赤石街离这里特别近。于是就沿着旧路，走了三里，渡过了一条溪水，又走了一里，来到了赤石街大溪。坐在这里等候我的游船，挂上帆又走了二十里，回到了崇安。

游庐山日记

江西九江府
山之阴为九江府
山之阳为南康府

【题解】

庐山亦称为匡山、匡庐，位于江西省北部，长约25公里，宽约10公里。庐山多岩石峭壁、奇花异树、云雾变幻不定，气候宜人，是我国著名的风景胜地。

万历四十六年（1618年），徐霞客溯长江水行，在九江登陆，游览了现今位于江西、安徽境内的庐山、白岳山、黄山、九华山。本篇就是他在这次游览之后留下来的游记。

【原文】

戊午，余同兄雷门、白夫①，以八月十八日至九江②。易小舟，沿江南入龙开河，二十里，泊李裁缝堰。登陆，五里，过西林寺，至东林寺③。寺当庐山之阴，南面庐山，北倚东林山。山不甚高，为庐之外廊。中有大溪，自东而西，驿路界其间④，为九江之建昌孔道⑤。寺前临溪，入门为虎溪桥，规模甚大，正殿夷毁，右为三笑堂。

【注释】

①雷门：名应震，徐霞客的族兄，与徐霞客同岁，曾经担任兵马司指挥一

职，善诗乐游。

②九江：明朝的时候是九江府，也就是现在的江西九江市。位于长江南岸，南面离庐山只有36公里远。

③东林寺：位于庐山西北麓，东晋的高僧慧远在这里创寺，是佛教净土宗发祥地。西林寺离这里并不远，至今依然保存着一座唐朝六面七层古塔。

④驿路：大路。

⑤建昌：明朝的时候为县级行政机构，管辖范围是现在的江西永修县西北的艾城。

【译文】

戊午（万历四十六年，即公元1618年）八月十八日，我与兄长雷门、白夫来到九江。改乘小船，顺着长江往南而行，来到了龙开合，向前又行驶了二十里的水路，在李裁缝堰停船靠岸。登上陆地，走了五里，路过了西林寺，来到了东林寺。东林寺正对着庐山的北面，南面与庐山正对着，北面依靠着东林山。东林山并不高，属于庐山的外围。山中有一条很大的溪水，从东面向西流，中间有一条大路作为分界线，是九江前往建昌的重要通道。东林寺的前面对着溪水，进门就能看到虎溪桥，规模庞大，正殿已经损毁，右侧的是三笑堂。

【原文】

十九日 出寺，循山麓西南行。五里，越广济桥，始舍官道，沿溪东向行。又二里，溪回山合，雾色霏霏如雨。一人立溪口，问之，由此东上为天池大道，南转登石门，为天池寺之侧径。余稔知石门之奇，路险莫能上，遂请其人为导，约二兄径至天池相待。遂南渡小溪二重，过报国寺，从碧条香蔼中攀陟五里①，仰见浓雾中双石屼立②，即石门也。一路由石隙而入，复有二石峰对峙。路宛转峰罅，下瞰绝涧诸峰，在铁船峰旁，俱从涧底矗耸直上，离立咫尺，争雄竞秀，而层烟叠翠，澄映四外。其下喷雪奔雷。腾空震荡，耳目为之狂喜。门内对峰倚壁，都结层楼危阙。徽人邹昌明、毕贯之新建精庐③，僧容成焚修其间。从庵后小径，复出石门一重，俱从石崖上，上攀下蹑，磴穷则挽藤，藤绝置木梯以上。如是二里，至狮子岩。岩下有静室。越岭，路颇平。再上里许，得大道，即自郡城南来者。历级而登，殿已当前，以雾故不辨。逼之走近它，而朱楹彩栋，则天池寺也，盖毁而新建者。由右庑侧登聚仙亭④，亭前一崖突出，下临无地，曰文殊台。出寺，由大道左登披霞亭。亭侧岐路东上山脊，行三里。由此再东二里，为大林寺；由此北折而西，曰白鹿升仙台⑤；北折而东，曰佛手岩⑥。升仙台三面壁立，四旁多乔松，高帝御制周颠仙庙碑在其顶，石亭覆之，制甚古。佛手岩穹然轩峙，深可五六丈，岩靖石岐横出，故称"佛手"。循岩侧庵右行，崖石两层，突出深坞，上平下仄，访仙台遗址也。台后石上书"竹林寺"三字⑦。竹林为匡庐幻境，可望不可即；台前风雨中，时时闻钟梵声⑧，故以此当之，时方云雾迷漫，即坞中景亦如海上三山⑨，何论竹林？还出佛手岩，由大路东抵大林寺。寺四面峰环，前抱一溪。溪上树大三人围⑩，非桧非杉，枝头着子累累，传为宝树，来自西域，向原来有二株，为风雨拔去其一矣。

【注释】

①碧条香蔼：绿树香雾。陟（zhì）：登高。

②屼（wù）立：高耸兀立。

③精庐：古时将书斋、学舍、集生徒讲学的地方都称为精庐。后来也用来称呼僧道居住或者讲道说法的地方，也是寺院的别称。

④庑（wǔ）：堂下周围的廊屋。

⑤白鹿升仙太：今称为御碑亭，位于仙人洞西北的锦绣峰上。

⑥佛手岩：岩石参差，如同伸出的人手，因此而得名。清朝的时候改为道士住持，改祀吕洞宾，因此改称为仙人洞，今仍沿用此名。

⑦竹林寺：只有一条竹林小径称"仙路"，石头上面刻着"竹林寺"三个字，但是周围并没有寺庙，此为传说中的"竹林隐寺"。

⑧钟梵声：佛寺敲钟敬佛诵经的声音。

⑨海上三山：指的是传说中的蓬莱、方丈、瀛洲这三座神山。

⑩溪上树大：古树今存，俗称为三宝树。有两株孔雀杉，高约40米；一株银杏树，树枝伸得较低且宽。

【译文】

十九日　出了寺庙，沿着山麓向西南走。走了五里，过了广济桥，开始不走官道，顺着溪岸向东走。又走了二里，溪水迂回，山峦四合，浓雾像是霏霏的小雨一般浓厚。有一个人站在溪口，向他询问要如何前行，（指出）要从这里往东登山就是前往天池的大路了，向南转登石门，就是天池寺的侧面的小路了。我很想了解石门的奇异风景，由于路太过凶险无法攀登上去，于是就请那人当我的向导，跟我的两位兄长相约在天池寺等候。于是向南渡过了两条小溪，途经报国寺，从青绿色的石阶与芬芳的云气之中攀登了五里路，抬头看到在浓雾之中有两座山峰相对而立，那就是石门了。一路上从石门的缝隙中进入，又有两座石峰相对立。道路在石峰的缝隙中蜿蜒曲折，向下俯瞰陡峭的山涧旁边有很多山峰，在铁船峰的旁边，全都从山涧底部高耸屹立，直冲云霄，并排屹立的山峰相距不过咫尺，争雄竞秀，而层层云烟在层层叠叠的翠峰之间环绕，澄映于四面山峦的外面。山峰下方汹涌的涧水，浪花就像是喷出的雪，声音则像奔雷一般，腾空起舞，响彻山谷，人的耳朵、眼睛都由于看到如此优美的风景而感到欣喜不已。石门内对立的双峰倚靠着岩壁，都建有层楼高屋。徽州人邹昌明、毕贯之新修建了精庐，僧人荣成在里面斋戒焚香修行。从庵后面的小路，又出一道石门，全部都在石崖上下攀爬，石蹬全部穷尽之后要用手挽着藤条攀援，完全没有藤条的地方则放置了木梯可以攀登上去。这样走了二里，抵达了狮子岩。狮子岩的下方建有静室。翻过山岭，道路都十分平坦。继续向上走一里多路，找到了一条大路，就是从郡城南边而来的那条。通过石阶向上，一座大殿映入眼帘，由于雾气太过浓厚的缘故，从远处辨别不清。走近一看，只看到红色的柱子、彩漆的栋梁，这个便是天池寺了，应当是损坏之后重新修建的。从右侧的廊房侧面登上聚仙亭，亭子的前面有一山崖向外突出，朝下面看，看不到地，这个山崖称为文殊台。走出天池寺，从大路的左侧登上披霞亭。从披霞亭的侧面的岔道向上爬上山脊，走三里，从这里向东再走二里路，就是大林寺了。从此处转向北面再向西的地方，称为白鹿升仙台；转向北面再向东的地方，称为佛手岩。白鹿升仙台的三面岩壁直立，四周有很多高大的松树，高皇帝（朱元璋）御制的《周颠仙庙碑》就在山岩的顶部，有石亭覆盖着它，外形与制作都十分古朴。佛手岩穹窿而高高地矗立着，有五六丈之深，岩石前面的岩石横岔着向前部延伸，因此称为"佛手岩"。沿着佛手岩侧面的庵向右走，山崖的岩石有两层从深坞中凸出来，上面的一层平坦，下面的一层狭窄，这里是访仙台的遗址。访仙台后面的岩石上写有"竹林寺"三个字，竹林寺是庐山中的梦幻仙境，但是只能远远地看到却无法靠近；访仙台的前面，每当风雨之中，经常可以听到佛寺中敲钟以及诵经的声音，因此才会被当作访仙台。当时正巧云雾缭绕，即便是山坞中的风光，也如同海上的蓬莱、方丈、瀛洲这三座神山一般，更不用说是竹林寺了。返回走出佛手岩，从大道向东前行，来到大林寺。大林寺的四周山峰环绕，寺的前面有一条溪水环绕。溪水的岸边有一棵大树，树有三人围那么粗，看上去不像是桧树也不像是杉树，枝头上结满了果实。传说这是一棵宝树，是从西域而来，原本有两棵，有一棵已经被暴风雨拔了起来毁掉了。

【原文】

二十日　晨雾尽收。出天池，趋文殊台。四壁万仞，俯视铁船峰，正可飞舄①。山北诸山，伏如聚蚁。匡湖洋洋山麓，长江带之，远及天际。因再为石门游，三里，度昨所过险处，至则容成方持贝叶佛经出迎②，喜甚，导余历览诸峰。上至神龙宫右，折而下，入神龙宫。奔涧鸣雷，松竹荫映，山峡中奥寂境也。循旧路抵天池下，从岐径东南行十里，升降于层峰幽涧；无径不竹，无阴不松，则金竹坪也。诸峰隐护，幽倍天池，旷则逊之。复南三里，登莲花峰侧，雾复大作。是峰为天池案山，在金竹坪则左翼也。峰顶丛石嶙峋，雾隙中时作窥人态，以雾不及登。

【注释】

①舄（xì）：古代有一种腹底鞋。飞舄：这里指的是神仙往来。

②贝叶：指的是贝多树叶。形状像是棕榈，出产于印度，在云南的西双版纳也有种植，叶子可以当纸。佛教徒经常在上面书写经文，称之为贝叶经。

【译文】

二十日　清晨的雾气全部散尽。走出了天池寺，前往文殊台。四周的岩壁有万仞高，从上面俯瞰铁船峰，好像神仙乘坐的飞舄。山峰北面的各座山峦，低矮得如同是聚在一起的蚂蚁一般。匡湖边稀稀疏疏几十里的山路，与长江只有一衣带水的距离，而长江的水却远远地流向了天边。由于是第二次到石门游览，走了三里，翻过了昨天所经过的凶险的地方，到达的时候僧人荣成早已拿着经书走出来迎接我们，让我心里欣

喜异常，荣成引导我游览了各个山峰。向上走到了神龙宫的右侧，转而向下，进入神龙宫。奔腾的涧水，声音如同雷鸣一般，松树竹林相互荫映，这就是山峡之中奥妙而静寂的存在。顺着原路来到天池寺的下方，从岔道向东南只走十几里的路，在层叠的山峰、幽深的山涧之间爬上爬下；没有道路是没有竹子的，没有哪条北坡是没有松树的，这就是金竹坪。各个山峰隐隐相护，幽深的地方要比天池寺多一倍，但是宽阔的地方却稍逊于天池寺。继续向南走了三里，登上了莲花峰的侧面，雾气再次浓厚起来，无法登上顶峰。

【原文】

越岭东向二里，至仰天坪，因谋尽汉阳之胜。汉阳为庐山最高顶，此坪则为僧庐之最高者。坪之阴，水俱北流从九江；其阳，水俱南下属南康①。余疑坪去汉阳当不远，僧言中隔桃花峰，尚有十里遥。出寺，雾渐解。从山坞西南行，循桃花峰东转，过晒谷石，越岭南下，复上则汉阳峰也。先是遇一僧，谓峰顶无可托宿，宜投慧灯僧舍，因指以路。未至峰顶二里，落照盈山，遂如僧言，东向越岭，转而西南，即汉阳峰之阳也。一径循山，重嶂幽寂，非复人世。里许，蓊然竹丛中得一龛②，有僧短发覆额，破衲赤足者③，即慧灯也，方挑水磨腐。竹内僧三四人，衣履揖客，皆慕灯远来者。复有赤脚短发僧从崖间下，问之，乃云南鸡足山僧。灯有徒，结茅于内，其僧历悬崖访之，方返耳。余即拉一僧为导，攀援半里，至其所。石壁峭削，悬梯以度，一茅如慧灯龛。僧本山下民家，亦以慕灯居此。至是而上仰汉阳，下俯绝壁，与世夐隔矣。暝色已合，归宿灯龛。灯煮腐相饷，前指路僧亦至。灯半月一腐，必自己出，必遍及其徒。徒亦自至，来僧其一也。

【注释】

①南康：明朝的时候是"府"，管辖星子，也就是现在的江西省星子县。

②龛（kān）：供有佛像的小屋。

③衲（nà）：本意为缝补，由于僧徒的衣服通常是由诸多碎布补缀而成，所以也是僧衣的代称。

④夐（xiòng）：远。

【译文】

穿过山岭往东走二里，就抵达仰天坪，因此打算将汉阳峰所有风光全部游览完。汉阳峰是庐山的最高峰，仰天坪则是僧庐最高的地方。仰天坪的北侧，水全部向北流，隶属于九江府的管辖；它的南面，水全部向南流，隶属于南康府管辖。我猜想这仰天坪应当离汉阳峰并不远，僧人说两座山峰中间隔着桃花峰，相距有十里多远。走出寺门，浓雾慢慢散开。从山坞向西南走，沿着桃花峰向东转，穿过晒谷石，越过山岭向南下去，再次向上走就是汉阳峰了。开始的时候先遇到了一位僧人，说峰顶没有可以投宿的地方，最好住在慧灯大师的僧舍里，于是给我们指了一条路。距离峰顶还有二里的时候，夕阳照满了山坡，于是就根据那位僧人所说的，向东越过山岭，继而转向西南方向，也就到了汉阳峰的南面了。有一条小路顺着山坡，层峦叠嶂，幽深寂静，仿佛已经不再是人间了。走了一里多，繁茂的竹林中坐落着一间供奉着佛像的小屋，里面有一位短发已经覆盖住了前额、穿着破烂的僧人，光着脚，这就是慧灯大师了。当时他正挑水磨豆腐。竹林中还有三四个僧人，身穿整洁的衣服揖让待客，全部都是仰慕慧灯大师前来的。还有光着脚的短发僧人从山崖间下来，向其询问，才知道原来是云南鸡足山的和尚。慧灯有一位徒弟，建造了一间茅屋住在山里，那位僧人就是走过悬崖去拜访他，刚刚才返回来的。我拉着和尚做向导，攀援了半里多路，到达了慧灯徒弟所在的地方。石壁笔直陡峭，架悬梯子才能过去，一间茅屋跟慧灯大师的那间差不多。僧人本来是山下百姓人家，也是由于仰慕慧灯而在这里居住的。从这里向上仰望汉阳峰，向下俯瞰悬崖峭壁，真是与人间远远相隔啊。夜色已经笼罩下来，回到了慧灯大师的小屋休息住宿。慧灯大师煮好了豆腐来款待我，之前为我指路的和尚也到了。慧灯大师半个月才会磨一次豆腐，一定要自己亲手做出来，来招待他所有的弟子。他的弟子会自己过来吃，带我们来到这里的那个和尚也是其中之一。

【原文】

二十一日　别灯，从龛后小径直跻汉阳峰。攀茅拉棘，二里，至峰顶。南瞰鄱湖，水天浩荡。东瞻湖口①，西盼建昌，诸山历历，无不俯首失恃。惟北面之桃花峰，铮铮比肩，然昂霄逼汉，此其最矣。下山二里，循旧路，向五老峰。汉阳、五老，俱匡庐南面之山，如两角相向，而犁头尖界于中，退于后，故两峰相望甚近。而路必仍至金竹坪，绕犁头尖后，出其左胁，北转始达五老峰，自汉阳计之，且三十里。余始至岭角，望峰顶坦夷，莫详五老面目。及至峰顶，风高水绝，寂无居者。因遍历五老峰，始知是山之阴，一冈连属；阳则山从绝顶平剖，列为五枝，凭空下坠者万仞，外无重冈叠嶂之蔽，际目甚宽。然彼此相望，则五峰排列自掩，一览不能兼收；惟登一峰，则两旁无底。峰峰各奇不少让，真雄旷之极观也！

【注释】

①湖口：明朝的时候为县级行政机构，隶属九江府，也就是现在的江西省湖口县。

【译文】

二十一日 拜别了慧灯大师,从小屋后面的小道直接攀登汉阳峰。攀拽着茅草、手拉着荆棘向上攀登了二里山路,到达了汉阳峰的峰顶。向南俯瞰鄱阳湖,浩荡的湖水仿佛已经与天相接。向东瞻望湖口,向北遥看建昌,各个山峰历历在目,没有哪一座山不像是失去倚仗一般低头认输。只有北面的桃花峰,是诸山中铮铮者,可与汉阳峰相媲美,不过它昂首耸立直逼云霄,这便是它最美的地方了。下山走了二里,沿着原来的山路,前往五老峰。汉阳峰、五老峰,全都是庐山南面的山峰,就像是动物的两只角相对着,而犁头尖位于两者的中间位置,退到后面,因此两座山峰相隔很近。必须要走到金竹坪,绕到犁头尖的后面,从它的左侧出来,向北转,才能抵达五老峰,从汉阳峰开始算起,要走三十里。我刚到岭角,远远望去峰顶十分平坦,无法看清五老峰的面目。直到到达峰顶,风很大,没有流水,静寂空旷无人居住。由于览

尽了五老峰，才知道在山的北面，有一冈相连接；山的南面则从山峰顶部平剖，剖为了五支，仿佛是从空中万仞下落的，由于外面没有重冈叠岭的遮挡，因此视野十分开阔。不过五座山峰彼此相望，排成一线，互相遮掩，无法尽收眼底；只有登上其中最大的一座山峰，而山峰的两旁仿佛没有底。每座山峰都是一幕惊奇景观，相互比较也毫不逊色，果真是雄伟至极啊！

【原文】

仍下二里，至岭角。北行山坞中，里许，入方广寺，为五老新刹①。僧知觉甚稔三叠之胜②，言道路极艰，促余速行。北行一里，路穷，渡涧。随涧东西行，鸣流下注乱石，两山夹之，丛竹修枝，郁葱上下，时时仰见飞石，突缀其间，转入转佳。既而涧旁路亦穷，从涧中乱石行，圆者滑足，尖者刺履。如是三里，得绿水潭。一泓深碧，怒流倾泻于上，流者喷雪，停者毓黛③。又里许，为大绿水潭。水势至此将堕，大倍之，怒亦益甚。潭有峭壁乱耸，回互逼立，下瞰无底，但闻轰雷倒峡之声，心怵目眩，泉不知从何坠去也。于是涧中路亦穷，乃西向登峰。峰前石台鹊起，四瞰层壁，阴森逼侧。泉为所蔽，不得见，必至对面峭壁间，方能全收其胜。乃循山冈，从北东转。二里，出对崖，下瞰，则一级、二级、三级之泉，始依次悉见。其坞中一壁，有洞如门者二，僧辄指为竹林寺门云。顷之，北风自湖口吹上，寒生粟起，急返旧路，至绿水潭。详观之，上有洞翕然下坠④。僧引入其中，曰："此亦竹林寺三门之一。"然洞本石罅夹起，内横通如"十"字，南北通明，西入似无底止。出，溯溪而行，抵方广，已昏黑。

【注释】

①刹（chà）：原是梵语"刹多罗"的省音译，指的是佛塔顶部的装饰，后来成为佛寺的一种称呼。

②三叠之胜：指的是现在的三叠泉瀑布，位于庐山谷会仙亭的旁边。

③毓：同"育"，生育的意思。黛：深青色。

④翕（xī）然：收缩的样子。

【译文】

依旧沿着原来的路下山，走二里，到达岭角。走在北面的山坞中，大约一里多，就到了五老峰中新建的佛寺。知觉和尚十分熟悉三叠泉瀑布的景色，说道路极其艰险，催促着我快点走。向北走了一里，路就到了尽头，渡过山涧。沿着山涧的东侧向西走，流淌的河水向下注入乱石之中，两侧有山夹峙，丛生的竹子以及长树枝，从上到下都郁郁葱葱的，抬头经常可以看到的石头就像是飞动一般，点缀在山间；越是往里面走，景色就越是美好。接着，山涧岸边的道路也到了尽头，只能从山涧中间的乱石中前行，圆圆的石头很容易打滑，尖锐的石头则容易将鞋子刺穿。就这样前行了三里，来到了绿水潭。流水的态势，到这里将要下落，流量比之前要大一倍，汹涌澎湃也更加厉害。绿水潭前面的峭壁也毫无规则地耸立着，环绕着互相逼近峙立。向下鸟瞰看不到底部，只听得到轰隆隆的仿佛要震倒峡谷的声音，心中十分害怕，眼花缭乱，泉水不知道从哪里下坠。到了这里，山涧中的路也到了尽头了，于是就向西面攀登山峰。山峰前的石台顺着山势撅起，俯瞰周围都是层层悬崖，显得异常的阴森且狭窄。泉水被其所遮蔽，看不到，一定要到对面陡峭的石壁上，才能将这里的景色全部看清。于是沿着山冈，向北走再向东转。走二里，走到对面的陡峭的山崖上，向下俯瞰，则一级、二级、三级的泉水，开始依次尽览。山坞中有一崖壁的上面，有两个像门一样大小的洞，知觉和尚指着它说这是竹林寺的大门。过了一会儿，北风从湖口吹上来，寒冷瞬间让汗毛竖了起来，匆忙沿着旧路返回，来到了绿水潭。认真地观察了绿水潭一番，看到上面有洞收敛着往下坠。知觉和尚带着我进到里面，说："这就是竹林寺三门之一。"不过洞原本是石头的缝隙相夹而起，里面横竖如同"十"字，南北通明，向西走仿佛没有尽头一样。出了洞，沿着溪水而行，来到了方广寺的时候，天已经黑了。

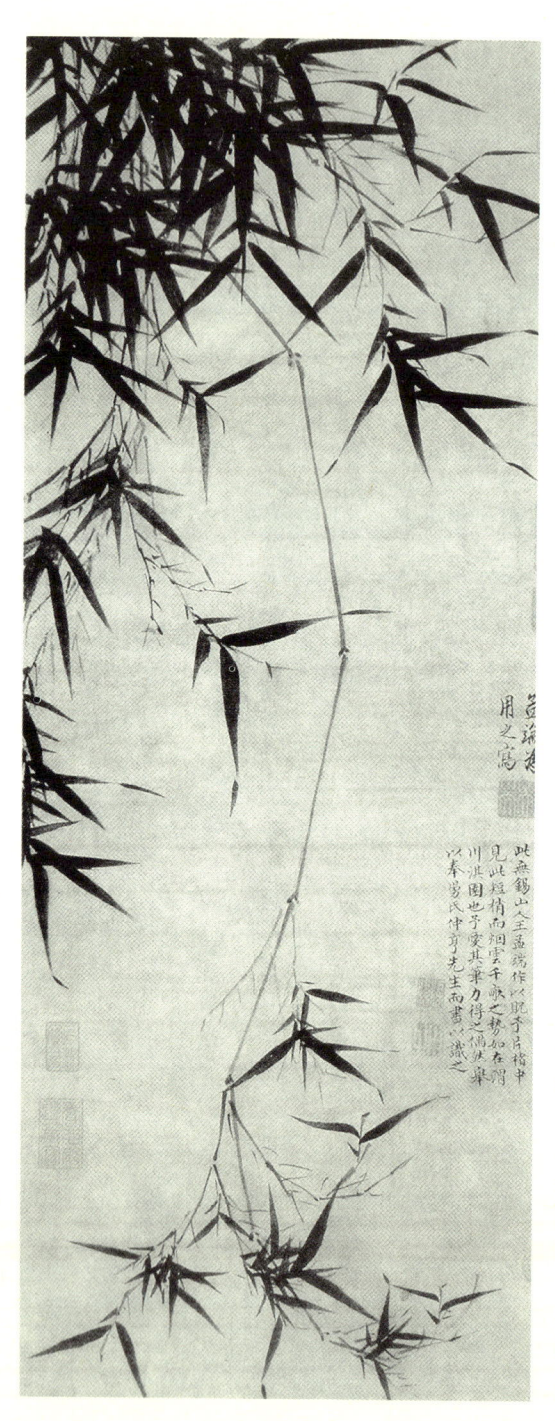

【原文】

二十二日 出寺，南渡溪，抵犁头尖之阳。东转下山，十里，至楞伽院侧。遥望山左胁，一瀑从空飞坠，环映青紫，夭矫滉漾①，亦一雄观。五里，过栖贤寺，山势至此始就平。以急于三峡涧，未之入。里许，至三峡涧。涧石夹立成峡，怒流冲激而来，为峡所束，回奔倒涌，轰振山谷。桥悬两岩石上，俯瞰深峡中，泹珠戛玉。过桥，从岐路东向，越岭趋白鹿洞②。路皆出五老峰之阳，山田高下，点错民居。横历坡陀③，仰望排嶂者三里，直入峰下，为白鹤观。又东北行三里，抵白鹿洞，亦五老峰前一山坞也。环山带溪，乔松错落。出洞，由大道行，为开先道。盖庐山形势，犁头尖居中而少逊，栖贤寺实中处焉；五老左突，下即白鹿洞；右峙者，则鹤鸣峰也，开先寺当其前④。于是西向循山，横过白鹿、栖贤之大道，十五里，经万松寺，陟一岭而下，山寺巍然南向者，则开先寺也。从殿后登楼眺瀑，一缕垂垂，尚在五里外，半为山树所翳，倾泻之势，不及楞伽道中所见。惟双剑崭崭众峰间，有芙蓉插天之态；香炉一峰，直山头圆阜耳。从楼侧西下壑，涧流铿然泻出峡石，即瀑布下流也。瀑布至此，反隐不复见，而峡水汇为龙潭，澄映心目。坐石久之，四山暝色，返宿于殿西之鹤峰堂。

【注释】

①夭矫：屈曲而有气势的样子。滉（huàng）漾：由于水势大而飞溅。

②白鹿洞：唐朝的时候，江州刺史李渤曾经在这里读书，并随身养着一只白鹿，因此而得名。

③坡陀：不平的山坡。

④开先寺：在庐山的南麓鹤鸣峰下，在南唐的时候建立。

【译文】

二十二日 出了方广寺，从南面渡过了溪水，来到了犁头尖的南侧。向东转下山，走了十里，抵达了楞伽院的侧面。遥望山的左侧，有一条瀑布从空中飞坠而下，与周围的青青紫紫相映成辉，弯曲的水势十分浩大，到处飞溅，也是一道赏心悦目的雄壮景观。走了五里，路过栖贤寺，山势到这里开始趋向平缓，由于迫切地想要游览三峡洞，没有进入栖贤寺的里面。走了一里多，来到了三峡洞。山涧由石壁夹立而形成峡口，汹涌的溪水喷薄而来，被峡口所约束，奔腾回旋，汹涌激荡，轰鸣声响彻山谷。有一桥架在两侧的岩石上，在桥上俯瞰深峡，激荡的流水如同珍珠一般飞溅四射，声音就仿佛是在敲击玉石一般。过桥之后，从岔路向东，翻过山岭前往白鹿洞。道路全都位于五老峰的阳面，山田高低不一，农舍错落地散布在其间。横行经过的路都不平坦，抬头看发现层峦叠嶂的地方还有三里。直接进入下面，就是白鹤观。继续向东北走三里，来到白鹿洞，也是五老峰前面的一座山坞。环山的溪水如同带子一般，高大的松树错落在其中。走出白鹿洞,从大路走,就是通往开先寺的道路。庐山的山势大抵是犁头尖坐落在中央而其他略微偏一些,其实栖贤寺处于中间的地段,五老峰向左侧突出,它的下方就是白鹿洞。向东北方向走三里,抵达白鹿洞,这里就是五老峰前面的一处山坞。环流的溪水就像是带子,高大的松树错落其间。走出白鹿洞,顺着大路向上走,就可以通向开先寺了,走十五里,途经万松寺,登上一座山岭之后再下山,朝向南方傲然屹立的那座山寺,就是开先寺了。从大殿后面登山楼宇眺望飞瀑,一幕垂垂下落的水帘,距离这里还有五里远,飞瀑有一半被山树遮盖住了,倾泻而下的态势,比不上楞伽道中看到的壮美。只有双尖峰在诸多山峰之中显得尤为高峻,有芙蓉插天的态势;香炉峰的那一座山峰,挺直而山头形成了圆形的土山丘。从楼的西面走下山沟,涧溪的流水锵然飞泻出峡石口,这便是瀑布的下流。当我们来到这里,瀑布反而被遮盖起来看不清楚,而峡石口的流水汇聚而成的潭称为龙潭,清澈见底,仿佛能够照出人的内心。在石头上坐了良久,周围的山峦纷纷被暮色所掩盖,这时候才回到殿西的鹤峰堂里面休息住宿。

【原文】

二十三日 由寺后侧径登山。越涧盘岭,宛转山半。隔峰复见一瀑,并挂瀑布之东,即马尾泉也。五里,攀一尖峰,绝顶为文殊台。孤峰拔起,四望无倚,顶有文殊塔。对崖削立万仞,瀑布轰轰下坠,与台仅隔一涧,自巅至底,一目殆无不尽①。不登此台,不悉此瀑之胜。下台,循山冈西北溯溪,即瀑布上流也。一径忽入,山回谷抱,则黄岩寺据双剑峰下。越涧再上,得黄石岩。岩石飞突,平覆如砥。岩侧茅阁方丈,幽雅出尘。阁外修竹数竿,拂群峰而上,与山花霜叶,映配峰际。鄱湖一点,正当窗牖②。纵步溪石间,观断崖夹壁之胜。仍饭开先,遂别去。

【注释】

①殆(dài):几乎,大概。

②窗牖(yǒu):窗户。

【译文】

　　二十三日　从开先寺后侧面的小路往上登山。翻过了溪涧，在山岭间弯弯曲曲地走，在山半婉转前行。隔着一座山峰看到了另外一道瀑布，并排悬挂在瀑布东面的就是马尾泉了。走了五里，来到了一座尖山峰，它的顶峰是文殊台。一座孤立的山峰拔地而起，周围没有可以依靠的山峦，峰顶有座文殊塔。山峰相对的崖岩如同刀削般险峻陡峭，有万仞之高，瀑布轰轰隆隆地垂直下泻，与文殊台只有一涧之隔，从崖的顶部走到崖的底部，一眼望不见边。不登上这座文殊台，就无法了解这道瀑布的奇妙之处。走下文殊台，沿着山冈顺着西北方向追溯溪流，就是瀑布上流所在的地方了。一条小路突然伸向里面，山回谷抱，黄岩寺就坐落在双剑峰的下面。越过溪涧继续向上攀登，才能到达黄石岩。岩石的形状有的奇异突兀，有的平覆像磨刀石一般。岩崖侧面的茅草阁有一丈见方那么高，幽静雅致如同与世隔绝一般。茅草阁的外面种着几株修竹，在群峰的上面微微摇曳，与山花、秋天的霜叶在山峰之间交相辉映。眺望鄱阳湖一片碧水，正对着我的窗户。在溪水、岩石之间放快步伐游览，欣赏断崖与夹壁的各种秀美景色。

　　依然在开先寺用饭，饭后辞别离开了。

游九鲤湖日记　福建兴化府仙游县

【题解】

九鲤湖位于福建省仙游县钟山镇距离县城 30 公里的地方。传闻汉武帝时期，有何氏九仙在这里骑鲤升天，由此而得名。这里以湖、洞、瀑、石四奇而著称，其中以飞瀑最为著名，自古便有"鲤湖飞瀑天下奇"的美誉。

本篇是徐霞客在泰昌元年（1620 年）游览江郎山、九鲤湖、石竹山的游记。本篇对江郎山的描写，侧重外在形态的变化；对石竹山的描写以山上景物为主；对九鲤湖的描写，则最为精彩，情景交融，详细地将飞瀑的变化描绘了出来。本篇也成为描写瀑布的名作之一。

【原文】

浙、闽之游旧矣。余志在蜀之峨眉、粤之桂林，至太华、恒岳诸山；若罗浮、衡岳，次也①。至越之五泄②，闽之九漈③，又次也。然蜀、广、关中，母老道远，未能卒游；衡湘可以假道④，不必专游。计其近者，莫若由江郎三石抵九漈，遂以庚申午节后一日⑤，期约芳若叔父启行，正枫亭荔枝新熟时也⑥。

【注释】

①罗浮：也被称为东樵山，位于广东博罗县东江之滨。

②泄：瀑布。五泄：位于今浙江诸暨县西北约 30 公里的地方，为游览胜地。

③九漈（jì）：福建方言，瀑布的意思。

④假道：借路的意思，这里指路过。

⑤庚申：干支纪年法，也就是泰昌元年，公元 1620 年。午节：指的

是端午节，是每年的农历五月初五。

⑥枫亭：在明朝的时候曾经设立枫亭市巡检司。在仙游县东南角。

【译文】

对浙江、福建的游览已经是以前的事情了。我的志向是游览四川的峨眉山、广西的桂林，以及太华山、恒山等名山；至于游览罗浮、衡山，则是下一阶段的计划。至于浙江的五泄、福建的九漈，又是下下个阶段的计划。不过前往四川、广西与陕西关中等地区，由于母亲年岁已高，路途遥远，无法立即成行；衡山、湘江这些地区，可以在路过的时候游览，没必要专程前往游览。考虑近处的游览，绝佳的就是途经江郎山、三石，然后抵达九漈。于是在庚申年端午节的第二天，就与叔父芳若按期出发，当时正值枫亭市巡检司地区荔枝恰好成熟的时候。

【原文】

二十三日　始过江山之青湖①。山渐合，东支多危峰峭嶂，西伏不起。悬望东支尽处，其南一峰特耸，摩云插天，势欲飞动。问之，即江郎山也②。望而趋，二十里，过石门街③。渐趋渐近，忽裂而为二，转而为三；已复半岐其首，根直剖下；迫之，则又上锐下敛，若断而复连者，移步换形，与云同幻矣！夫雁宕灵峰，黄山石笋，森立峭拔，已为瑰观；然俱在深谷中，诸峰互相掩映，反失其奇。即缙云鼎湖④，穹然独起，势更伟峻；但步虚山即峙于旁，各不相降，远望若与为一。不若此峰特出众山之上，自为变幻，而各尽其奇也。

【注释】

①江山：在明朝的时候为县级行政机构，隶属衢州府，位于现在的浙江江山县。青湖：位于江山县南，今也称为清湖。

②江郎山：也称为金纯山、须郎山，位于江山县城东南25公里的地方，传闻这里有三名江氏兄弟登巅化石，因此而得名。

③石门街：位于江山县南部。

④缙（jìn）云鼎湖：指的是缙云县的鼎湖峰，位于浙江缙云县，形

状像笋一般，高约170.8米。

【译文】

二十三日 开始路过江山县的青湖。山峦逐渐重合，东面大部分都是陡峭险峻的山峰，就像是屏障一般；西面的山并不高，缓缓的起伏着。眺望东面山峦穷尽的地方，南面有一座山峰特别突兀，直插入云霄之中，气势仿佛要飞起来一般。向人询问，才知道那就是江郎山。一边看着江郎山一边朝其进发，走了二十里，途经石门街，越来越接近，突然发现山分为了两座，然后又变成了三座；没过一会儿，山头又一分为二，直接向下剖去；接近山峰，就看到山头十分尖锐而下面收敛，看上去仿佛要断开但其实又连接在一起，人每走一步就能看到山形也跟着变幻一次，就像是云彩的变化一般。雁荡山有灵峰，黄山有石笋，丛密、雄伟、峻峭、挺立，都已经成为壮丽的景观；但是由于全部都位于深山峡谷之中，各个山峰之间互相掩盖，反而失去了其独有的魅力。来到缙云县的鼎湖峰，看到湖峰高耸独立，气势更是雄伟高峻，只是步虚山就矗立在旁边，两座山不相上下，远远望去就像是一座山峰。

比不上这江郎山兀立在群山之上，姿态万千，并且可以尽显奇特之处。

【原文】

六月初七日　抵兴化府①。

初八日　出莆郡西门，西北行五里，登岭，四十里，至莒溪，降陟不啻数岭矣②。莒溪即九漈下流。过莒溪公馆，二里，由石步过溪。又二里，一侧径西向坳，北复有一磴。可转上山。时山深日酷，路绝人行，迷不知所往。余意鲤湖之水，历九漈而下，上跻必奇境，遂趋石磴道。芳叔与奴辈惮高陟，皆以为误，顷之，径渐塞，彼益以为误，而余行益励。既而愈上愈高，杳无所极，烈日铄铄③，余亦自苦倦矣。数里，跻岭头，以为绝顶也；转而西，山之上高峰复有倍此者。循山屈曲行，三里，平畴荡荡，正似武陵误入，不复知在万峰顶上也。

【注释】

①兴化府：也称为莆（pú）郡，也就是今福建省莆田县。

②降陟：上上下下。不啻（chì）：不只，不仅。

③铄：通"烁"。烁烁：光芒闪烁的样子。

【译文】

六月初七日　到达兴化府。

初八日　出了兴化府的西门，往西北方向走了五里，登上了山岭，又走了四十里，到了莒溪，一路爬上爬下走了不止数座山峰。莒溪也就是九漈的下游。途经莒溪公馆，走了二里，从石步上渡过溪水。继续走了二里，一条小径往西面延伸到山坳之中，北面还有一条石路，可以绕着上山。当时山岭深邃，太阳酷热，道路上没有一个行人，在这里迷了路不知道该往哪儿走。我估算着九鲤湖的水势，经过九漈向下流去，如果继续向上攀登的话一定能够遇到另一番绝妙之景，于是就踩着石阶继续向上攀爬。芳叔与仆人都忌惮登高，纷纷认为这是个错误的决定。不久之后，周围开始变得狭窄起来，他们更是认为走错了路，不过我却是越走兴致越高。很快越往上就越高，路深得看不到尽头，烈日如同火炉一般,我也疲惫不堪了。又走了几里之后,登上了山岭的顶峰,以为已经到了山峰最高的地方,转而到西山之上,发现还有一座比这座山岭高一倍的山峰。顺着山岭来回曲折,走了三里之后,天地突然变得平坦、空旷、广远,就如同武陵人士误入桃花源一般,不知道自己已经身处万座峰的峰顶上了。

【原文】

中道有亭,西来为仙游道,东即余所行。南过通仙桥,越小岭而下,为公馆,为钟鼓楼之蓬莱石,则雷轰漈在焉。涧出蓬莱石旁,其底石平如砥①,水漫流石面,匀如铺縠②。少下,而平者多洼,其间圆穴,为灶,为臼,为樽,为井,皆以丹名,九仙之遗也。平流至此,忽下堕湖中,如万马初发,诚有雷霆之势,则第一漈之奇也。九仙祠即峙其西,前临鲤湖。湖不甚浩荡,而澄碧一泓,于万山之上,围青漾翠,造物之酝灵亦异矣!祠右有石鼓、元珠、古梅洞诸胜。梅洞在祠侧,驾大石而成者,有罅成门。透而上,旧有九仙阁,祠前旧有水晶宫,今俱圮③。当祠而隔湖下坠,则二漈至九漈之水也。余循湖右行,已至第三漈,急与芳叔返。曰:"今夕当淡神休力,静晤九仙。劳心目以奇胜,且俟明日也。"返祠,往蓬莱石,跣足步涧中。石濑平旷,清流轻浅,十洲三岛,竟褰而涉也④。晚坐祠前,新月正悬峰顶,俯挹平湖⑤,神情俱朗,静中渢渢⑥,时触雷漈声。是夜祈梦祠中。

【注释】

①如砥:如同磨平了一般。

②縠(gòu):绉纱。

③圮(pǐ):坍塌,倒塌。

④褰(qiān):撩起。

⑤挹(yì):把液体舀出来。

⑥渢(fēng)渢:水声。

【译文】

途中有一个小亭,从西面延伸过来的是前往仙游县的道路,东面就是我曾经走过的道路。向南路过通仙桥,越过小山岭继续向下走,就是公馆,有像钟鼓楼一般的蓬莱石,而且雷轰漈就在此地。涧水从蓬莱石旁边流出来,底部的石头就像是磨刀石一般平,水从石面上流过去,均匀地像是铺了一层绉纱一般。稍微向下,石头平滑的底部出现了很多坑坑洼洼,坑坑洼洼之中的圆孔,分别称为灶、臼、樽、井,全部都用"丹"这个字来命名,这些均是九鲤仙的遗迹。涧水缓缓地流到此处,突然下坠到湖中,如同万马奔腾一般,颇具雷霆万钧之势,这就是九漈之中的第一漈瀑布的奇观。九仙祠就建在瀑布的西侧,前面正对着九鲤湖。湖水较为平静,在众山之中凸显出一泓绿意,绿树环绕,清波荡漾,造物主的神化灵奇太过奇异了!九仙祠的右边有石鼓、元珠与古梅洞等胜地。古梅洞就在九仙祠的旁边,大石架空而成,石头上的裂缝形成一道石洞。穿过石洞向上走,就是九仙阁了,

九仙阁的前面有一座水晶宫，如今已经损坏了。

【原文】

初九日　辞九仙，下穷九漈。九漈去鲤湖且数里，三漈而下，久已道绝。数月前，莆田祭酒尧俞①，令陆善开复鸟道，直通九漈，出莒溪。悔昨不由侧径溯漈而上，乃纡从大道，坐失此奇。遂束装改途，竟出九漈，瀑布为第二漈，在湖之南，正与九仙祠相对。湖穷而水由此飞堕深峡，峡石如劈，两崖壁立万仞。水初出湖，为石所扼②，势不得出，怒从空坠，飞喷冲激，水石各极雄观。再下为第三漈之珠帘泉，景与瀑布同。右崖有亭，曰观澜。一石曰天然坐，亦有亭覆之。从此上下岭涧，盘折峡中。峡壁上覆下宽，珠帘之水，从正面坠下；玉管之水，从旁霭沸溢。两泉并悬，峡壁下削，铁障四周，上与天并，玉龙双舞，下极潭际。潭水深泓澄碧，虽小于鲤湖，而峻壁环锁，瀑流交映，集奇撮胜，惟此为最！所谓第四漈也。

【注释】

①祭酒：可以是年长或者地位尊贵的人。这里指的是官名，国子监祭酒，是国子监的主管官员。

②扼：管辖，辖制。

【译文】

初九日　离开了九仙祠，向下探游九漈的尽头。九漈离九鲤湖只有几里远，从第三漈向下走，路从很久之前就已经断绝。几个月之前，国子监祭酒莆田县人尧俞，吩咐陆善重新修复，重新打通这条凶险的山路，可以直接抵达九漈，从莒溪走出去。后悔昨天没有从侧面的小路沿着瀑布向上走，不过绕路顺着大路走就失去了观赏这样一番奇观的好机会。于是打算整理行装改道前行，直接从九漈出发。第二漈就成为瀑布，位于九鲤湖的南侧，恰好与九仙祠相互对立。湖的尽头，流水飞坠着向下注入深谷之中，深谷如同被刀劈开一样，两侧的山崖如同墙壁一样陡峭，高有万丈。水一旦从湖里面流出来，就马上会被岩石所阻拦住。水势不能通畅地直达，湍急的水流从空中倾斜下坠，飞溅的浪花、喷洒的水柱，再加上两侧的岩石显得尤其雄伟壮观。继续向下走就是第三漈珠帘泉了，景色与前面的瀑布差不多。右侧的山崖之上坐落着一座叫作观澜亭的亭子。还有一块被称为天然坐的石头，也有一个亭子覆盖在上面。从这里上山岭，下山涧，在峡谷中蜿蜒着行走。峡谷两侧的山壁上部狭窄，下部宽敞，珠帘瀑布泉从正面下坠；玉箸泉瀑布从侧面水雾缭绕地涌现出来。两道瀑布并排悬挂着，峡谷两边向下陡峭如同刀削一般，周围都是像铁壁一般的山崖，山高仿佛可以抵达天际，两道瀑布像玉龙一样飞舞，下坠注入水潭之内。潭水很深，清澈碧绿，虽然规模比九鲤湖稍小一些，但是周围环绕着峭壁，瀑布又交相辉映，奇观汇集其中，只有这里的景色是绝佳的。这就是所说的第四漈。

【原文】

初至涧底，芳叔急于出峡，坐待峡口，不复入。余独缘涧石而进，踞潭边石上，仰视双瀑从空天矫，崖石上覆如瓮口。旭日正在崖端，与颓波突浪，掩晕流辉①。俯仰应接，不能舍去。循涧复下，忽两峡削起，一水斜回，涧右之路之穷。左望有木板飞架危矶断磴间②，乱流而渡，可以攀跻。遂涉涧从左，则五漈之石门矣。两崖至是，壁凑仅容一线，欲合不合，欲开不开，下涌奔泉，上碍云影。人缘陟其间，如猱猿然，阴风吹之，凛凛欲堕。盖自四漈来，山深路绝，幽峭已极，惟闻泉声鸟语耳。

【注释】

①掩晕流辉：水波与太阳交相辉映，色彩缤纷。

②危矶（jī）：水边突出的石棱。

【译文】

刚走到山涧的底部，芳叔急于走出峡谷，坐在峡口等候，没有再次进入。我独自一人沿着涧底的道路前行，走到潭边坐在石头上面，仰头看到有两道瀑布从空中颇具气势地倾泻而下，崖石上部倾覆如同瓮口一

般。骄阳正巧升到了崖石的顶部，与坠落的水波、奔腾的浪花，相互辉映，五彩缤纷。我俯瞰仰看都目不暇接，舍不得离开。沿着山涧继续向下走，峡谷两侧突然变得陡峭起来，一条溪水弯斜着流淌，山涧右侧的道路已经断开了。向左面看，只看到有一个木板架在陡峭的岩石的残阶之间，横渡溪流，便能够攀爬了。于是渡过山涧从左侧走，便到了第五漈——石门。两侧的山崖到了这里开始向中间靠拢，只能容下一线天，要合也合不起来，要打开也打不开，下方山泉奔腾而出，上面云雾缭绕。人在中间攀爬，就像是猕猴一样，寒风吹过来，人颤抖着仿佛要掉下去一般。大抵是从第四漈开始，山谷变得深邃、道路阻断，幽深陡峭到达了顶点，只听得到泉水的声音以及鸟的鸣叫声。

【原文】

出五漈，山势渐开。涧右危嶂屏列，左则飞凤峰回翔对之，乱流绕其下，或为澄潭，或为倒峡。若六漈之五星，七漈之飞凤，八漈之棋盘石，九漈之将军岩，皆次第得名矣。然一带云蒸霞蔚，得趣故在山水中，岂必刻迹而求乎？盖水乘峡展，既得自恣，其旁崩崖颓石，斜插为岩，横架为室，层叠成楼，屈曲成洞；悬则瀑，环则流，潴则泉；皆可坐可卧，可倚可濯①，荫竹木而弄云烟。数里之间，目不能移，足不能前者竟日。每下一处，见有别穴，必穿岩通隙而入，曲达旁疏，不可一境穷也！若水之或悬或渟②，或翼飞叠注，即匡庐三叠、雁宕龙湫，各以一长擅胜，未若此山微体皆具也。

【注释】

①濯（zhuó）：洗。

②渟（tíng）：水积聚而无法流通。

【译文】

走出五漈，山势逐渐变得开阔。山涧右侧的陡崖如同屏障排列，左侧的飞凤峰盘旋飞旋而对，水流在下面纵横交错环绕，有的是清澈的水潭，有的可以倒映出峡谷。到达第六漈五星，第七漈飞凤，第八漈棋盘石，第九漈将军岩，全部都是按照顺序来取得名字。既然这一地区云蒸霞蔚，在山水之间颇得情趣，又何必要刻意去探寻每一处景物的行迹呢？整体上流水沿着岩谷的地形向外面延伸，洒脱自由，不受束缚，水流两边坍塌的山崖巨石，岩岸斜插，石室横架，层峦叠嶂就是石楼一样，曲折弯转形成石洞；飞悬在高空之中的就是瀑布，环绕着石块的水流就是小溪，积聚起来就形成了清泉；山石能够用来坐着、躺着休息，泉流能够在旁边洗涤，竹木可以形成荫而云霞烟雾因此而被拨弄。几里之间的美景，让人一整天都不想移开眼睛，不想回去。每走到下一个地方，如果看到了其他的洞穴，我一定会穿过岩缝走进去看一看，洞穴里面曲折旁达，无法尽览其中的绝妙风景。至于流水，有的悬挂在山崖之上，有的则汇集起来无法流通，有的像是展翅的小鸟一般腾飞，有的叠水喷注，就算是庐山的三叠泉瀑布、雁宕山的龙湫瀑布，都是依靠一个特点来取胜，不像这座山，局部与整体的风光都是完美无缺的。

【原文】

出九漈。沿涧依山转，东向五里，始有耕云樵石之家，然见人至，未有不惊讶者。又五里,至莒溪之石步,出向道。

初十日　过蒜岭驿,至榆溪①。闻横路驿西十里,有石所山,岩石最胜,亦为九仙祈梦所。闽有"春游石所,秋游鲤湖"语,虽未合其时,然不可失之交臂也。乘兴遂行。以横路去此尚十五里,乃宿榆溪。

【注释】

①榆溪:今作渔溪,位于福建省福清县南边的公路旁。

【译文】

出了九漈。沿着山涧靠着山转,向东走了五里,开始出现在白云飘飘的山上耕种、打柴的人,而他们看到有人到来,没有不吃惊的。又走了五里,来到了莒溪的石步,从过来的时候的道路出去。

初十日　翻过了蒜岭驿,来到了榆溪。听说距离横路驿西面十里的地方,有一座石所山,上面的岩石最为著名,也是九仙向上天祈祷、做梦的地方。福建流传着"春天游览石竹山,秋天游览九鲤湖"的话,虽然现在并不是最佳的观赏时节,不过还是不能当面错过游览这一胜景的机会。于是趁着正在兴头上出游。因为横路驿距离榆溪还有十五里,于是就住在了榆溪。

【原文】

十一日　至波黎铺,即从小路为石所游。西向山五里,越一小岭。又五里,渡溪,即石所南麓。循麓西转,仰见峰顶丛崖,如攒如劈。西北行久之,有楼傍山西向,乃登山道也。石磴颇峻,遂短衣历级而上。磴路曲折,木石阴翳,虬枝老藤,盘结危石,欹崖之上,啼猿上下,应答不绝。忽有亭突踞危石,拔迥凌虚①,无与为对。亭当山之半。再折,石级巍然直上,级穷,则飞岩檐覆垂半空。再上两折,入石洞侧门,出即九仙阁,轩敞雅洁。左为僧庐,俱倚山凌空,可徙倚凭眺。阁后五六峭峰离立,高皆数十丈,每峰各去二三尺。峰罅石壁如削成,路屈曲罅中,可透漏各峰之顶。松偃藤延,纵目成胜。僧供茗芳逸,山所产也。侧径下,至垂岩,路左更有一径。余曰:"此必有异,"从之,果一石洞嵌空立。穿洞而下，即至半山亭。下山，出横路而返②。

是游也，为日六十有三，历省二，经县十九，府十一，游名山者三。

【注释】

①拔迥（jiǒng）：挺拔高远。

②横路：今称为宏路，在福清的交通要道之上。

【译文】

十一日　来到波黎铺之后，就从小道前往石竹山。向西朝着山行进了五里，翻过一座小山岭，渡过溪水，就是石竹山的南麓了。沿着石竹山的山路向西转，仰头看到山峰峰顶崖石丛丛，就像是攒聚，像是刀劈。向西北走了良久，看到有座楼阁背靠着山峰、面向西，这就是登山的山路。石阶颇为险峻，于是身穿短衣沿着石阶而上。石阶十分曲折，猿猴在上面攀上攀下，叫声不断。突然看到陡峭的崖石上有一座小亭子，挺拔高远，凌空而立，并没有什么与之相对。小亭子坐落在山的半山腰处。再转石阶继续向上，到了石阶穷尽的地方，飞起的岩石就像是屋檐一样覆盖在半空中。继续向上转了两道弯，从石洞的侧门进入，出了洞门便是九仙阁，阁很高且宽敞，雅致而整洁。左面是僧人居住的地方，都是靠着山崖凌空而修建的，可以徘徊远眺。九仙阁

的后面有五六座陡峭的山峰高耸着，均有数十丈之高，每一座山峰之间都间隔着二三尺，间隙就像是刀劈出来的一般，道路曲折地从缝隙中穿过，可能穿行到各座山峰的峰顶。松树卧伏，老藤蔓延，目光所及的地方都是美景。僧人送来了香气四溢的茶，都是产于山中。从旁侧的小道下山，到陡岩，道路的左侧还有一条小道，我说："从这里去肯定会有奇异的风光。"于是就沿着这条小道走，果然看到了一个石洞镶嵌在山腰处，从洞中转下来，就到了半山亭。走下山之后，到了横路驿返回家乡。

游嵩山日记　　河南河南府登封县

【题解】

嵩山，也被称为嵩岳、中岳，乃五岳之首，以"峻"著称。嵩山分为太室山与少室山两大部分。山上风景秀丽，气势磅礴，留下了不少传说与古迹。

天启三年（1623年）徐霞客向北游览嵩山、华山、太和山、本篇便是徐霞客在游览嵩山一带风光时留下的游记。本篇是徐霞客名山游记中记载文物古迹最多的一篇。由于北方干旱缺水，徐霞客对沿途的环境情况特别关注，对石淙、龙潭沟等倍加称赞。他登上太室的山顶之后，选择了最为凶险的路线。由此也可以看出他是一位敢于冒险的旅行探险家。

【原文】

余髫年蓄五岳志①，而玄岳出五岳上，慕尤切。久拟历襄、郧，扪太华，由剑阁连云栈②，为峨眉先导；而母老志移，不得不先事太和，犹属有方之游。第沿江溯流，旷日持久，不若陆行舟返，为时较速。乃陆行汝、邓间③，路与陕、汴略相当④，可以兼尽嵩、华，朝宗太岳⑤。遂以癸亥仲春朔，决策从嵩岳道始。凡十九日，抵河南郑州之黄宗店。由店右登石坡，看圣僧池。清泉一涵⑥，淳碧山半。山下深涧交叠，涸无滴水。下坡行涧底，随香炉山曲折南行。山形三尖如覆鼎，众山环之，秀色娟娟媚人。涧底乱石一壑，作紫玉色。两崖石壁宛转，色较缜润；想清流汪注时，喷珠泄黛，当更何如也！十里，登石佛岭。又五里，入密县界，望嵩山尚在六十里外。从岐路东南二十五里，过密县，抵天仙院。院祀天仙，黄帝之三女也。白松在祠后中庭，相传三女蜕骨其下。松大四人抱，一本三干，鼎耸霄汉，肤如凝脂，洁逾傅粉，蟠枝虬曲，绿鬣舞风，昂然玉立半空，洵奇观也⑦！周以石栏。一轩临北，轩中题咏绝盛。徘徊久之，下观滴水。涧至此忽下跌，一崖上覆，水滴历其下⑧。还密，仍抵西门。三十五里，入登封界，曰耿店。南向石淙道，遂税驾焉⑨。

【注释】

①髫（tiáo）：小孩子头上下垂的头发。髫年：也就是幼年。

②剑阁：指的是四川省北部的剑门山，横向右100多公里，有72座山峰连绵起伏，形状像利剑一般。峭壁上中断处，两崖相峙如门，飞阁通衢，称为剑阁。

③汝：指的是汝州，管辖现在的河南临汝一带。邓：邓州，隶属于南阳府，也就是现在的河南省邓县。

④陕：指的是陕州，隶属于河南府。汴：唐朝时设有汴州，五代梁、晋、汉、周以及北宋都将都城定在了这里，因此也称为汴京。指的是河南省开封市。

⑤朝宗：古代诸侯拜见天子的时候，春见称为朝，夏见称为宗。这里用来形容对名山的尊崇，是朝谒的意思。

⑥涵：潭。

⑦洵（xún）：真正，实在。

⑧滴历：同"滴沥"，水稀疏下滴。

⑨税：通"脱"。税驾：指的是留宿，休息。

【译文】

我幼年的时候怀着登览五岳的志向,而嵩山的名气又在五岳之首,对其向往的心情更加急切。很久之前就拟订好了计划要途经襄阳府、郧阳府,亲自到华山游览一番,再过剑阁关的连云栈,并将此作为攀登峨眉山的前站,但是由于母亲年岁已高而不得不改变行程,只好先去游览了武当山,这才是属于不失孝道的出游。不过顺着长江逆流而上,颇费时间,还不如去的时候走陆路,再从水路返回,如此途中需要的时间就会缩短一些。从汝州与邓州之间的陆地上行走,路程与走陕州、开封府大体一样,还能够顺路游览一下嵩山与华山,然后还能拜谒泰山。于是决定先到嵩山去,在天启三年二月初一的时候开始出发。走了十九天之后,抵达了河南开封府郑州的黄宗店。顺着黄宗店的右侧攀登石坡,观看了圣僧池。一潭清澈的泉水,汇聚在半山腰处像是碧玉一般。山下的深涧交错纵横,高低重叠,涧中已经干涸得连一滴水都不剩了。下坡之后从涧底前行,顺着香炉山蜿蜒

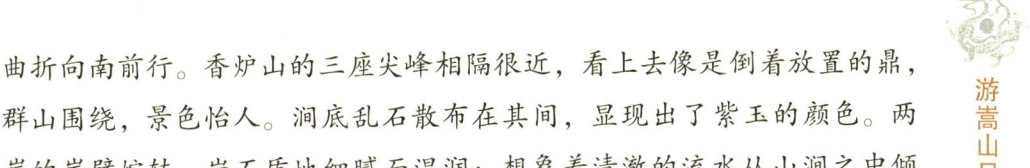

曲折向南前行。香炉山的三座尖峰相隔很近，看上去像是倒着放置的鼎，群山围绕，景色怡人。涧底乱石散布在其间，显现出了紫玉的颜色。两岸的崖壁婉转，岩石质地细腻而温润；想象着清澈的流水从山涧之中倾泻而过的时候，水珠四溅，绿波翻涌，该是怎样一番优美的景色啊！走了十里，登上了石佛岭。继续走了五里，进入了密县境内，远望嵩山大约处于六十里之外。从岔路上向东南方向行走了二十五里，经过了密县的县治，抵达了天仙院。天仙院就是祭祀黄帝的三女儿天仙的地方。白松屹立在祠堂后面的庭院内，传闻三女儿是在白松的下面蜕变成仙的。松树有四人合抱那么粗，一棵树根生长出了三棵树干，三根树干鼎立，高耸入云，树皮柔滑如同凝固的脂肪一般，比涂过粉还要干净，松树树枝就像是虬龙一样弯曲着，绿色的松针迎风飞扬，昂首挺胸，亭亭玉立悬挂在半空，真是一处奇观啊！松树的四周有石栏、一条长廊面对着北方，长廊之内题有很多诗词楹联。我在长廊里徘徊了很久，才下去观赏滴水。山涧到了这里突然下跌，一块崖石覆盖在上面，水从崖石上面向下滴落。返回到密县，依然回到城西门。走了三十五里，来到了登封县里，有一处叫作耿店的地方。向南走就是前往石淙的路，于是就在耿店住了下来。

【原文】

二十日　从小径南行二十五里，皆土冈乱垄。久之，得一溪。渡溪，南行冈脊中，下瞰则石淙在望矣。余入自大梁①，平衍广漠，古称"陆海"，地以得泉为难，泉以得石尤难。近嵩始睹蜿蜒众峰，于是北流有景、须诸溪，南流有颍水，然皆盘伏土碛中。独登封东南三十里为石淙，乃嵩山东谷之流，将下入于颍。一路陂陀屈曲，水皆行地中，到此忽逢怒石。石立崇冈山峡间，有当关扼险之势。水沁入胁下，从此水石融和，绮变万端。绕水之两崖，则为鹄立②，为雁行；踞中央者，则为饮兕③，为卧虎。低则屿，高则台，愈高，则石之去水也愈远，乃又空其中而为窟，为洞。揆估计崖之隔④，以寻尺计⑤，竟水之过，以数丈计，水行其中，石峙于上，为态为色，为肤为骨，备极妍丽。不意黄茅白苇中，顿令人一洗尘目也！

【注释】

①大梁：战国时期魏国的都城，在现在的开封市，后世也称开封为大梁。

②鹄（hú）：天鹅。

③兕（sì）：古时对雌性犀牛的一种称呼。

④揆（kuí）：估计。

⑤寻：古时的一种计量单位，八尺为寻。

【译文】

二十日 从小路向南走二十五里，全都是土冈与不规则的高地。走了很长时间，才看到一条溪水。渡过溪水之后，向南走在冈梁上，向下俯瞰就能看到石淙。我自从进入了开封，地势平坦、广阔无边，古人将其称为"陆海"。平地上很难会有泉水出现，有了泉水又很难会有岩石。逼近嵩山的时候看到蜿蜒起伏的众多山峰，北面有景溪、须溪等河流，南面有颍水，不过这些河流全都盘绕隐藏伏在土堆沙滩之中。只有登封县东南三十里处的石淙，是嵩山东面山谷中的流水，将往下流注入到颍水之中。一路上都是陡坡蜿蜒曲折，水在地面下流，流到这里的时候突然遇到形状峥嵘的巨石。巨石在高高的山冈与峡谷之间突立着，颇具一夫当关万夫莫开的架势。流水浸泡在巨石的下面，这个地方水石交融，形态峭丽，变化万千。流水绕着两岸的崖石，就像是天鹅伸长了脖子站立着，又像是大雁排成队而飞；矗立在水中的岩石，就像是一只犀牛在喝水，又像是猛虎卧伏。低矮一些的形成小道，高大一些的形成了平台，岩石越是巨大，就离水越远，却又中空形成石窟或者石洞。

【原文】

登陇，西行十里，为告成镇①，古告成县地。测景台在其北。西北行二十五里，为岳庙②。入东华门时，日已下舂③，余心艳卢岩，即从庙东北循山行。越陂陀数重，十里，转而入山，得卢岩寺。寺外数武④，即有流铿然，下坠石峡中。两旁峡色，氤氲成霞。溯流造寺后，峡底矗崖，环如半规即半圆，上覆下削。飞泉随空而下，舞绡曳练⑤，霏微散满一谷⑥，可当武彝之水帘。盖此中以得水为奇，而水复得石，石复能助水，不尼水⑦，又能令水飞行，则比武彝为尤胜也，徘徊其下，僧梵音以茶点饷，急返岳庙，已昏黑。

【注释】

①告成镇：从战国时期到唐朝初年一直称为阳城，到武则天时期改称为告成。唐之后称为"古告成县地"，竟成为邬城，隶属登封县。

②岳庙：也就是中岳庙，位于现在的登封县城东4公里处的公路旁。

③下舂（chōng）：太阳

落山的时候。

④武：步。

⑤绡：生丝织品。练：煮熟的白绢。

⑥霏微：细雨一样的水珠。

⑦尼（nǐ）：阻止，阻挡。

【译文】

登上田中的高地，向西走了十里，就到了告成镇，就是古代告成县的所在地。测景台在它的北面。向西北方向走了二十五里，就是岳庙了。进入东华门的时候，太阳已经落山了。我心中盘算着前往卢岩寺，于是就从庙的东北沿着山路前行。穿过了几道高低不平的坡地之后，走了十里，转而进入山中，就看到了卢岩寺。寺外几步远的地方，就有铿然作响的流水坠入石峡中。峡谷两侧的山色，雾气缭绕，蕴为云霞。追溯流水造访了卢岩寺的后面，峡谷底部陡峭的崖岩矗立，如半圆一般环绕着，上部倾覆，下部分凹削。飞流的泉水从空中直泻而下，如同丝绸凌空飘舞一般，细雨般的水柱洒遍了山谷，与武彝山的水帘洞可以相媲美。因此山以水为奇，而水又得到岩石的映衬，岩石借助水却没有阻拦水，从而让泉水可以飞流，于是景观大大超出了武彝山了。在瀑布的下面徘徊了许久，僧人梵音用茶点来招待我们。匆忙回到了中岳庙中，天色已经昏暗了。

【原文】

二十一日　晨，谒岳帝。出殿，东向太室绝顶。按嵩当天地之中，祀秩为五岳首①，故称嵩高，与少室并峙，下多洞窟，故又名太室。两室相望如双眉，然少室嶙峋，而太室雄厉称尊，俨若负扆②。自翠微以上，连崖横亘，列者如屏，展者如旗，故更觉岩岩。崇封始自上古，汉武以嵩呼之异，特加祀邑。宋时逼近京畿③，典礼大备。至今绝顶犹传铁梁桥、避暑寨之名。当盛之时，固想见矣。

【注释】

①祀秩：祭祀的顺序。
②扆（yǐ）：画斧的屏风。
③京畿（jī）：国都以及周围的地方。

【译文】

二十一日　早晨，拜谒了嵩山之神岳帝。走出殿之后，向东朝着太室山的绝顶进发。据考证嵩山处于天地正中的位置，祭祀的顺序应当是五岳之首，因此称为嵩高。嵩山与太室并排而立，山下有很多洞窟，因此也被称为太室山。太室山、少室山远远望去仿佛是两条眉毛一样并列着，不过少室山山势峻峭、重叠而突兀，而太室山则十分雄壮，独居尊位，俨然像是一位背靠着屏风的帝王一般。从翠色弥漫的山脚而上，连绵的山崖横亘不断，如同是排好的屏风、伸展着旗帜，因此更加觉得高峻威严。尊崇、祭祀嵩山从上古时期就开始了，汉武帝将嵩山山呼万岁的奇异，特意增加了祭祀岳神的嵩高邑。宋朝由于嵩山临近京城，祭祀山神的典礼十分周到。到了现在绝顶上依然保存着铁梁桥、避暑寨的名称。当时的盛况，完全可以料想。

【原文】

太室东南一支，曰黄盖峰。峰下即岳庙，规制宏壮。庭中碑石矗立，皆宋、辽以来者。登岳正道，乃在万岁峰下，当太室正南。余昨趋卢岩时，先过东峰，道中见峰峦秀出，中裂如门，或指为金峰玉女沟，从此亦有路登顶，乃觅樵预期为导，今遂从此上。近秀出处，路渐折，避之，险绝不能径越也。北就土山，一缕仅容攀跻，约二十里，遂越东峰，已转出裂门之上。西度狭脊。望绝顶行，是日浓云如泼黑，余不为止。至是岚气愈沉①，稍开则下瞰绝壁重崖，如列削玉，合则如行大海中。五里，抵天门。上下皆石崖重叠，路多积雪。导者指峻绝处为大铁梁桥。折而西，又三里，绕峰南下，得登高岩。凡岩幽者多不畅，畅者又少回藏映带之致。此岩上倚层崖，下临绝壑，洞门重峦拥护，左右环倚台嶂。

初入，有洞岈然，洞壁斜透；穿行数武步，崖忽中断五尺，莫可着趾。导者故老樵，狷捷如猿猴②，侧身跃过对崖，取木二枝，横架为阁道。既度，则岩穹然上覆，中有乳泉、丹灶、石榻诸胜。从岩侧跻而上，更得一台，三面悬绝壑中。导者曰："下可瞰登封，远及箕、颖。"时浓雾四塞，都无所见。出岩，转北二里，得白鹤观址。址在山坪，去险就夷，孤松挺立有旷致。又北上三里，始跻绝顶，有真武庙三楹。侧一井，甚莹，曰御井，宋真宗避暑所浚挖掘疏导也③。

【注释】

①岚气：雾水气。

②狷（juàn）捷：灵敏，敏捷。

③宋真宗：北宋的皇帝，名为赵恒，在位25年。

【译文】

太室山的东南方向有一支山脉，名为黄盖峰。峰脚的地方就是中岳庙，庙的规模宏伟壮观，庭院之中矗立着很多碑刻，都是宋、辽以来的题刻。登上嵩山的正路就在万岁峰下，处于太室山正南方。我昨天前往卢岩寺的时候，首先经过了东峰，途中看到山峦十分秀丽突出，中间裂开的部分就像是门一样，有人指出那是金峰的玉女沟，从这里也有路可以登上山顶，于是找来一个樵夫，约好了让他当我的向导，今天就从这里上山。走进秀峰突出的地方，山路逐渐断开，险要到了极点，不可能直接越过去。向北靠着土山走，路十分狭窄就像是一根线一样，刚够攀爬，大约走了二十里，才翻过东峰，不久转到了裂门的上面。向西翻过狭窄的山脊。眺望绝顶向前走。这一天，浓黑的云就像是被墨晕染了一般，我并没有因此而停住脚步。这时候雾气变得越来越阴沉，稍微晴朗让云雾散开一些的时候，朝下面鸟瞰绝壁重崖，就像是丝织品罗列、玉石剖开一般。云雾聚合的时候，就像是身在大海之中前行。走了五里，到达天门峰。上上下下均是重峦叠嶂，路上的积雪有很多。作为向导的人指着险峻的地方说那是大铁梁桥。折向西面走，又走了三里，绕着山峰向南下，来到了登高岩。幽深地方的山岩大部分并不通畅，通畅地方的岩石又缺少了曲折隐藏以及相互交映的景色。这块岩石的上面靠着层层的山崖，下面挨着陡峭的深壑，洞口被层层的山堆积着，左右都环靠着平台像屏障一样的山峰。刚登上登高岩，就看到了一个又深又大的洞穴，洞壁斜穿过山中；在洞穴里走了几步，山岩忽然从中间断裂了差不多五尺，因此没有了能够落脚的地方。向导是当地的樵夫，身手敏捷就像是猿猴一样，转身就跳到了断崖的对面，拿来了两根树枝，横在了断崖上面构成了一个阁道。过了断崖，就看到有一块拱起的岩石矗立覆盖在上面，其中有乳泉、丹灶、石塌等著名景观。从岩石的旁边攀爬上去，又出现了另一个平台，三面悬在极其幽深的沟壑之中。向导说："向下可以俯瞰整个登封县城，远眺能够看到箕山、颍水。"不过由于当时云雾缭绕，什么都没有看到。走出登高岩之后，转而向北走了二里，抵达了白鹤观的旧址。旧址就处于山峰中间的平地上，远离险峻而接近平坦的地方，有一棵独自挺立的松树，有一种旷达的情趣。又往北上三里，才登上绝顶，山顶上有一座真武庙，分为三间。旁侧有一口井，井水十分清澈，称为御井，是宋真宗到绝顶避暑的时候开凿的。

【原文】

饭真武庙中。问下山道，导者曰："正道从万岁峰抵麓二十里。若从西沟悬溜而下，可省其半，然路极险峻。"余色喜，谓嵩无奇，以无险耳。亟从之，遂策杖前。始犹依岩凌石，披丛条以降。既而从两石峡溜中直下，仰望夹崖逼天。先是峰顶雾滴如雨，至此渐开，景亦渐奇。然皆垂沟脱磴，无论不能行，且不能止。愈下，崖势愈壮，一峡穷，复转一峡。吾目不使旁瞬①，吾足不容求处息也。如是十里，始出峡，抵平地，得正道。过无极洞②。西越岭，趋草莽中，五里，得法皇寺③。寺有金莲花，为特产，他处所无。山雨忽来，遂借榻僧寮④。其东石峰夹峙，每月初生，正从峡中出，所称"嵩门待月"也，计余所下之峡，即在其上，今坐对之，只觉云气出没，安知身自此中来也。

【注释】

①目不使旁瞬：也就是目不斜视的意思。

②无极洞：也就是现在的老君洞，原供奉太极、皇极，因此称为无极洞。

③法皇寺：应当写为"法王寺"，创作于东汉明帝永平十四年，只比汉阳的白马寺晚了三年，是嵩山上最为古老的寺院。

④僧寮（liáo）：和尚居住的小屋。

【译文】

在真武庙中用饭。询问了下山的路，向导说："正路从万岁峰下到达山脚，要走二十里。如果从西沟悬空滑行而下，能够省去一半的路程，不过道路极其险峻。"我面露喜色，原本以为嵩山没有什么奇特的地方，原来是由于没有遇到险峻的地方。急忙跟着向导，拄着手杖前行。开始的时候依然是靠着岩石穿行，破开浓密的草木向下走。接着就从两石峡的中间滑行直下，抬头一看两侧的崖壁几乎接近天际。之前峰顶上雾气浓厚的仿佛是在下雨一般，到了这里云雾逐渐散开，景色也逐渐变得奇特起来。不过一直是垂直的山谷，没有石阶可以行走，不仅无法行走，而且无法停止。越是向下滑行，两侧的崖壁的气势越显得壮观，下完一道峡谷，又转入到另一道峡谷。我的眼睛不敢斜视，脚却无法停止。就这样下了十里，才走出峡谷，抵达了平地，上了正路。经过无极洞，向西翻过山岭，在草丛之中极速通过，走了五里，抵达了法皇寺。寺院之中种有金莲花，是当地的特产，在其他地方都是没有的。山雨忽然降下，于是在僧人的小屋之中住了下来。寺庙东面石峰对峙，每当月亮初升的时候，恰巧可以照到峡谷的中间，就是所说的"嵩山待月"的奇观了。如此看来，我之前所下的峡谷，就位于这道峡谷的上面，如今面对面坐下来，只觉得上面云气出没，如何可以知晓自己是从中下来的呢。

【原文】

二十二日　出山，东行五里，抵嵩阳宫废址①。惟三将军柏郁然如山，汉所封也；大者围七人，中者五，小者三。柏之北，有室三楹，祠二程先生②。柏之西，有旧殿石柱一，大半没于土，上多宋人题名，可辨者为范阳祖无择、上谷寇武仲及苏才翁数人而已。柏之西南，雄碑杰然，四面刻蛟螭甚精③。右则为唐碑，裴迥撰文，徐浩八分书也④。又东二里，过崇福宫故址⑤，又名万寿宫，为宋宰相提点处。又东为启母石，大如数间屋，侧有一平石如砥。又东八里，还饭岳庙，看宋、元碑。

【注释】

①嵩阳宫废址：位于登封城北2.5公里的地方。北魏时称为嵩阳寺，隋朝时称为松阳观，唐高宗将其作为行宫，现为登封师范学院。

②二程：指的是北宋的理学家程颐与程颢，他们都在这里讲过学。

③蛟螭（jiāo chī）：传说中一种没有角的龙，古时的建筑多用它的形状作为装饰。

④八分书：一种书法字体。

⑤崇福宫：位于万岁峰的南麓，汉代的时候建有万岁观。宋朝的时候改为崇福宫，传说司马光在此处写过《资治通鉴》。现为养鸡场。

【译文】

二十二日 走出山，向东走了五里，来到了早已荒废的嵩阳宫旧址。只有三棵长得郁郁葱葱的将军柏，这是汉朝的时候赐予的封号；最大的一棵如今已经有七个人围抱起来那么粗了，中等的有五人围抱起来那么粗，最小的也有三人围抱起来那么粗。在将军柏的北面，有三间房屋，里面供奉着程颐、程颢两位先生。在柏树的西侧，有一根旧殿的石柱，大半截都已经埋进了地里，上面还有诸多宋朝人的题名，能够分辨清楚的有范阳人祖无择、上古人寇武仲与苏才翁等。柏树的西南方向是雄伟巨大的石碑，周围都雕刻着十分精致的龙纹装饰图案。右侧则是一块唐朝的石碑，裴迥在上面撰写了碑文，徐浩用八分书书写。继续向东走了二里，经过了崇福宫的旧址，崇福宫也被称为万寿宫，是宋朝的宰相提点官的地方。继续向东走了八里，回到岳庙中用饭，观赏了宋朝、元朝时的碑刻。

【原文】

西八里，入登封县①。西五里，从小径西北行。又五里，入会善寺②，"茶榜"在其西小轩内，元刻也。后有一石碑仆墙下，为唐贞元《戒坛记》③，汝州刺史陆长源撰，河南陆郢书。又西为戒坛废址，石上刻镂极精工，俱断委草砾。西南行五里，出大路，又十里，至郭店④。折而西南，为少林道。五里，入寺，宿瑞光上人房。

【注释】

①登封县：隶属于河南府，也就是现在的河南省登封县。旧城在现在的县址西南部，部分城墙遗迹依然保存。

②会善寺：大殿乃元代建筑，这里是唐代著名天文学家一行出家的地方。

③贞元：唐德宗的年号，共二十年。

④郭店：位于今登封县西北，登封前往偃师的道路旁。

【译文】

向西走八里，进入登封县城。再向西走五里，从小路向西北方向前行。继续走五里，进入会善寺。"茶榜"碑刻就在会善寺西侧的小屋子中，是元朝时期刻下的。后面有一块石碑倒在墙角，是唐朝贞元年间（公元785~804）时期刻下的《戒坛记》，碑文是汝州的刺史陆长源所撰写，河南人陆郢书写的。再往西则是戒坛的废址，石头上面有着十分精细工整的雕刻，不过全都残缺不全地废弃在了杂草碎石之中。向西南走五里，出到大路上，继续走十里，抵达郭店。转为向西南方向，就是前往少林寺的道路了。走五里，进入少林寺，住在了僧人瑞光的房中。

【原文】

二十三日　云气俱尽。入正殿，礼佛毕，登南寨。南寨者，少室绝顶，高与太室等，而峰峦峭拔，负"九鼎莲花"之名。俯环其后者为乳峰，蜿蜒东接太室，其阴则少林寺在焉①。寺甚整丽，庭中新旧碑森列成行，俱完善。夹墀二松②，高伟而整，如有尺度。少室横峙于前，仰不能

见顶，游者如面墙而立，辄谓少室以远胜。余昨暮入寺，即问少室道，俱谓雪深道绝，必无往。凡登山以晴朗为佳。余登太室，云气弥漫，或以为仙灵见拒③，不知此山魁梧，正须止露半面。若少室工于掩映，虽微云岂宜点浑？今则霁甚，适逢其会，乌可阻也！乃从寺南渡涧登山，六七里，得二祖庵④。山至此忽截然土尽而石，石崖下坠成坑。坑半有泉，突石飞下，亦以"珠帘"名之。余策杖独前，愈下愈不得路，久之乃达，其岩雄拓不如卢岩，而深峭过之。岩下深潭泓碧，僵雪四积。再上，至炼丹台。三面孤悬，斜倚翠壁，有亭曰小有天，探幽之屐，从未有抵此者。过此皆从石脊仰攀直跻，两旁危崖万仞，石脊悬其间，殆无寸土，手与足代匮而后得升⑤。凡七里，始跻大峰。峰势宽衍，向之危石，又截然忽尽为土。从草棘中莽莽南上，约五里，遂凌南寨顶，屏翳之土始尽。南寨实少室北顶，自少林言之，为南寨去。盖其顶中裂，横界南北，北顶若展屏，南顶列戟峙其前，相去仅寻丈，中为深崖，直下如剖。两崖夹中，坑底特起一峰，高出诸峰上，所谓摘星台也，为少室中央。绝顶与北崖离倚，彼此斩绝不可度。俯瞩其下，一丝相属。余解衣从之，登其上，则南顶之九峰森立于前，北顶之半壁横障于后，东西皆深坑，俯不见底，罡风乍至⑥，几假翰飞去⑦。

【注释】

①少林寺：位于少室山的北面，背靠着五乳峰，少林河从前面流过，距离登封县城13公里，有公路可以直达。

②墀（chí）：台阶上面的空地。

③仙灵见拒：四库本作"山灵见拒"。

④二祖庵：二祖指的是慧可，二祖庵位于少林寺西南4公里的钵盂峰上。

⑤代匮：指的是由于脚不够用因而用手来帮助。

⑥罡（gāng）风：也写为"刚风"，也就是高空中的强风。

⑦翰：天鸡红色的羽毛。

【译文】

二十三日　云雾全部都消散了。进入到正殿之中，拜完佛之后，登上了南寨。南寨是少室山的绝顶，与太室山等高，而且山峦挺拔陡峭，享有"九鼎莲花"的盛誉。低环在少室山后面的九乳峰，峰峦蜿蜒向东接连太室山，少室山北面就是少林寺所在的地方了。少林寺十分庄严壮丽，庭院中各种新旧的石碑排列成行，全部都保持完整。台阶两边的空地上有两棵松树，高大雄伟也十分整齐，就像是被尺量裁剪过一般。少室山横障在寺庙的前面，抬头无法看到山顶，去那里的游人像是面对着墙壁站立着，于是我觉得观赏少室山的景色应当以远看为佳。昨天傍晚我走入少林寺的时候，就询问了登上少室山的路线，全都说现在积雪过深道路已经被阻绝了，必然是没有可以登上去的道路。凡是登山都以晴朗的天气为佳。我登上太室山的时候，云雾缭绕，有人认为这是山神在拒绝游人上山，却不知道是由于太室山过于高大雄伟，只需要露出半面就行了。如果少室山可供观赏的地方在于山石云雾的相互辉映，那么薄薄的云彩又如何能够盖得住这迷人的山色呢？今天天气晴朗，正好是这样的好时机，有什么可以阻挡我登山呢！于是我就从少林寺的南面渡过山涧登上少室山，走了六七里，来到了二祖庵。山到这里忽然感觉出了没有土，全部都变成了石头，石崖下坠后形成的深坑。在坑的半山腰的地方有一股流泉，泉水越过岩石，快速倾泻，称为"珠帘"。我拄着手杖独自前行，越是向下走就越是找不到道路，过了很久才看到崖底。此岩没有卢岩开阔雄伟，不过陡峭幽深的地方则大大超出了卢岩。岩石的下面有一潭碧绿的清泉，四面积雪都已经结成了冰。继续向上走，抵达炼丹台。炼丹台的三面都是悬空的，一面斜靠着青翠的崖壁，台上有一个小亭子，称为小有天，探险者的足迹尚未来到过这里。在这里只能顺着石脊抬头直直向上攀爬，两边陡岩都有万仞高，石脊悬挂在陡峭的崖石之中，几乎连一寸土地都不到，只能让手脚来代替作为登山的工具，才能向上攀爬。一共走了七里，才抵达大峰。大峰地形平坦开阔，刚才是陡峭的岩石，现在又忽然全部变成了土。拨开草丛荆棘不顾一切地向南走，大约走了五里，终于到达了南寨顶，隐藏在岩石上的土到了这里又忽然完全不见了。南寨其实是少室山的北顶，对少林寺来说，才算是南寨。原本少室山顶从中间裂开，分为了南北两个部分，北面的顶峰就像是屏风一般延伸，南面的顶部则像是一把利刃一样矗立着，两座山顶前面都有八尺到一丈宽的距离，两山的中间是深谷，陡直下陷就像是被刀劈开一样，两侧都有山崖夹着，从底部特别奇怪地耸起了一座山峰，要比群峰都高，这就是所说中的摘星台，位于少室山的正中央。绝顶与北面山崖若即若离，两者断开无法越过。向下观看绝顶的下方，只有极其狭窄的一段与北崖相连接。我脱下衣服沿着山攀爬，登上了绝顶，南面顶峰的九峰像是森林一样屹立在前面，北面顶峰的半壁就像是屏障一样横列在后面，而东西两边均是深坑，低下头去看看不到底部，突然有一阵狂风刮了过来，让人觉得仿佛要像羽毛一样随风飘走了。

【原文】

从南寨东北转，下土山，忽见虎迹大如升①。草莽中行五六里，得茅庵，击石炊所携米为粥，啜三四碗，饥渴霍然去。倩庵僧为引龙潭道。下一峰，峰脊渐窄，土石间出，棘蔓翳之，悬枝以行，忽石削万丈，势不可度。转而上跻，望峰势蜿蜒处趋下，而石削复如前。往复不啻数里，乃迂过一坳，又五里而道出，则龙潭沟也。仰望前迷路处，危崖欹石俱在万仞峭壁上。流泉喷薄其中，崖石之阴森崭嵲者②，俱散成霞绮。峡夹涧转，两崖静室如峰房燕垒。凡五里，一龙潭沉涵疑碧，深不可规以丈③。又经二龙潭，遂出峡，宿少林寺。

【注释】

①升：盛放粮食的器皿。

②嵲（jié）：用来形容山峰的高峻。

③规：测量。

【译文】

从南寨向东北方向转,走下土山,忽然看到有升那么大的老虎的脚印。在草丛之中走了五六里,来到了茅庵,用打火石打出火种将自己所带的米煮成粥,喝了三四碗,饥饿感才消除。劳请庵中的僧人指点要如何前往龙潭。下了一座山峰,峰脊逐渐变得狭窄起来,土石交替出现,沿途布满了荆棘藤蔓,抓着树枝往前走,突然看到有万丈高的岩石耸立,断然是无法过去的。转过来向上攀爬,看到山势蜿蜒向下,不过岩石又像前面那样突然都翘起来。如此来来回回走了不止几里,才辗转着绕过了一道山坳,继续走了五里之后才有路可以走,之后就抵达了龙潭沟。抬头仰望刚刚迷路的地方,陡峭的崖壁、倾斜的岩石,均是在万仞高的绝壁之上。清泉从里面喷薄而出,阴森高峻的崖石上面,全都洒满了美丽的云霞。峡谷夹着山涧,两侧的石崖上面的静室就像是峰房、燕窝一样。一共走了五里,看到一处碧绿幽静的龙潭,深度无法测量。又经过了两处龙潭,终于走出了峡谷,投宿在了少林寺。

【原文】

二十四日 从寺西北行,过甘露台,又过初祖庵。北四里,上五乳峰,探初祖洞。洞深二丈,阔杀之,达摩九年面壁处也①。洞门下临寺,面对少室。地无泉,故无栖者。下至初祖庵②,庵中供达摩影石。石高不及三尺,白质黑章,俨然西僧立像③。中殿六祖手植柏④,大已三人围,碑言自广东置钵中携至者。夹墀二松亚少林。少林松柏俱修伟,不似岳庙偃仆盘曲⑤,此松亦然。下至甘露台,土阜蠡起,上有藏经殿。下台,历殿三重,碑碣散布,目不暇接。后为千佛殿,雄丽罕匹。出饭瑞光上人舍。策骑趋登封道,过辕辕岭,宿大屯。

【注释】

①达摩:菩提达摩的简称,传说其是南天竺人,南朝宋末航海抵达广州,梁武帝迎至金陵,与其畅谈佛法。后往北魏,住在了少林寺,被认为是中国佛教禅宗的初祖。

②初祖庵：宋朝的时候少林僧徒为了纪念达摩而修理的庵。
③西僧：也有版本写为"胡僧"。
④六祖：指的是唐朝的僧人慧能。
⑤偃仆：仰而倒称为偃，伏而覆称为仆。

【译文】

二十四日　从少林寺西北方向走，途经甘露台，又路过了初祖庵。向北走了四里，上了五乳峰，探寻了初祖洞。初祖洞有二丈深，不足二丈宽，是达摩面壁九年的地方。初祖洞的洞门挨着少林寺，正对着少室山。地下没有泉水，因此并没有人在此居住。下到初祖庵，庵的中央供奉着达摩的影石。影石高不足三尺，白色的质地，黑色的花纹，俨然一副胡僧站立的样子。中殿有六祖亲手种植的柏树，如今已经长到三人围抱那么粗了，石碑上说，柏树是慧能放在钵中从广东带到这里的。台阶两旁的两棵松树比少林寺的松树稍逊一筹。少林寺的松树柏树全部都笔直挺立，不像是中岳庙的松柏或是仰倒着，或是仆伏着，而且还弯弯曲曲的，这里的松柏也是笔直的。向下走到甘露台，有一座土山矗立着，山上建有藏经殿。从甘露台上下来，经过三层殿宇，各种石碑散落在其中，让人目不暇接。后面就是千佛殿，看上去十分宏伟壮丽，很少能够有与它媲美的。走出殿外到僧人瑞光的房间里用饭。骑马前往登封的大路，经过辕辕岭，投宿在大屯。

【原文】

二十五日　西南行五十里，山冈忽断，即伊阙也①，伊水南来经其下，深可浮数石舟。伊阙连冈，东西横亘，水上编木桥之。渡而西，崖更危耸。一山皆劈为崖，满崖镌佛其上。大洞数十，高皆数十丈。大洞外峭崖直入山顶，顶俱刊小洞，洞俱刊佛其内。虽尺寸之肤，无不满者，望之不可数计。洞左，泉自山流下，汇为方池，余泻入伊川。山高不及百丈，而清流淙淙不绝，为此地所难②。伊阙摩肩接毂③，为楚、豫大道，西北历关、陕。余由此取西岳道去。

【注释】

①伊阙：今位于河南省洛阳市南12公里的地方，因青山相对，如同门阙一般，伊水从南向北流淌，由此而得名。

②难：难得一见的景观。

③毂（gǔ）：原指的是车轮中间有窟窿可以插轴的地方。这里指的是接连不断十分繁盛。

【译文】

二十五日　向西南走了五十里，山冈忽然断开了，这里就是伊阙山了。伊水从南面而来经过这座山的下面，重达数石的船只都能够从这里通过。与伊阙山相连接的山冈，横贯在东西两边，伊水上面架着一座木桥。从桥上可以到西岸去，看到崖壁越来越陡峭高耸。一座山整个被劈成了崖壁，崖壁上面布满了雕刻的佛像。上面有几十个大的洞穴，高有数十丈。洞的外面陡峭的崖壁直插向山顶，山顶上也凿有小的洞穴，洞里面均有雕刻的佛像。即便是只有尺寸大小的地方，也雕满了，一眼看去佛像的数量无法估量。山洞的左侧，泉水从山

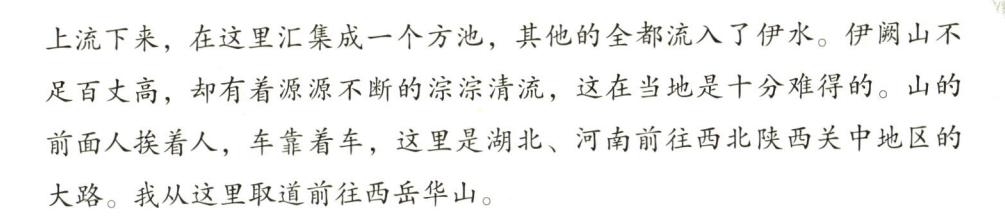

上流下来，在这里汇集成一个方池，其他的全都流入了伊水。伊阙山不足百丈高，却有着源源不断的淙淙清流，这在当地是十分难得的。山的前面人挨着人，车靠着车，这里是湖北、河南前往西北陕西关中地区的大路。我从这里取道前往西岳华山。

游太华山日记 陕西西安府华阴县

【题解】

太华山也就是西岳华山，远眺如花擎空，因此而得名。因为其西面有少华山，所以称为太华山。位于陕西省华阴县南部地区，属秦岭东段，北面与渭河平原相邻，高出众山，以险绝而闻名天下。

徐霞客在天启三年（1623年），对太华山以及陕西境内沿途的风景进行了游览，因此本篇记载的不仅仅是华山这一个地区的一处景色，而是完整地记录了对一个省的游历的全程。这也是徐霞客游历以来第一次这样记录，他在这次游览中系统地对自然景观进行了观察与描绘，内容丰富，文字简练，记录准确。

【原文】

二月晦　入潼关，三十五里，乃税驾西岳庙①。黄河从朔漠南下②，至潼关③，折而东。关正当河、山隘口，北瞰河流，南连华岳，惟此一线为东西大道，以百雉锁之④。舍此而北，必渡黄河，南必趋武关，而华岳以南，峭壁层崖，无可度者。未入关，百里外即见太华觝出云表；及入关，反为冈陇所蔽。行二十里，忽仰见芙蓉片片，已直造其下，不特三峰秀绝，而东西拥攒诸峰，俱片削层悬。惟北面时有土冈，至此尽脱山骨，竟发为极胜处。

【注释】

①西岳庙：位于华阴县东1.5公里的岳镇东部，也称为华阴庙。

②朔漠：北方的沙漠之地。

③潼关：历史上的潼关，也就是本篇中所描述的潼关，位于风陵渡对岸的黄河岸边，陕西潼关县的港口。由于修建三门峡水库，潼关县址迁到了吴村。

④百雉（zhì）：雉是古代计算城墙的单位，长三丈、高一丈为一雉。这里指的是长而高大的城墙。

【译文】

二月底　进入潼关，走了三十五里，在西岳庙停下来休息住宿。黄河从北方的荒漠地带向南奔流，来到潼关，转而向东流去。潼关正好位于狭窄、险要的黄河、华山口，北面低头可以看到黄河水，南面与华山相连，只有潼关这条狭窄的交通要道是贯穿东西的大路，被长而高的城墙封锁着。如果不取道潼关向北走，就一定要横渡黄河，向南则必须要从武关走，而华山之南，崖壁层峦陡峭，没有路可以通过。还没有进入潼关的时候，在百里之外看到的华山突兀高出云上；等进入了潼关，华山的样子反而会被山冈所遮蔽。走了二十里，突然看到一座座像是莲花一般的华山山峰，原来已经来到了华山脚下。华山不仅落雁、朝阳、莲花这三座山峰秀美可称一绝，就连东西两侧簇拥的山峰，全部都如同刀削层悬的石片。只有北面不时出现的土冈，到了现在才完全露出岩石，争相展现出绝佳的景色。

【原文】

三月初一日　入谒西岳神，登万寿阁。向岳南趋十五里，入云台观。觅导于十方庵。由峪口入①，两崖壁立，一溪中出，玉泉院当其左②。循溪随峪行十里，为莎萝宫，路始峻。又十里。为青柯坪③，路少坦④。五里，过寥阳桥，路遂绝。攀锁上千尺㠉⑤，再上百尺峡。从崖左转，上老君犁沟⑥，过狮狖岭⑦。去青柯五里，有峰北悬深崖中，三面绝壁，则白云峰也。舍之南，上苍龙岭，过日月岩。去犁沟又五里，始上三峰足。望东峰侧而上，谒玉女祠，入迎阳洞。道士李姓者，留余宿。乃以余晷上东峰⑧，昏返洞。

【注释】

①峪：北方将山谷称为峪。

②玉泉院：位于华山北麓谷口，是登华山的必经之路。

③青柯坪：处于华山谷道的尽头处，是上山途中唯一较为平坦的地方，有东道院与通仙观可供休息。

④少：通"稍"。

⑤锁：铁索。千尺幢（chuáng）：乃华山的咽喉。两面峭壁之间有一条狭窄的石峰，中间有很多陡峭的踏步，两侧挂着铁链供游人牵着。接近幢口顶部的铁板能够启闭。

⑥老君犁沟：东面是绝壁，西面是深壑，从上到下，一共有570多级。传闻老子修道的时候，看到人们开山凿路不易，于是就驱其乘牛一夜犁成此道，由此而得名。

⑦猢狲岭：传闻过去华山水帘洞出来的猿猴，每每来到这里一定会回去，连它们都难以通过，由此而得名。

⑧晷（guǐ）：原意为日影，后来引申为时间。

【译文】

三月初一日　进入庙中拜谒了西岳华山之神,登上了万寿阁。朝华山南面前行了十五里,进入了云台观。在十方庵找到了向导。从山谷口进入,两侧崖壁峭立,从山谷里面有一股溪流流出,玉泉院就坐落在溪水的左侧。沿着溪水顺着山谷走了十里,就到了莎罗宫,路开始的时候比较陡峭。又走了十里,来到了青柯坪,道路稍微平坦了一些。走了五里,途经廖阳桥之后,路就断了。攀援着铁链成功登上了千尺㠉,又上了百尺峡。沿着山崖向左转,登上了老君犁沟,穿过了猢狲岭。在距离青柯坪五里的地方,北侧深谷之中悬立着一座山峰,它的三面均是绝壁,这便是白云峰。我舍弃游览白云峰而直接向南走,登上苍龙岭,经过日月岩。在距离老君犁沟五里的地方,便开始攀登三峰足。眺望东峰的侧面向上走,来到玉女祠进行拜谒,走进迎阳洞。一位姓李的道士留我住宿,于是我用余下的时间攀登了东峰。在天黑的时候才回到迎阳洞。

【原文】

初二日　从南峰北麓上峰顶,悬南崖而下,观避静处。复上,直跻峰绝顶。上有小孔,道士指为仰天池。旁有黑龙潭。从西下,复上西峰。峰上石耸起,有石片覆其上如荷叶。旁有玉井甚深①,以阁掩其上,不知何故。还饭于迎阳。上东峰,悬南崖而下,一小台峙绝壑中,是为棋盘台。既上,别道士,从旧径下,观白云峰,圣母殿在焉。下到莎萝坪,暮色逼人,急出谷,黑行三里②,宿十方庵。出青柯坪左上,有杯渡庵、毛女洞;出莎萝坪右上,有上方峰;皆华之支峰也。路俱峭削,以日暮不及登。

【注释】

①玉井:玉井并不在西峰上。现在的华山顶玉女、莲花、落雁峰间的山谷有镇岳宫,宫前就是玉井。

②黑行:就是在夜里行走。

【译文】

初二日　从南峰的北面山麓登上峰顶，沿着南面的山崖滑落下来，观赏隐蔽幽静的地方。再次登上山峰，直接抵达了山峰顶。顶上有一个小洞，道士指着说那就是仰天池。它的旁边有一个黑龙潭。从西面下山，再次登上西峰。峰上有石头耸起，覆盖在岩石上面的石片像是荷叶一般。旁边有很深的玉井，井上面建有阁楼，也不知道为什么要如此布局。回到迎阳洞用餐，之后登上了东峰，从南面山崖的地方滑落，在极为陡峭的壑谷之中屹立着一座小平台，这便是棋盘台。登上西峰顶之后，与道士告别，从原路下山，游览了白云峰，圣母殿就建在了这里。向下走到莎萝坪，已经是傍晚，赶紧走出山谷，在夜里走了三里，在十方庵住了下来。走出青柯坪向左上走，就是杯渡庵与毛女洞，走出莎萝坪向右上走，有上方峰，全部都是华山的支峰。道路较为陡峭，由于天已经黑了来不及攀登了。

【原文】

初三日　行十五里，入岳庙。西五里，出华阴西门①，从小径西南二十里、出泓峪，即华山之西第三峪也。两崖参天而起，夹立甚隘，水奔流其间。循涧南行、倏而东折②，倏而西转。盖山壁片削，俱犬牙错入，行从牙罅中，宛转如江行调舱然。二十里，宿于木柸。自岳庙来，四十五里矣。

【注释】

①华阴：在明朝的时候是县级行政机构，隶属于西安府华州，也就是现在的陕西省华阴市，在陇海铁路上。

②倏（shū）：极快地。

【译文】

初三日　走了十五里，进入岳庙。向西走了五里，出了华阴县城的西门，从小路向西南方向走了二十里，出了泓峪，也就是华山西面的第三座山谷。山谷两边的悬崖参天而起，夹谷而立，十分狭窄，溪水从山

谷之中奔流向前。顺着山涧向南行走，一会儿转向东面，一会儿转向西面，岩壁就像是石片一样，相互交错着，在石片的缝隙之中有道路可以穿过，转来转去，像是在一条曲折的江上行船，要不断地调整方向。走了二十里，在木柸住了下来。从岳庙出来，走了一共四十五里。

【原文】

初四日　行十里，山峪既穷，遂上泓岭。十里，蹑其巅。北望太华，兀立天表。东瞻一峰，嵯峨特异①，土人云赛华山。始悟西南三十里有少华，即此山矣。南下十里，有溪从东南注西北，是为华阳川。溯川东行十里，南登秦岭，为华阴、洛南界。上下共五里。又十里为黄螺铺。循溪东南下，三十里，抵杨氏城②。

【注释】

①嵯峨（cuó é）：高峻的态势。
②杨氏城：今称为杨城。

【译文】

初四日　走了十里，山谷也到了尽头，于是就登上了泓岭。十里之后，登上了泓岭的顶峰。向北可以望到太华山，傲然屹立在天际。向东可以看到一座山峰，山势高峻尤为出众，当地人说那就是赛华山。我才领悟过来西南三十里的地方有少华山，指的应当就是这座山了。向南下十里，有一条溪水从东南向西北流淌，这便是华阳川了。溯川流向东走了十里，向南登上秦岭，进入华阴、洛南的管辖范围。上下一共走了五里。又走了十里就是南螺铺。沿着溪水向东南方向下山，走了三十里，就到达了杨氏城。

【原文】

初五日　行二十里，出石门①，山始开。又七里，折而东南，入隔凡峪。西南二十里，即洛南县峪②。东南三里，越岭，行峪中。十里出山，则洛水自西而东，即河南所渡之上流也。渡洛复上岭，曰田家原。五里，下峪中，有水自南来入洛。溯之入，十五里，为景村。山复开，始见稻畦。过此仍溯流入南峪，南行五里，至草树沟。山空日暮，借宿山家。

自岳庙至木柸，俱西南行，过华阳川则东南矣。华阳而南，溪渐大，山渐开，然对面之峰峥也③。下秦岭，至杨氏城。两崖忽开忽合，一时互见，又不比木柸峪中，两崖壁立，有回曲无开合也。

【注释】

①石门：在洛南县北境。这个名字至今依然沿用。
②洛南县：隶属于西安府商州，也就是现在的陕西省洛南县。
③峥（zhēng）：高峻挺拔的样子。

【译文】

初五日　走了二十里，出了石门。山势开始变得开阔起来。继续走了七里，转向西南方向，走入隔凡峪。从这里向西南方向走二十里，就是洛南县所在的山谷。向东南方向走三里，翻过一座山岭，行走在山谷之中。走了十里，出了山，看到洛水从西向东流，就是之前在河南所渡河水的上游处。渡过洛水之后又上了山岭，山岭称为田家原。走了五里，下行到山谷之中，有泉水从南面流过来汇入洛水。逆着水流向里走，走了十五里，抵达了景村。山势又变得开阔起来，开始可以看到稻田。途经景村之后继续逆流而行,进入南峪,向南走五里,就到了草树沟。山上空荡荡的并没有什么特别的美景,太阳也已经西垂,于是我们就在山里人家借宿了一宿。

从岳庙到木柸,一直朝着西南方向走,过了华阳川便往东南方向走。由华阳川向南,水势慢慢变大,山势也逐渐开阔起来,不过对面的山峰依然十分峻峭。走下秦岭,来到了杨氏城。两边的崖石时开时合,分合在短时间内交错出现,又不跟木柸的山谷中一样,那里两侧的石崖壁立,有迂回曲折却没有分开合拢的情况。

【原文】

初六日 越岭两重,凡二十五里,饭坞底岔。其西行道,即向洛南者。又东南十里,入商州界,去洛南七十余里矣。又二十五里,上仓龙岭①。蜿蜒行岭上,两溪屈曲夹之。五里,下岭,两溪适合。随溪行老君峪中,十里,暮雨忽至,投宿于峪口。

【注释】

①仓龙岭:也就是现在的莽岭。

【译文】

初六日 翻过了两座山岭,一共走了二十五里,在坞底岔用了饭。从坞底岔向西走,也就是前往洛南的道路了。继续向东南走十里,进入商州境内,距离洛南还有七十多里。继续走了二十五里,上了仓龙岭。蜿蜒地走在山岭之上,两旁有两条溪水弯曲地夹着它们。走了五里,下了山岭,恰巧是山岭会合的地方。顺着溪流行走在老君峪中,走了十里,当时已经是傍晚,忽然下起雨来,于是就投宿在了峪口。

【原文】

初七日 行五里,出峪。大溪自西注于东,循之行十里,龙驹寨。寨东去武关九十里,西向商州,即陕省间道①,马骡商货,不让潼关道中②。溪下板船,可胜五石舟。水自商州西至此,经武关之南,历胡村,至小江口入汉者也。遂趋觅舟。甫定，雨大注，终日不休，舟不行。

【注释】

①间道：偏僻的捷径。

②不让：不比……少。

【译文】

初七日　走了五里，出了山谷。有一条大溪从西面而来注入东面，沿着这条溪水走了十里，抵达龙驹寨。寨的东面距离武关有九十里，西面通向商州，有一条小路可以通向陕西，路上往来的骡马、商人、货物，丝毫不比潼关大道上的差。溪水中航行的板船，能够承载五石的重量。溪水从商州西面流到这里，经过武关的南面，途经胡村，来到小江口之后流入汉水。于是我开始寻找可以乘坐的船。刚定好了船，突然下起了瓢泼大雨，一天都没有停，船也无法起航。

【原文】

初八日　舟子以贩盐故，久乃行，雨后，怒溪如奔马，两山夹之，曲折萦回，轰雷入地之险，与

建溪无异。已而雨复至。午抵影石滩①，雨大作，遂泊于小影石滩。

【注释】

①影石滩：也就是现在的月日滩，位于丹凤县偏南的地方。

【译文】

初八日　船夫由于要卖盐，很长时间才能起航，大雨过后，溪水的水势浩大如同万马奔腾一般，两侧的山崖夹着溪流，弯曲盘旋，发出如同雷声一般的轰隆声流入险要的地段，与建溪并没有什么差异。没过多久，又下起雨来。下午来到影石滩，雨下大了，于是只能停在小影石滩。

【原文】

初九日　行四十里，过龙关①。五十里，北一溪来注，则武关之流也②。其地北去武关四十里，盖商州南境矣。时浮云已尽，丽日乘空，山岚重叠竞秀。怒流送舟，两岸浓桃艳李，泛光欲舞，出坐船头，不觉欲仙也。又八十里，日才下午，榜人以所带盐化迁柴竹③，屡止不进。夜宿于山涯之下。

【注释】

①过龙关：也就是现在的竹林关，位于丹凤县的南蛮，银花河在这里汇入丹江。

②武关之流：也就是现在的武关河。

③榜（bàng）人：也就是摇船的人。榜指的是摇船的工具。

【译文】

初九日　走了四十里，过了龙关。走了五十里，北面有一处溪水从侧面注入，那便是武关河。而该地向北距离武关还有四十里，位于商州南面的边境。这时候浮云已经全部消散，阳光明媚，山峦叠嶂，争相秀美。奔腾的流水推动着船只，两岸的桃花、李子花颜色艳丽，在阳光中像是要跳起舞一般，走出船舱来到船头坐下，让人不禁有一种飘飘欲仙的感觉。又走了八十里，才到下午，摇船的人用带着的盐交换了柴与竹子，多次停船不走。当晚在山崖之下住宿。

【原文】

初十日　五十里，下莲滩。大浪扑入舟中，倾囊倒箧，无不沾濡①。二十里，过百姓滩，有峰突立溪右，崖为水所摧，岌岌欲堕②。出蜀西楼③，山峡少开，已入南阳淅川境④，为秦、豫界⑤。三十里，过胡村。四十里，抵石庙湾，登涯投店。东南去均州，上太和，盖一百三十里云。

【注释】

①沾濡（rú）：被水沾湿。

②岌岌：山高峻危险的样子。

③蜀西楼：现在写为梳洗楼，位于商南县东南角。

④南阳：明朝的时候设置南阳府，管理南阳，也就是现在的河南南阳。淅川：隶属南阳府，治理范围是现在的河南淅川县西南境，丹江北岸的老城。

⑤秦：是陕西省的简称。豫：河南省的简称。

【译文】

初十日　走了五十里，来到了莲滩。大浪打入船舱之中，口袋、箱柜全部倾斜，被水打湿。航行了二十里，经过了百姓滩，河的右岸突立着一座山峰，山峰的崖壁由于水流的冲刷，变得摇摇欲坠。船行驶出了蜀西楼，山谷才稍稍变得开阔了一些，没过多久就驶入了南阳府淅川境内，这里就是陕西、河南的分界处。船行驶了三十里，途经胡村。船航行了四十里之后，抵达到了石庙湾，靠岸之后去寻找旅馆投宿。这里东南方向距离均州、太和山大约一百三十里。

游太和山日记　湖广襄阳府均州

【题解】

太和山就是武当山，也被称为仙室山，古时也被称为"太岳""玄岳""大岳"。传闻真武曾在这里修炼，是道家的名山，也以传授武当派拳术著称。武当山上依然保存有众多规模宏大的道教建筑群与诸多文物古迹。

在天启三年，徐霞客对太和山进行了游览。他不仅记录了受到明朝皇室尊崇的宫观建筑"规制宏整"，还记录了统治者"需索香金，不啻御夺"的行径。当然他还详细地描述了太和山的自然景观，从各个方面探讨了"山谷川原，候同气异"的道理，最后称赞武当山"山峦清秀，风景幽奇"。

【原文】

十一日　登仙猿岭。十余里，有枯溪小桥，为郧县境①，乃河南、湖广界。东五里，有池一泓，曰青泉，上源不见所自来，而下流淙淙，地又属淅川。盖二县界址相错，依山溪曲折，路经其间故也。五里，越一小岭，仍为郧县境。岭下有玉皇观、龙潭寺。一溪滔滔自西南走东北，盖自郧中来者。渡溪，南上九里冈，经其脊而下，为蟠桃岭，溯溪行坞中十里，为葛九沟。又十里，登土地岭，岭南则均州境。自此连逾山岭，桃李缤纷，山花夹道，幽艳异常。山坞之中，居庐相望，沿流稻畦，高下鳞次②，不似山、陕间矣。但途中蹊径狭，行人稀，且闻虎暴，日方下舂③，竟止坞中曹家店。

【注释】

①郧（yún）县：古时称为麇子国，后改称为郧县，隶属襄阳府均州。明成化十二年（1476年）属湖广布政使司郧阳府。

②高下鳞次：高低像是鱼鳞一般分布整齐。

③舂：同"冲"，这里应当是太阳下落的意思。

【译文】

十一日　登上仙猿岭。走了十多里，抵达枯溪小桥，也就是到达了郧县境内，是河南、湖广布政司的分界处。继续向东走了五里，看到一条清澈的池水，称为青泉，望不到水的源头在哪里，只能看到潺潺的流水，这里又属于淅川县境内了。由于郧县与淅川两县的边界相互交杂，是按照山势与曲折的溪水来划分的，因此我所走的这条路就是在这两个县之间穿行。走了五里，翻过了一座山岭，依然是属于郧县境内的。山岭下方有玉皇观、龙潭寺。一股滔滔而来的溪水从西南流向东北，大概是从郧县中部流过来的。渡过溪水之后，向南攀登上九里冈，翻越冈脊向下走，便是蟠桃岭。逆着溪水沿着山坞向前走十里，便到了葛九沟。继续走十里，登上土地岭，岭的南面就是均州地界了。从这里持续翻越了好几座山岭，途中道路两侧的桃花、李子花争香斗艳，景色十分幽静美好。山坞之中居庐遥望，溪水两岸的稻田，就像是鱼鳞一般整齐地高低分布，与山西、陕西一带的稻田相差甚远。只是途中的小道较为狭窄，路上人烟稀少，而且听闻这里经常会有老虎出没伤人，恰好是日落时分，就在坞中的曹家店住下了。

【原文】

十二日　行五里，上火龙岭。下岭随流出峡，四十里，下行头冈。十五里，抵红粉渡，汉水汪然西来①，涯下苍壁悬空，清流绕面。循汉东行，抵均州②。静乐宫当州之中，踞城之半，规制宏整③。停行李于南城外，定计明晨登山。

【注释】

①汪然：形容水深且宽阔。
②均州：属襄阳府，因太和山而出名。
③宏整：宏伟，庄严。

【译文】

十二日　走了五里，登上火龙岭。下岭之后顺着流水走出了峡谷，向前走了四十里之后，向下走到行头冈。继续走了十五里，来到了红粉渡，汉水自西面水势浩大地奔腾而来，岸边有悬空藏壁，清流在其中环绕。沿着汉水向东走，来到了均州。静乐宫就坐落在州城的正中间，占据了一半城的大小，规模宏大庄严。将行囊放在了南城外，决定明天早上就开始登山。

【原文】

十三日　骑而南趋，石道平敞。三十里，越一石梁，有溪自西东注，即太和下流入汉者。越桥为迎恩宫，西向。前有碑大书"第一山"三字，乃米襄阳①，书法飞动②，当亦第一。又十里，过草店，襄阳来道，亦至此合。路渐西向，过遇真宫，越两隘下，入坞中。从此西行数里，为趋玉虚道；南跻上岭，则走紫霄间道也。登岭。自草店至此③，共十里，为回龙观。望岳顶青紫插天，然相去尚五十里。满山乔木夹道，密布上下，如行绿幕中。

【注释】

①米襄阳：指的是宋朝著名书画家米芾。

②飞动：灵活，生动。

③草店：位于湖北丹江口西。

【译文】

十三日　骑马向南前行，石道平坦且宽敞。走了三十里，翻越了一道石梁，有一条溪水从西面向东面注入，这就是太和下游流入汉水的溪水，越过了桥就到达了迎恩宫，向西走。前面有一块石碑上面写着"第一山"三个大字，是米芾所写，书法灵动，当属天下第一。又走了十里，过了草店，从襄阳延伸而来的道路，也到这里会合。道路逐渐转向西面，途经遇真宫，穿过两道险要的地方继续向下，进入山坞之中。从这里向西面走几里，就是前往玉虚的道路；朝南向上攀登山陵，就走在了前往紫霄宫的小路上。登山山岭。从草店到这里，一共走了十里，就是回龙观。眺望山顶，只看到一片青紫色直插入云霄，不过仿佛距离天空还有五十里的距离。满山乔木挺立在道路的两侧，布满了上上下下，我就像是走在了绿幕之中。

【原文】

从此沿山行，下而复上，共二十里，过太子坡[①]。又下入坞中，有石梁跨溪，是为九渡涧下流[②]。上为平台十八盘，即走紫霄登太和大道；左入溪，即溯九渡涧，向琼台观及八仙罗公院诸路也。峻登十里，则紫霄宫在焉。紫霄前临禹迹池，背倚展旗峰，层台杰殿，高敞特异。入殿瞻谒。由殿右上跻，直造展旗峰之西[③]。峰畔有太子洞、七星岩，俱不暇问。共五里，过南岩之南天门。舍之西，度岭，谒榔仙祠。祠与南岩对峙，前有榔树特大，无寸肤，赤干耸立，纤芽未发。旁多榔梅树[④]，亦高耸，花色深浅如桃杏，蒂垂丝作海棠状。梅与榔本山中两种，相传玄帝插梅寄榔，成此异种云。

【注释】

①太子坡：即复真观，位于登金顶的孔道。

②九渡涧：也被称为剑河。河上的桥名字为天津桥，也被称为剑河桥，是三孔石桥，建于明朝永乐年间。

③造：前往，到。

④榔梅：果名。在《襄阳志》中记载称："榔梅在太和山。相传真武折梅枝寄榔梅树上，仰天誓曰：'吾道若成，花开果结。'后竟如其言。今树尚存。"

【译文】

从这里沿着山路走，下去之后再上来，一共走了二十里，过了太子坡。继续下到山坞之中，有一座石桥横跨在溪水之上，这里便是九渡涧的下游。向上就是平台十八盘，也就是前往紫霄宫，登上太和山的大道；向左沿着九渡溪走，就是前往琼台观以及八仙罗公院等地的路。登上陡峭的十里山路，就是紫霄宫的所在地了。紫霄宫前面正对着禹迹池，背面倚靠着展旗峰。平台层叠，殿宇非凡，显得异常的高大宽敞。进入殿中游览、拜谒。从殿的右侧向上走，就能够前往展旗峰的西面。展旗峰的附近有太子洞、七星岩，都没有时间去游览一番。一共走了五里，过

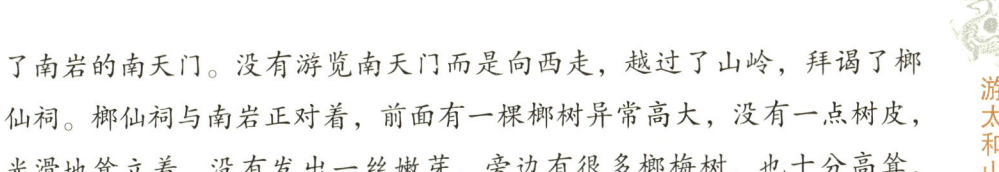

了南岩的南天门。没有游览南天门而是向西走，越过了山岭，拜谒了榔仙祠。榔仙祠与南岩正对着，前面有一棵榔树异常高大，没有一点树皮，光滑地耸立着，没有发出一丝嫩芽。旁边有很多榔梅树，也十分高耸，花色深浅跟桃花、杏花差不多，垂丝的花蒂形状像是海棠花。梅树与榔树原本是山中的两种树木，传闻玄帝曾经折了梅花嫁接在榔树上，于是就有了榔梅树这一特异的品种。

【原文】

共五里，过虎头岩。又三里，抵斜桥。突峰悬崖，屡屡而是，径多循峰隙上。五里，至三天门，过朝天宫，皆石级曲折上跻，两旁以铁柱悬索。由三天门而二天门、一天门，率取径峰坳间，悬级直上。路虽陡峻，而石级既整，栏索钩连，不似华山悬空飞度也。太和宫在三天门内。日将晡①，竭力造金顶，所谓天柱峰也。山顶众峰，皆如覆钟峙鼎，离离攒立；天柱中悬，独出众峰之表，四旁崭绝。峰顶平处，纵横止及寻丈。金殿峙其上，中奉玄帝及四将，炉案俱具，悉以金为之。督以一千户、一提点②，需索香金，不啻御夺。余入叩匆匆，而门已阖，遂下宿太和宫。

【注释】

①晡（bū）：指的是下午的三点到五点，通常用来代指黄昏。

②千户：明朝卫所兵制设立了千户所，驻守要地，率领军队1120人，下面分为十个百户所，统隶于卫。千户就是一所的长官。提点：官名。在明朝时是有神乐观提点，负责管理道士。

【译文】

一共走了五里，经过了虎头岩。又走了三里，来到了斜桥。悬崖陡峰，到处都是，道路大多都夹在山峰之间的缝隙里面。走了五里，来到了三天门，过了朝天宫，全都是曲折的石阶向上延伸的路，石阶两侧都用铁柱悬挂着索链。从三天门到二天门、一天门，道路大多都在山峰之间的坳地上，有直上的陡坡。道路虽然比较陡峭险峻，但是石阶较为整

齐，有牵引的栏索，不像是华山那样需要悬空飞越。太和宫就位于三天门之内。太阳即将落山，拼命登上了金顶，也就是所说的天柱峰。顶上的诸多山峰，就像是倒置的钟鼎一样，成行地汇聚在一起；天柱峰悬在中间，突兀地立在众多山峰之上，周围极为险峻。山顶上平坦的地方，长和宽也就八尺不到一丈的光景。金殿峙立在平地上，殿中供奉着真武帝以及他的四位大将，香炉与案几都十分齐全，全部都是用金子打造的。朝廷设立了一名千户和一名提点，专门在这里监督，索取香金，这无异于是在强取豪夺。我打算进去之后匆匆进行拜谒，无奈殿门已经关上了，于是只好下去住在了太和宫。

【原文】

十四日　更衣上金顶。瞻叩毕，天宇澄朗，下瞰诸峰，近者鹄峙①，远者罗列，诚天真奥区也②！遂从三天门之右小径下峡中。此径无级无索,乱峰离立,路穿其间,迥觉幽胜。三里余,抵蜡烛峰右,泉涓涓溢出路旁,下为蜡烛涧。循涧右行三里余,峰随山转,下见平丘中开,为上琼台观。其旁榔梅数株,大皆合抱,花色浮空映山,绚烂岩际。地既幽绝,景复殊异。余求榔梅实,观中道士噤不敢答。既而曰:"此系禁物。前有人携出三四枚,道流株连破家者数人③。"余不信,求之益力,出数枚畀余④,皆已黝烂,且订无令人知。及趋中琼台,余复求之,主观仍辞谢弗有。因念由下琼台而出,可往玉虚岩,便失南岩、紫霄,奈何得一失二,不若仍由旧径上,至路旁泉溢处,左越蜡烛峰,去南岩应较近。忽后有追呼者,则中琼台小黄冠以师命促余返。观主握手曰:"公渴求珍植,幸得两枚,少慰公怀。但一泄于人,罪立至矣。"出而视之,形侔金橘⑤,渥以蜂液⑥,金相玉质,非凡品也。珍谢别去。复上三里余,直造蜡烛峰坳中。峰参差廉利⑦,人影中度,兀兀欲动⑧。既度,循崖宛转,连越数重。峰头土石,往往随地异色。既而闻梵颂声,则仰见峰顶遥遥上悬,已出朝天宫右矣。仍上八里,造南岩之南天门,趋谒正殿,右转入殿后,崇崖嵌空,如悬廊复道,蜿蜒山半,下临无际,是名南岩,亦名紫霄岩,为三十六岩之最,天柱峰正当其面。自岩还至殿左,历级坞中,数抱松杉,连阴挺秀。层台孤悬,高峰四眺,是名飞升台。暮返宫,贿其小徒,复得榔梅六枚。明日再索之,不可得矣。

【注释】

①鹄(hú):天鹅。

②天真:指的是没有被人世礼俗所影响的大自然的原貌。奥区:指的是中心。

③道流:指的是道士。

④畀(bì):给予。

⑤侔(móu):相同。

⑥渥(lù):渗。

⑦廉利:棱角分明而锋利。

⑧兀兀：高耸欲动的形态。

【译文】

十四日　换装再次登上了金顶。游览叩拜之后，天空碧蓝，向下俯瞰各个山峰，近处的就像是天鹅伸着脖子一般挺立着，远处的山峰层层排列开来，着实是大自然幽深玄妙的焦点，于是从三天门右面的小路下到了峡谷之中。这条路没有石阶，也没有索链，到处都是散乱无序各自耸立的山峰，小路在山峰之间，让人觉得十分幽静美好。走了三里多路，抵达了蜡烛峰的右侧，泉水涓涓溢出到道路的旁边，下面便是蜡烛涧。沿着山涧向右走三里多路，山峰跟着山转，继续向下可以看到有一块开阔地，就是上琼台观。上琼台观旁边长着几株榔梅树，有一人围抱那么粗，榔梅花开满了树枝，花色映照在山冈之中，让山崖边显得绚烂多彩。这地方幽静到了一定的境界，景色又是如此与众不同。我求要了榔梅的果实，观中的道士沉默着不敢答应。随即说："这是禁物。之前有人曾经带出了三四枚，多名道士因此受到了牵连而家破败。"我无法相信，乞要得更起劲，道士取出了几枚送给了我，全都是已经发黑腐烂的，而且叮嘱不要让人知道。等走到中琼台观的时候，我再次索要了榔梅的果实，观主依然辞谢，说没有。由于考虑到要从下琼台观走出去，可以到玉虚岩，便无法到南岩、紫霄宫，为什么要得一而失二呢，倒不如依然从原路上去，走到路边有泉水一处的地方，向左翻过蜡烛峰，离南岩应该已经较近了。突然有人从后面呼喊着赶来，原来是中琼台观的小道士奉师傅之命，催我回去。观主握着我的手说："您渴求的珍贵植物，幸好还有两枚，可以稍微让您的心愿得以满足。只是消息一旦向他人泄露，马上就会降下罪来。"拿出来仔细一看，形状与金橘相同，渗出了蜂蜜一般的汁液，金色的外表，玉石一般的质地，绝非普通的品种。我真诚地向观主表示了感谢之后才离开。再次登上了三里多，直抵蜡烛峰的山坳之中。山峰参差不齐，棱角锋利，人在山峰之间穿行，影影绰绰，就像是山峰也在跟着晃动。翻过蜡烛峰之后，顺着山崖转来转去，连续穿过了几座山峰。峰顶上的土、石，到处根据山势变换着颜色，不一会儿就听到了教徒诵念经文的声音，于是抬头一看，峰顶傲然矗立在遥远的上空，已经走出了朝天宫的右面了。继续向上走了八里，来到了南岩的南天门，进到正殿进行了拜谒。向右转进入殿的后面，高峻的崖石仿佛镶嵌在半空之中，犹如高悬的长廊，凌空的阁道，曲折地延伸到山腰之中，下临无底深壑，这便是南岩，也被称为紫霄岩，是太和山三十六岩中最为优美秀丽的，天柱峰恰好就矗立在对面。由南岩回到正殿的左边，沿着石阶在山坞之中行走，有一棵几人围抱粗的松杉，枝叶繁茂遮蔽了太阳，挺立秀美。孤悬着一座平台，眺望着周围的群峰，这里便是飞升台。傍晚时分回到了朝天宫。用钱财贿赂了一名小道士，又得到了六枚榔梅。翌日再前往索要，没有要到。

【原文】

十五日 从南天门宫左趋雷公洞。洞在悬崖间。余欲返紫霄，由太子岩历不二庵，抵五龙。舆者谓迂曲不便①，不若由南岩下竹笆桥，可览滴水岩、仙侣岩诸胜。乃从北天门下，一径阴森，滴水、仙侣二岩，俱在路左，飞崖上突，泉滴沥于中，中可容室，皆祠真武。至竹笆桥，始有流泉声，然不随涧行。乃依山越岭，一路多突石危岩，间错于乱茜丛翠中②，时时放榔梅花，映耀远近。

【注释】

①舆者：轿夫，也就是抬轿子的人。

②茜（qiàn）：野草。

【译文】

十五日　从南天门宫向左来到了雷公洞。洞悬在山崖之间，我打算回到紫霄，从太子岩经过不二庵，抵达五龙宫。抬轿子的人说这样迂回绕路很不方便，不如从南岩下到竹笆桥，可以观赏滴水岩、仙侣岩等多处美景。于是从北天门下去，一路上十分阴森，滴水岩、仙侣岩都在路的左侧，悬崖向上凸起，泉水滴在崖中，悬崖中有一座静室，里面供奉的都是真武帝。到了竹笆桥，开始听到流泉的声音，不过并不顺着山涧而走。于是靠着山走，翻过了山岭，一路上有很多突起的石头，错乱地分布在茂密的杂草树木之中，经常可以看到开放的榔梅花，绚丽的色彩映照着远近的风景。

【原文】

过白云、仙龟诸岩，共二十余里，循级直下涧底，则青羊桥也。涧即竹笆桥下流，两崖蓊葱蔽日，清流延回，桥跨其上，不知流之所云。仰视碧落①，宛若瓮口。度桥，直上攒天岭。五里，抵五龙宫，规制与紫霄南岩相伯仲。殿后登山里许，转入坞中，得自然庵。已还至殿右，折下坞中，二里，得凌虚岩。岩倚重峦，临绝壑，面对桃源洞诸山，嘉木尤深密，紫翠之色互映如图画，为希夷习静处②。前有传经台，孤瞰壑中，可与飞升作匹③。还过殿左，登榔梅台，即下山至草店。

【注释】

①碧落：道家将天空称为碧落。

②希夷：指的是唐朝末年的隐士陈抟，号希夷先生。

③匹：匹敌。

【译文】

过了白云岩、仙龟岩这些地方，一共走了二十多里路，沿着石阶一直向下走到山涧的下面，便到了青羊桥。涧水就是竹笆桥下面的水流的下游，两侧的山崖上草木葱茏，树荫遮住了太阳，清澈的桥水弯弯曲曲，一座桥横跨在上面，不知道这条溪水要流往何处。仰头看天空，就像是瓮口一样。走过石桥，直接登上攒天岭，走了五里之后，抵达了五龙宫，这里的规格与紫霄南岩不相上下。从殿的后面登上山走了几里，转而进入到山坞之中，来到了自然庵。之后又回到了殿的右侧，转而下到山坞之中，走了二里，来到了凌虚岩。凌虚岩倚靠着层层山峦，前面是极深的沟壑。面对着桃花洞诸山，树木十分繁茂，紫色翠绿色交相辉映，就像是画卷一般，这里便是希夷先生清修的地方。前面有传经台，孤独地俯视着深壑，与飞天台不相上下。返回的时候路过了五龙殿的左侧，登上了榔梅台，随即下山来到了草店。

【原文】

华山四面皆石壁，故峰麓无乔枝异干；直至峰顶，则松柏多合三人围者；松悉五鬣①，实大如莲，间有未堕者，采食之，鲜香殊绝。太和则四山环抱，百里内密树森罗，蔽日参天；至近山数十里内，则异杉老柏合三人抱者，连络山坞，盖国禁也。嵩、少之间，平麓上至绝顶，樵伐无遗，独三将军树巍然杰出耳。山谷川原，候同气异。余出嵩、少，始见麦畦青；至陕州，杏始花，柳色依依向人；入潼关，则驿路既平，垂杨夹道，梨李参差矣；及转入泓峪，而层冰积雪，犹满涧谷，真春风所不度也。过坞底岔，复见杏花；出龙驹寨，桃雨柳烟，所在都有。忽忆日已清明，不胜景物悴情②。遂自草店，越二十四日，浴佛后一日抵家③。以太和榔梅为老母寿。

【注释】

①五鬣（liè）：松树的一种。

②悴（cuì）：忧伤。

③浴佛：传闻农历四月初八是释迦牟尼的生日，佛寺常在这一天设会诵经，并用香水洗浴佛像，因此将这一天称为浴佛节。

【译文】

华山的四面均为石壁，因此山脚并没有高大奇特的树木；一直上到山峰的顶部，有很多三人围抱那么粗的松柏；松树全都是五针松，松子都有莲子那么大，偶尔会遇到还没有掉下来的松果，可以采下来食用，鲜美异常。太和山则是四面群山环绕，百里之内茂密的树木遍布，遮蔽了太阳，高耸入云；靠近太和山数十里的范围之内，有三人围抱那么粗的奇异杉树与老柏树，连绵不断地长满了山坞，是由于朝廷禁止砍伐的缘故。嵩山、少室山之间，由平缓的山脚到绝顶上，树木已经被砍得所剩无几了，只留下三棵将军树巍然傲立着。山峰、峡谷、河流、平原各种地形，季节相同而气候不同。我从嵩山、少室山出来，才看到田中麦苗青青；到了陕州，杏花刚刚开始开花，柳树嫩绿随风飘舞，十分动人；进入潼关，大路开始平坦起来，道路两旁均是杨树，梨树与李树参差不齐；等到了泓峪，却是层层的冰雪遍地，仿佛填满了山谷沟涧，果然是春风不度的地方啊！经过坞底岔的时候，又看到了开放的杏花；走出了龙驹寨，桃红柳绿，所到之处均是春意盎然。忽然想到这时已经到了清明时节，不禁触景生情。于是由草店出发，经过二十四日的赶路，在浴佛节的第二天回到了家中。用从太和山上带来的榔梅来为母亲祝寿。

闽游日记　前

【题解】

闽也就是福建的简称。徐霞客曾经在1628年与1630年两次游览福建并记录这里的奇山异水以及文物古迹。由于游览路线不同，这两篇日记各具特色。

本篇是前篇，也就是徐霞客在1628年游览时所记录的。本篇徐霞客从丹枫岭进入福建境内，经浦城达今建瓯，再至延平府（今南平），坐船抵达永安。中途游览了金斗山，对上面的乔木艳草、水色山光大加称赞。在延平，对玉华洞进行了游览，并记录了在延平遇雪的经历，对玉华洞的内外描写均十分细腻，展现了他对自然的高妙体悟。在永安，又登上了马山岭，然后南下，前往漳平；再乘船入九龙江，对沿岸的风景多有描写，并对江水情况做出了说明。

【原文】

崇祯改元戊辰之仲春发兴为闽、广游①。二十日，始成行。三月十一日，抵江山之青湖，为入闽登陆道。十五里，出石门街，与江郎为面，如故人再晤。十五里，至峡口，已暮。又行十五里，宿于山坑。

【注释】

①崇祯改元：也就是1628年，崇祯帝朱由检继位，更改年号，因此称为"改元"。戊辰：崇祯元年按照干支纪年则是戊辰年。

【译文】

崇祯帝更换年号那年，我萌生了前往福建、广东游览的兴致。二十日，我们开始动身前往。三月十一日，抵达了江山县的青湖，这里便是进入福建登上陆地的道路。走了十五里，出了石门街，看到了江郎山，就像是老友重逢一般。又走了十五里，来到了峡口，已经是傍晚了。继续走了十五里，住在了山坑中。

【原文】

十二日　二十里，登仙霞岭。三十五里，登丹枫岭①，岭南即福建界。又七里，西有路越岭而来，乃江西永丰道，去永丰尚八十里。循溪折而东，八里至犁岭麓，四里登其巅，前六里，宿于九牧②。

十三日　三十五里，过岭，饭于仙阳。仙阳岭不甚高，而山鹃丽日，颇可爱。饭后得舆，三十里抵浦城，日未晡也。时道路俱传泉、兴海盗为梗③，宜由延平上永安。余亦久蓄玉华之兴，遂觅延平舟。

【注释】

①丹枫岭：指的是枫岭关，位于浙江、福建两省的交界处。
②九牧：位于福建浦城北。
③梗：阻挠，抵抗。

【译文】

十二日　走了二十里，登上了仙霞岭。又走了三十五里，登上了丹枫岭，丹枫岭的南面就是福建的管辖范围了。继续走了七里，西面有一条翻岭而来的路，就是前往江西永丰县的道路，距离永丰还有八十里。沿着溪水转而向东，走了八里到达了犁岭的山脚，继续走了四里登上了它的顶峰，向前走了六里，就在九牧住了下来。

十三日　走了三十五里，翻过了山岭，在仙阳用了饭。仙阳岭并不高,而且遍山都开满了山杜鹃花,在阳光下显得尤为可爱。用过饭之后,乘车,走了三十里抵达了浦城,时间还没有到黄昏。当时路上都传言说在泉州府与兴化府有强盗为非作歹,最好从延平府前往永安。我也很早之前就抱着想要游览玉华洞的想法,于是便寻找可以前往延平府的船只。

【原文】

十四日　舟发四十里,至观前。舟子省家早泊①,余遂过浮桥,循溪左登金斗山。石磴修整,乔松艳草,幽袭人裾。过三亭,入玄帝宫,由殿后登岭。兀兀中悬,四山环拱,重流带之,风烟欲暝,步步惜别!

十五日　辨色即行②。悬流鼓楫③,一百二十里,泊水矶。风雨彻旦④,溪喧如雷。

十六日　六十里,至双溪口,与崇安水合。又五十五里,抵建宁郡。雨不止。

【注释】

①省家:回家探望。

②辨色:也就是天微微亮的时候。

③悬流鼓楫:奔腾的江水推动着船只前进。

④彻旦：也就是彻夜的意思。

【译文】

十四日　乘船前行了四十里，来到观前。船夫准备回家探望早早停了船，我于是渡过浮桥，沿着溪水的左岸登上了金斗山。石阶十分整齐，高大的松柏，艳丽的花草，幽香环绕着人的裙摆。走过了三亭，就进入了玄帝宫，从殿的后面登上山岭。山岭高高突起悬立在正中，周围山峰环抱簇拥，溪水如同玉带一般，山中云雾弥漫冉冉升起，天色已经进入黄昏，我只能依依不舍地离开。

十五日　天刚亮的时候就走了。奔腾的江水推动着船只不断前行，一共走了一百二十里，在水边的岩石停了船。一夜风雨，河流像是雷鸣一般喧腾着。

十六日　走了六十里，抵达双溪口，与崇安的河流相汇合。继续航行了五十五里，抵达了建宁郡。雨依然下个不停。

【原文】

十七日　水涨数丈，同舟俱阁不行①。上午得三板舟，附之行②。四十里，太平驿，四十里，大横驿，过如飞鸟。三十里，黯淡滩，水势奔涌。余昔游鲤湖过此，但见穹石崿峙③，舟穿其间，初不谓险；今则白波山立，石悉没形，险倍昔时。十里，至延平。

十八日　余以轻装出西门，为玉年洞游。南渡溪，令奴携行囊由沙县上水，至永安相待。余陆行四十里，渡沙溪而西。将乐之水从西来，沙县之水从南来，至此合流，亦如延平之合建溪也。南折入山，六十里，宿三连铺，乃瓯宁、南平、顺昌三县之界④。

【注释】

①阁：搁浅。

②附：搭乘。

③崿峙（è zhì）：相对而立。

④三县之界：原文误写为"三里县界"，本文根据四库全书改。

【译文】

十七日　水位涨了数丈，同行的船只能搁浅在岸边没有发船。上午的时候来了一只三板舟，于是就搭乘其前行。走了四十里，抵达太平驿，又走了四十里，抵达了大横驿，一路上船像飞鸟一般飞快而过。继续走了三十里，抵达黯淡滩，水势奔腾汹涌。我过去在游览九鲤湖的时候曾经路过这儿，只看到巨大的岩石相对耸立，船从其间穿过，开始的时候没觉得险峻；而现在波涛汹涌，岩石全都被河水所淹没，地势比以前更加险峻。航行了十里之后，到达了延平府。

十八日　我以轻装从西门出发，前往玉华洞游览。向南渡过溪水，让奴仆带着行李从沙县走水路，来到永安等着。我则从陆路走了四十里，渡过沙溪向西走。有将乐县的溪水从西面流过来，沙县的河水从南面流过来，两水在沙溪口汇合，像是建溪的水在延平汇合一样。向南转而进入山中，走了六十里，住在三连铺，三连铺是瓯宁、南宁、顺昌三县的交界处。

【原文】

十九日　五里，越白沙岭，是为顺昌境。又二十五里，抵县。县临水际，邵武之水从西来，通光泽；归化之水从南来，俱会城之东南隅。隔水望城，如溪堤带流也。循水南行三十里，至杜源，忽雪片如掌。十五里至将乐境，乃杨龟山故里也①。又十五里，为高滩铺。阴霾尽舒，碧空如濯，旭日耀芒，群峰积雪，有如环玉。闽中以雪为奇，得之春末为尤奇。村氓市媪②，俱曝日提炉；而余赤足腾踔③，良大快也！二十五里，宿于山涧渡之村家。

【注释】

①杨龟山：指的是宋朝人杨时，他曾向程颢求学。

②村氓：村民。媪（ǎo）：对老妇人的通称。

③腾踔（chuō）：奔跑。

【译文】

十九日　走了五里，翻过白沙岭，就到了顺昌境内。又走了二十五

里，抵达了县城。县城紧邻水边，邵武府的溪水从西面流过来，流经光泽县，归化县的溪水从南面流过来，全都在城东南角汇合。隔着溪水眺望县城，溪堤衣带一般地环绕着流水。顺着溪水向南走三十里，就到了杜源，忽然飘下像手掌般那么大的雪花。走了十五里抵达将乐县境内，这里便是杨时的故里。继续走了十五里，就到了高滩铺。阴霾全部消散，碧蓝的天空像是被清洗过一般，太阳光芒万丈，群峰上都是积雪，有的像是戴了玉环。福建能够下雪本身就是一件奇事，在春末下雪更是神奇。村民与老妇人，都在晒太阳或者用火炉烤火，而我光着脚奔跑，真是太畅快了。走了二十五里之后，在山涧渡的农舍中住了下来。

【原文】

二十日　渡山涧，溯大溪南行。两山成门曰莒峡。溪崖不受趾①，循山腰行。十里，出莒峡铺，山始开。又十里，入将乐。出南关，渡溪而南，东折入山，登滕岭。南三里，为玉华洞道。先是过滕岭即望东南两峰耸立，翠壁嶙峋，迥与诸峰分形异色。抵其麓，一尾横曳，回护洞门。门在山坳间，不甚轩豁，而森碧上交，清流出其下，不觉神骨俱冷。山半有明台庵，洞后门所经。余时未饭，复出道左登岭。石磴萦松，透石三里，青芙蓉顿开，庵当其中。饭于庵，仍下至洞前门，觅善导者。乃碎斫松节置竹篓中，导者肩负之，手提铁络，置松燃火，烬辄益之。初入，历级而下者数尺，即流所从出也。溯流屈曲，度木板者数四，倏隘倏穹，倏上倏下，石色或白或黄，石骨或悬或竖，惟"荔枝柱"、"风泪烛"、"幔天帐"、"达摩渡江"、"仙人田"、"葡萄伞"、"仙钟"、"仙鼓"最肖。沿流既穷，悬级而上，是称"九重楼"。遥望空濛，忽曙色欲来，所谓"五更天"也。至此最奇，恰与张公洞由暗而明者一致。盖洞门斜启，玄朗映彻，犹未睹天碧也。从侧岭仰瞩，得洞门一隙，直受圆明。其洞口由高而坠，弘含奇瑰，亦与张公同。第张公森悬诡丽者，俱罗于受明之处；此洞眩巧争奇，遍布幽奥，而辟户更拓。两洞同异，正在伯仲间也。拾级上达洞顶，则穿崖削天，左右若青玉赪肤②，实出张公所未备。下山即为田塍。四山环锁，水出无路，汩然中坠，盖即洞间之流、此所从入也。复登山半，过明台庵。庵僧曰："是山石骨棱厉，透露处层层有削玉裁云态，苦为草树所翳，故游者知洞而不知峰。"遂导余上拾鸟道，下披蒙茸，得星窟焉。三面削壁丛悬，下坠数丈。窟旁有野橘三株，垂实累累。从山腰右转一二里，忽两山交脊处，棘翳四塞，中有石磴齿齿，萦回于悬崖夹石间。仰望峰顶，一笋森森独秀。遂由洞后穿崖之上，再历石门，下浴庵中，宿焉。

【注释】

①不受趾：容不下脚，也就是不能落脚的意思。

②赪（chēng）：红色。

【译文】

走了二十里，渡过了山涧水，沿着大溪逆流向南走。两侧的山峰形成的门户被称为莒峡。溪水边上的崖壁不能落脚，于是沿着山腰前行。走了十里，出了莒峡铺，山势变得开阔起来。又走了十里，进入了将乐县境内。从南关出去，渡过溪水向南走，转而向东进入滕岭。向南走三里，就是玉华洞。先是翻过滕岭就看到东南方向耸立着两座山峰，翠绿的岩壁，怪石嶙峋，与周围的山峰不管是在形状上还是在颜色上都截然不同。抵达峰麓，山势就像是尾巴一样横扫过去，保护着洞门。洞门处于山坳之中，并不是很开阔，而翠绿的树木交错地耸立在山顶之上，清泉从其中缓缓流过，不仅让人感觉十分寒冷。山腰的地方有一座明台庵，是前往玉华洞后面的必经之地。当时我还没有吃饭，又出去从大路向南面攀登山陵。石阶两侧绿树环绕，在石阶上走了三里，芙蓉花一般的青山顿时变得开阔起来，明台庵就位于其间。在庵中用了饭，继续向下来到玉华洞的前门，找到了一位向导。于是砍碎松节放置在了竹篓之中，由向导背着，而用手提着用铁丝编好的照明工具，将砍碎的竹子放在里面燃烧，烧完之后再添加。进入到洞中之后沿着阶梯走了好几尺，就到了水流出的地方。蜿蜒曲折地逆流前行，从木板上渡过去四次，山洞会突然狭窄突然开阔，道路一会儿向上一会儿向下，岩石有白的，也有黄的，石柱或是悬空，或是直立在地上，而"荔枝柱""凤泪烛""幔天帐""达摩渡江""仙人田""葡萄伞""仙钟""仙鼓"最为相似。沿着水流抵达了尽头，向上攀登上极为陡峭的石阶，抵达了九重楼。遥望洞中，突然仿佛看到了黎明的曙光，这便是"五更天"的景象。玉华洞这里最为奇妙，跟江苏省宜兴县的张公洞十分相似，从黑暗转向光明。可能是由于洞门斜着打开，光亮从洞口透进黑暗的洞穴之中，却看不到蓝色的天空，顺着洞壁边抬头看过去，看到一丝洞门的光亮，阳光直接射到洞口的地方。洞口从高处向下坠落，宽大而瑰丽奇特的地方，也跟张公洞很像。不过张公洞较为阴森、陡峭、诡异、绮丽的景观，全都裸露在光亮的地方；而玉华洞布满了玄妙精巧、争奇斗艳、幽静深远的景观，而洞口更加开阔一些。但是对两个洞进行比较，不相上下。沿着石阶登上洞顶，高大的山崖陡峭得像是被刀削过一般，直插入云霄，左右两边如同青色与赤色的翡翠一样，这些均是张公洞所没有的。下山是田埂。四周群山环绕，流水没有出路，快速地坠落下去，大概玉华洞中的水流，就是从这里坠入的。再次登到了半山腰，路过了明台庵。庵中的僧人说："这个山岩石头棱角分明，但是只要是露在外面的岩石都像是雕刻的玉石、裁剪的云朵一般峻美，只可惜被树木草丛遮盖住了，因此有人只知道玉华洞却不知道欣赏这里的山峰。"于是引导我找到游山的小道，拨开茂盛的草丛朝下面走去，来到了星窟。星窟的三面全都耸立着像刀削一般的崖壁，向下坠陷有几丈深。窟的旁边有三棵野橘树，垂挂着累累果实。从山腰向右面转一二里，突然看到了两座山脊交合的地方，四面全都被荆棘遮盖住了，中间是像牙齿一般的石阶，盘旋在悬崖与狭窄的岩石之间。抬头向远处张望山峰的顶部，一座竹笋一般的山峰巍然独立。于是就从洞后面高大的山崖上，再次路过石门，下到了明台庵中洗浴之后，住在了庵中。

【原文】

二十一日　仍至将乐南门，取永安道。

二十四日　始至永安①，舟奴犹未至②。

二十五日　坐待奴于永安旅舍。乃市顺昌酒，浮白楼下③。忽呼声不绝，则延平奴也。遂定明日早行计。

二十六日　循城溯溪，东南二十里，转而南二十五里，登大泄岭，岩峣行云雾中④。如是十五里,得平阪,曰林田。时方下午,雨大,竟止。林田有两溪自南来,东浑赤如血,西则一川含绿,至此合流。

【注释】

①永安:在明朝时为县级行政机构,隶属延平府,也就是现在的永安市。

②舟奴:乘船的奴仆。

③浮:罚人饮酒。

④岩峣(tiáo yáo):山高峻的样子。

【译文】

二十一日　再次到了将乐县城的南门,寻找前往永安县的道路。

二十四日　才抵达永安县,但是乘船的奴仆还没有抵达。

二十五日　坐在永安县的旅社中等待奴仆。于是跑到了市集上买了顺昌酒,在楼下痛饮。突然听到接连不断的呼喊声,原来是从延平府分道而行的奴仆到了。于是计划着明天一早就出发。

二十六日　顺着县城逆着溪水而行,向东南方向走了二十里,转而向南走了二十五里,登上大泄岭,在高峻的云雾缭绕的山中穿行。这样走了十五里,抵达平阪,称为林田。当时正值下午,雨下得太大,只能停止前行。林田有两条溪水从南面流过来,东面的溪水像是血一样浑赤,西面的则是一股清流,两条溪水在林田这里交汇。

【原文】

二十七日　溯赤溪行。久之,舍赤溪,溯澄溪。共二十里,渡坑源上下桥,登马山岭。转上转高,雾亦转重,正如昨登大泄岭时也。五里,透其巅①,为宁洋界。下五里,饭于岭头。时旭日将中,万峰若引镜照面。回望上岭,已不可睹,而下方众岫骈列,无不献形履下。盖马山绝顶,峰峦自相亏蔽,至此始廓然为南标。询之士人,宁洋未设县时,此犹属永安;今则岭北水俱北者属延平,岭南水俱南者属漳州。随山奠川,固当如此建置也。其地南去宁洋三十里,西为本郡之龙岩,东为延平之大田云。下山十里，始从坑行。渡溪桥而南，大溪遂东去。逾岭，复随西来小溪南行，二十里，抵宁洋东郭。绕城北而西，则前大溪经城南来，恰与小溪会，始胜舟。

【注释】

①透：穿过。

【译文】

二十七日 逆着赤色的溪水向上走。走了很长时间，才离开赤溪，再逆着澄溪而走。一共走了二十里，渡过了坑源上下桥，登上了马山岭。山路越转越高，雾气变得越来越浓厚，与昨天登大泄岭的时候情况相同。又走了五里，穿过了马山岭的顶峰，就到了宁洋县的边界。向下走了五里，在岭头用了饭。当时太阳即将升到头顶，众山峰沐浴在阳光之下仿佛在用镜子照脸。回头眺望上面的山岭，已经看不到了，而下面的山岭并排罗列着，全部都呈现在我的脚下。大概是马山岭的最高处，峰峦互相遮盖，下到这里才能够看清楚南面的最高峰。向当地人询问，宁洋还没有设为县的时候，隶属于永安县；如今马山岭北面的水以及北面是隶属于延平府的，而南面的水以及南面均是属于漳州的。根据山的方位来确定河流的归属，设立郡县应当如此。距离南面距离宁洋县有三十里的路程，西面属于漳州府的龙岩县，东面隶属于延平府的大田县。下山走十里，才开始顺着坑洼的地方行走。渡过溪桥向南走，大溪逐渐向东流去。翻过山岭，继续沿着从西面而来的小溪朝南走，走二十里，抵达宁洋县东郭。绕道城的北面向西走，就能够看到过去渡过的大溪从城南的地方流了过来，正好与这里的小溪汇合，于是开始登船起航。

【原文】

二十八日 将南下，传盗警，舟不发者两日。

四月初一日 平明，舟始前，溪从山峡中悬流南下。十余里，一峰突而西，横绝溪间，水避而西，复从东折，势如建瓴①，曰石嘴滩。乱石丛立，中开一门，仅容舟。舟从门坠，高下丈余，余势屈曲，复高下数

丈，较之黯淡诸滩，大小虽殊悬，险更倍之也。

【注释】

①势如建瓴（líng）：这里用来形容水势畅快地向下奔腾。

【译文】

二十八日　我打算南下，传来了有强盗的警报，船停发了两天。

四月初一日　天一亮，船就开始出发了，溪流从山峡中倾泻而下。走了十多里，有一座山峰向西突起，阻断了溪流，水避开山峰向西流去，又向东转，水势畅快地向下奔腾，这里就被称为石嘴滩。这里乱石丛生，中间开通了一道门宽的航线，只能容得下一条船通过。船从门中向下坠落，落差的地方有一丈多高，其余的河道曲折，又有几丈的落差，与黯淡滩等险滩相比较，大小虽然差距悬殊，但是危险程度却要远在其之上数倍。

【原文】

众舟至此，俱鳞次以下。每下一舟，舟中人登岸，共以缆前后倒曳之，须时乃放。过此，山峡危逼，复嶂插天，曲折破壁而下，真如劈翠穿云也。三十里，过馆头，为漳平界。一峰又东突，流复环东西折，曰溜水滩。峰连嶂合，飞涛一缕，直舟从云汉，身挟龙湫矣。已而山势少开，二十余里，为石壁滩。其石自南而突，与流相扼，流不为却，捣击之势，险与石嘴、溜水而三也。下此，有溪自东北来合；再下，夹溪复至东北来合，溪流遂大，势亦平。又东二十里，则漳平县也①。

宁洋之溪，悬溜迅急，十倍建溪。盖浦城至闽安入海，八百余里，宁洋至海澄入海，止三百余里，程愈迫则流愈急。况犁岭下至延平，不及五百里，而延平上至马岭，不及四百而峻，是二岭之高伯仲也。其高既均，而入海则减，雷轰入地之险，宜咏于此。

【注释】

①漳平县：在明朝时隶属漳州府，也就是现在的漳平市

【译文】

很多船行驶到这里，便会像鱼鳞一般排列依次而下。每下去一只船，船里的人登上岸之后，就会一起用缆绳前后倒拉着船，必须等到另一只船通过的时候才能放开。过了这里，山峡变得更加高耸狭窄，层峦叠嶂直插云霄，弯弯曲曲等能够通过的时候才能放开，如同劈开了青山穿破云霞一般。走了三十里，过了馆头，就到了漳平的边界。有一座山峰从东面突起，水流忽然绕到东侧转而向西，这里被称为溜水滩。在层峦叠嶂之中，有一缕飞腾的波涛，推着船仿佛是从天河中直坠而下，全部乘客都置身在飞瀑之中。没过一会儿山势稍微开阔了一些，船走了二十多里，是石壁滩。这里的岩石从南面突起，阻断水流，水流并没有因此而退却，形成了冲击的气势，这里的险要程度与石嘴滩、溜水滩相差无几，是第三处险滩。向下走，从东北方向而来的一条溪水汇入这里；继续向下走，夹溪又从东北方向赶来汇合，溪水逐渐变大，水势也变得平缓起来，继续向东走了二十里，就是漳平县了。

宁洋的溪水，河道悬陡，水势湍急，是建溪的十倍。大概是从浦城流到闽安汇入大海，全程有八百多里，从宁洋县流到海澄入海处，只有三百多里；流程越短水势便会越湍急。更何况从犁岭下到延平府，流程不足五百里，而从延平上到马山岭，虽然不足四百里，但是落差非常大，从这种情况来看，两座山的高度相差无几。高度既然相差并不大，入海的行程却短，水声如雷，水势奇险的原因应当就在这里。

【原文】

初二日　下华封舟。行数里，山势复合，重滩叠溜，若建溪之太平、黯淡者，不胜数也。六十里，抵华封，北溪至此皆从石脊悬泻，舟楫不能过，遂舍舟逾岭。凡水惟滥觞之始①，不能浮槎②，若既通，而下流反阻者，止黄河之三门集津，舟不能上下。然汉、唐挽漕，缆迹犹存；未若华封，自古及今，竟无问津之时。拟沿流穷其险处，而居人惟知逾岭，无能为导。

初三日　登岭，十里至岭巅，则溪水复自西来，下循山麓，俯瞰只一衣带水耳。又五里，则颓坠直下③，又二里，抵溪。舟行八十里，至西溪。西南陆行三十里，即漳郡；顺流东南二十里，为江东渡，乃兴、泉东来驿道也；又顺流六十里，则出海澄入海焉。

初四日　舆行二十里，入漳之北门。访叔司理④，则署印南靖，去郡三十里。遂雨中出南门，下夜船往南靖。

初五日　晓始达南靖，以溯流迂曲也。溪自南平来，到南靖六十里，势于西溪同其浩荡，经漳郡南门，亦至海澄入海。不知漳之得名，两溪谁执牛耳也⑤？

【注释】

①滥觞：指的是江河发源的地方水流很小，只能浮起酒杯，后来引申代指发源。

②浮槎（chá）：指木筏。

③颓（tuí）：坠落，崩塌。

④司理：宋朝的官职名，司理参军的简称。

⑤执牛耳：原指的是古代歃血为盟的时候，领导者割牛耳取血。泛指居主导地位或者领导地位。

【译文】

初二日　乘坐去往华封的船只。走了几里之后，山势开始合拢，险滩重重，急流叠起，跟建溪太平滩、黯淡滩的河道一样，多到数不胜数。

向前走了六十里，抵达华封县境内，北溪流到了这里之后便沿着石脊悬空倾泻而下，到了这里船无法行走，只能舍弃船翻过山岭。只要是河流的源头的地方水势都很小，不能浮起木舟，如果同行之后，走到下游反而受阻，在黄河的三门集津停下来，船也无法航行。可是汉唐时期曾经使用黄河的水道来运输粮食，其中缆绳的遗迹依然还在；不像华封县，从古至今，竟然都没有通航的记录。我拟定着要沿着河流探究河道中惊险的地方，但是居住在这里的人只清楚翻山越岭的路，并不能为我做向导。

　　初三日　登上山岭，走了十里抵达了山岭的顶峰，则溪水又从西面过来，向下沿着山麓流淌，俯瞰下面，水道只有如同衣带那么宽。又走了五里之后，直直地坠落，又走了两里之后，来到了溪水边。乘着船向前走了八十里，来到了西溪。从陆地上向西南方向走三十里，抵达漳州府；沿着溪流顺着东南方向走二十里，就是江东渡了，是从东面兴化府、泉州府过来的驿道；再沿着溪流走六

十里，就能够出海澄县进入大海了。

初四日　乘车走了二十里之后，抵达了漳州府城的北门。拜访了在这里担任司理的族叔，当时他正在南靖县里料理公务，距离府城有三十里的距离，于是冒雨从府城的南门出发，在暮色中乘着船前往南靖县。

初五日　在黎明之时才抵达南靖县，由于是逆流而上，因此航行的道路曲折迂回。溪水从南平县流过来，到达南靖县有六十多里的路程，水势浩荡如同西溪，水流途经漳州府城的南门，流到海澄县之后再汇入大海。

不知道漳州的名字，是哪条溪水起了主导作用。

闽游日记　后

【题解】

公元1630年，徐霞客在路过浙江与福建交界处的仙霞岭的时候，开始了他第二次入闽的游历。这里重新记录的仙霞岭的风光，其游记除了有与上次相同的内容，也有新的探险。徐霞客对探险经历的描写着墨颇多，也十分绘声绘色，引人入胜。在很多描写上，刻画精细，比前篇更胜一筹。

【原文】

庚午春①，漳州司理叔促赴署。余拟是年暂止游屐，而漳南之使络绎于道，叔祖念莪翁，高年冒暑，坐促于家，遂以七月十七日启行。二十一日到武林②。二十四日渡钱唐③，波平不縠④，如履平地。二十八日至龙游，觅得青湖舟，去衢尚二十里，泊于樟树潭。

【注释】

①庚午：明朝崇祯三年，也就是公元1630年。

②武林：是对杭州的别称，最早出自《汉书》，与杭州境内的武林山有关。

③钱唐：指的是钱塘江。

④縠（gǔ）：原指有绉纹的纱，这里作"皱"讲。

【译文】

庚午年纯，担任漳州司理的族叔催促着我快点去前往他的官署。我本打算今年暂时停止外出游览，而漳州的使者接连不断地来催促我上路，族叔挂念荑翁，高龄还冒着酷暑来到我家中，催促我前去，于是在七月十七日出发。二十一抵达武林。二十四日渡过钱塘江，水面平静没有波澜，如同在平地上走一样。二十八日抵达龙游，寻找前往青湖的船，距离衢县还有二十里，将船停在了漳州潭。

【原文】

三十日　过江山，抵青湖，乃舍舟登陆。循溪觅胜，得石崖于北渚。崖临回澜①，澄潭漱其址，隙缀茂树②，石色青碧，森森有芙蓉出水态③。僧结槛依之，颇觉幽胜。余踞坐石上，有刘对予者，一见如故，因为余言："江山北二十里有左坑，岩石奇诡，探幽之屐，不可不一过。"余欣然返寓，已下午，不成行。

八月初一日　冒雨行三十里。一路望江郎片石，咫尺不可见。先拟登其下，比至路口，不果。越山坑岭，宿于宝安桥。

【注释】

①回澜：动荡的水波。

②隙缀茂树：从石缝中长出来的茂密的树木。

③森森：高耸。

【译文】

三十日　过了江山县，抵达清湖，于是下船登上陆地。沿着溪水寻

找美景，北面的小洲上有一座石崖。石崖靠着荡漾的水波，清澈的潭水冲击着石崖的底部，从石缝之中长出了茂盛的树木，石岩的颜色碧绿青翠，如同出水的荷花一般高耸着。僧人倚靠着石崖建造了房屋，显得颇为幽静美好。我盘坐在石头上，遇到一位名叫刘对予的人，一见如故，于是他对我说："江山县的北面二十里的地方有左坑，岩石十分奇特诡异，如果想要探幽，不能错过那里。"我高兴地返回到住所，已经是下午了，无法成行。

八月初一日　顶着雨走了三十里，一路上远眺片状的江郎山的岩石，感觉很小，仿佛都要看不见了。打算先到达江郎山的下面，等接近路口的时候，才发觉无法前往。翻过了山岭，住在了宝安桥。

【原文】

初二日　登仙霞，越小

竿岭，近雾已收，惟远峰漫不可见。又十里，饭于二十八都①。其地东南有浮盖山，跨浙、闽、江西三省衢、处、信、宁四府之境，危峙仙霞、犁岭间，为诸峰冠。枫岭西垂，毕岭东障，犁岭则其南案也；怪石拿云，飞霞削翠。余每南过小竿，北逾犁岭，遥瞻丰采，辄为神往。既饭，兴不能遏，遍询登山道。一牧人言："由丹枫岭而止，为大道而远；由二十八都溪桥之左越岭，经白花岩上，道小而近。"余闻白花岩益喜，即迂道且趋之，况其近也！遂越桥南行数十步，即由左小路登岭。三里下岭，折而南，渡一溪，又三里，转入南坞，即浮盖山北麓村也。分溪错岭，竹木清幽，里号金竹云。度木桥，由业纸者篱门入②，取小级而登。初皆田畦高叠，渐渐直跻危崖。又五里，大石磊落，棋置星罗，松竹与石争隙。已入胜地，竹深石转，中峙一庵，即白花岩也。僧指其后山绝顶，峦石甚奇。庵之右冈环转而左，为里山庵。由里山越高冈两重，转下山之阳，则大寺也。右有梨尖顶，左有石龙洞，前瞰犁岭，可俯而挟矣。余乃从其右，二里，憩里山庵。里山至大寺约七里，路小而峻。先跻一冈，约二里，冈势北垂。越其东，坞下水皆东流，即浦城界。又南上一里，越一冈，循其左而上，是谓狮峰。雾重路塞，舍之。逾冈西下，复转南上，二里，又越一冈，其左亦可上狮峰，右即可登龙洞顶。乃南向直下，约二里，抵大寺。石痕竹影，白花岩正得其具体，而峰峦环列，此真独胜。雨阻寺中者两日。

【注释】

①二十八都：位于江西西南角。

②业纸者：造纸的人。

【译文】

初二日　登上仙霞岭，翻过小竿岭，近处的云雾已经消散，只有远处的山峰依然处于云雾之中很难看到。又走了十里，在二十八都用了饭。这里东南方向有一座浮盖山，横跨浙江、福建、江西三省以及衢州、处州、广信、建宁这四府的管辖地区，高高地耸立在仙霞岭与犁岭之间，是诸峰之首。枫岭从西面已经开始下垂，毕岭则像是屏障一般横在东面，犁岭在浮盖山的南面；浮盖山中乱石遍布，直冲云霄，云霞飞舞，陡峭的崖壁翠绿的山峰。我每次向南路过小竿岭，向北翻过犁岭的时候，远眺浮盖山的风景，都心神向往。吃过饭之后，兴致并没有消除，到处询问登山的路。有一位放牧的人说："从丹枫岭攀登，是大路，但是路程较远；从二十八都的溪桥左侧翻过山岭，途经白花岩上去，是小路但是近。"我听说要从白花岩过更加兴奋，于是绕道前往，更何况这是一条近路呢！于是走过桥向南走了几十步，随即从左边的小路登上山岭。走了三里之后下岭，转而向南，渡过一条溪水，继续走了三里，转而进入南面的山坞之中，也就是浮盖山北麓的村庄了。分流的溪水，错落的山岭，幽静且清新的竹子树木，这个村庄的名字叫作金竹里。走过桥，从一个造纸的人家的篱笆门中进去，顺着小石阶向上攀登。开始的时候都是层层叠叠的田畦，慢慢就变成了直上的陡峭山崖。又前行了五里，大石块错落地遍布着，星罗棋布，与竹子、松树争抢着仅有的一点空间。已经走进了胜境，竹林幽深，山石回转，其中矗立着一座庵庙，也就是白花岩。僧人指着后山绝顶，峰峦上的岩石形状都十分奇异。庵的右面山冈环绕到了左面，被包围在其中的那座庵就是里山庵。顺着里山庵翻过两重山冈之后转而下到山的南面，就是大寺了。寺的右侧是梨尖顶，右面是石龙洞，从寺庙的前面俯瞰犁岭，如同弯下身用胳膊就能夹住一般。于是我就从寺庙的右面，走了二里路，在里山庵休息了一会儿。从里山庵到大寺大概有七里的路程，山路十分陡峭狭窄。先登上了一座山冈，走了约二里的距离，山冈的态势向北垂。穿过其东面，山坞下面的水全都向东流，这里便是浦城的边界。继续向南走了一里，穿过一重山冈，沿着它的左面直上。便是狮峰。雾气浓厚而且山路阻塞，于是便放弃了攀登狮峰。翻过山冈向西下去，转而向南上来，走了二里之后，穿过一座山冈，从这个山冈的左面也可以登上狮峰，从右面则能够登上龙洞顶。于是朝南向下走，大约走了二里，抵达了大寺。岩石上映照着竹影，这便是白花岩所特有的景观，而且群峰环绕，山峦排列其中，果真是一道奇特的风景。由于被大雨阻挡，在大寺中待了两天。

【原文】

初四日　冒雨为龙洞游。同导僧砍木通道，攀乱碛而上①，雾瀹棘铦②，苔石笼崖③，狞恶如奇鬼。穿簇透峡，窈窕者，益之诡而藏其险；屼嵲者④，益之险而敛其高。如是二里，树底睨峭崿⑤。攀踞其内，右有夹壁，离立仅尺，上下如一，似所谓"一线天"者，不知其即通顶所由也。乃蓺火篝灯⑥，匍匐入一罅。罅夹立而高，亦如外之一线天，第外则顶开而明，此则上合而暗。初入，其合处犹通窍一二，深入则全黑矣。其下水流沙底，濡足而平。中道有片石，如舌上吐，直竖夹中，高仅

三尺，两旁贴于洞壁。洞既束肩，石复当胸，天可攀践，逾之甚艰。再入，两壁愈夹，肩不能容。侧身而进，又有石片如前阻其隘口，高更倍之。余不能登，导僧援之。既登，僧复不能下，脱衣宛转久之，乃下。余犹侧仁石上，亦脱衣奋力，僧从石下掖之，遂得入。其内壁少舒可平肩，水较泓深，所称龙池也。仰睨其上⑦，高不见顶，而石龙从夹壁尽处悬崖直下。洞中石色皆赭黄，而此石独白，石理粗砺成鳞甲，遂以"龙"神之。挑灯遍瞩而出。石隘处上逼下碍，入时自上悬身而坠，其势犹顺，出则自下侧身以透，胸与背既贴切于两壁，而膝复不能屈伸，石质刺肤，前后莫可悬接，每度一人，急之愈固，几恐其与石为一也。既出，欢若更生，而岚气忽澄，登霄在望。由明峡前行，芟莽开荆⑧，不半里，又得一洞，洞皆大石层叠，如重楼复阁，其中燥爽明透。

【注释】

①碛（qì）：石堆。

②雾瀚（wěng）：雾气四起的意思。铦（xiān）：锋利。

③芾（fèi）：小。

④屼嵲（wù niè）：山高耸立的样子。

⑤睨（nì）：斜着眼睛看。峭崿（è）：高峻的山峰。

⑥爇（ruò）：点燃。

⑦睨：眯着眼睛斜看。

⑧芟（shān）：铲除杂草。

【译文】

初四日　冒着雨游览了龙洞。与僧人向导一同砍掉杂树乱枝开辟道路，攀登在乱石堆之上，雾气萦绕，荆棘锋利，小石块遍布在山崖之中，形态颇为狰狞、丑陋，像鬼怪一般。穿行在石块簇簇堆积的峡谷之中，形态窈窕的山石，为峡谷增添了神秘的色彩并且掩盖了山谷的险恶的地方；高耸的山石，为峡谷增添了险峻并且遮盖了它的高峻。这样走了二里，从树荫底下斜看那些高峻的山崖。攀登上去，右面是狭窄的山谷，两侧只有一尺的距离，上下一样狭窄，看上去就是所说的"一线天"的景观了，不知道这便是通往山顶的道路。于是点着了灯笼，匍匐着进入到石缝之中。石峰比较狭窄而且两边的岩石耸立，就像是外面的一线天，只是外面的一线天顶部较为开阔而且明亮，这条石峰的上面合拢而且昏暗。刚进去的时候，上面合拢的地方还有一两处透着光亮，深入到里面之后则变成了完全的黑暗。下面就是流淌着水的沙地，弄湿了脚不过路还是较为平坦的。途中遇到一片石块，像是舌头在向上吐，直立在狭窄的石洞的正中央，只有三尺高，不过两边紧紧贴着洞壁。洞壁较为狭窄，已经紧靠着双肩，石片又在胸前阻挡着，因此几乎无法攀行，只能艰难地转过去。再向里面深入，两侧的洞壁变得更加狭窄，已经无法横着双肩行走，只能侧着身子前行，又有石片像是之前一样阻挡在狭窄的洞口，高度是之前的石片的两倍。我开始登不上去，僧人向导拉着我向上走。登上之后，僧人也下不去了，他将外衣脱掉绕来绕去绕了很长时间，终于可以下去了。我依然侧着身子站在石头上面，于是也脱掉了外衣，努力下去，僧人在石头的下面扶着我，继续下到更深的地方。里面的洞壁慢慢变得更加宽敞，能够横着双肩行走了，水也比之前更深了，这里称为龙池。抬头眯着眼睛斜看上面，高得看不到顶部，只看到石龙从狭窄的洞壁的尽头处直深入下来。洞中全部都是赭黄色的石头，只有这块石头是白色的，石头的纹路像是粗糙的磨刀石又像是鱼鳞的形状，于是就用"龙"来神化这块石头。挑着灯笼观赏完所有的景色之后走了出去。石洞狭窄的地方上面聚拢下面有石堆阻挡，进去的时候要悬着身子向下滑，情况还算顺利，出去的时候则是从下面侧身穿过，胸口与背部紧贴在两侧的石壁上，不过膝盖无法伸缩自如，皮肤被石头磨刺着，前后都无法紧接着，每个人在通过的时候，越是着急便越会贴得更加牢固，几乎要担心会与石头融为一体了。走出去之后，高兴得仿佛重获新生一般，而且山中的雾气已经消散开了，要攀登顶部也是胜券在握。从明亮的峡谷中向前走，割开荒草，拨开荆棘，走了不足半里路，又看到有一个洞，

洞壁上全都是层层叠叠的巨石，像是阁楼重叠一般，洞里干燥，凉爽，明亮，透气。

【原文】

徘徊久之，复上跻重崖，二里，登绝顶，为浮盖最高处。踞石而坐，西北雾顿开，下视金竹里以东，崩坑坠谷，层层如碧玉轻绡，远近万状；惟顶以南，尚郁伏未出。循西岭而下，乃知此峰为浮盖最东。由此而西，蜿蜒数蜂，再伏再起，极于叠石庵在叠石庵终止，乃为西隅，再下为白花岩矣。既连越二蜂，即里山趋寺之第三冈也。时余每过一峰，辄一峰开霁，西峰诸石，俱各为披露。西峰尽，又越两峰，峰俱有石层叠。又一峰南向居中，前耸二石，一斜而尖，是名"犁头尖石"。二石高数十丈，堪为江郎支庶，而下俱浮缀叠石数块，承以石盘，如坐嵌空处，俱可徙倚。此峰南下一支，石多嶙峋，所称"双笋石人"，攒列寺右者，皆其派也。峰后散为五峰，回环离立，中藏一坪可庐，亦高峰所罕得者。又西越两峰，为浮盖中顶，皆盘石累叠而成，下者为盘，上者为盖，或数石共肩一石，或一石复平列数石，上下俱成叠台双阙，"浮盖仙坛"，洵不诬称矣。其石高削无级，不便攀跻。登其巅，群峰尽出。山顶之石，四旁有苔，如发下垂，嫩绿浮烟，娟然可爱①。西望叠石、石仙诸胜，尚隔三四峰，而日已过午，遂还饭寺中。别之南下②，十里即大道，已在犁岭之麓。登岭，过九牧，宿渔梁下街。

【注释】

①娟然：清秀的样子。

②别：分别，告别。

【译文】

在洞里徘徊了很长时间，再次登上重叠的悬崖，走了二里，登上了顶部，这便是浮盖山最高的地方。坐在岩石上，西北面的云雾顷刻间便散开了，向下看金竹里以东，那里石坑崩塌，山谷下坠，一层层像是碧玉一样堆砌着，绸缎般轻轻环绕着，远处近处姿态万千；只有山顶之南，还隐藏着没有露出来。沿着西面的山岭向下走，才知道这座山峰是浮盖山的最东端。从这里向西，连绵着几座山峰，此起彼伏，到了叠石庵穷尽的地方，便是浮盖山的西面的边沿，继续走下去就是白花岩了。在很短的时间内，连续翻过了两座山峰，是百里山到大寺的第三道冈。每当我翻过了一座山峰，便会感觉这座山峰豁然开朗了，西面的山峰上的诸多岩石，全都会袒露出来。西侧的山峰走完之后，又翻过了两座山峰，峰上都有岩石层叠着。又有一座朝向南面的山峰位于中间，山峰的前面耸立着两块岩石，其中有一块倾斜着而且十分尖锐，被称为"犁头尖石"。两块岩石都有数十丈之高，能够称作江郎山的支派峰系，而且有数块层叠的石头缀在岩石的下方，下方像是用石盘托起来似的。若是你坐在开阔的地方，必然会感到流连忘返。这座山峰有一道支脉一直向南延伸，岩石大多都是峻峭、重叠，被称为是"双笋石人"。在大寺右侧聚集排列的山峰，全都是它的支系。山峰的背面分散着五座山峰，五座山峰环绕着却又各自分开互不连接，中间空出了一块能够建造房屋的平地，也可以称得上是比较稀有的地形了。继续向西面翻过两座山峰，就是浮盖山的中顶，全部都是由层层堆积的巨石形成的，底部如盘，顶部如盖，有些是由数块石头上面顶着一块石头，有的是由一块石头上面顶着数块石头，上下均形成了叠台双阙。这里被称为是"浮盖仙坛"，着实不是诬称。

【原文】

初五日　下浦城舟，凡四日抵延平郡。

初十日　复逆流上永安溪，泊榕溪。其地为南平、沙县之中①，各去六十里。先是浦城之溪水小，而永安之流暴涨，故顺逆皆迟②。

十一日　舟曲随山西南行，乱石峥嵘③，奔流悬迅。二十里，舟为石触，榜叫做竹丝绵纸包片木掩而钉之，止涌而已。又十里，溪右一山，瞰溪如伏狮，额有崖两重，阁临其上，崖下圆石高数丈，突立溪中。于是折而东，又十里，月下上一滩，泊于旧县。

【注释】

①南平：今南平市，明朝时隶属于延平府附郭县。

②顺逆：行船指的是行船与水流的方向。

③峥嵘：形容山的高峻突兀。

【译文】

初五日　从浦城县乘船，只用了四天就抵达了延平府。

初十日　再次逆流而上沿着永安溪行驶，船停在了榕溪。这里位于南平县与沙县的中间，距离两个县城都有六十里的路程。在这之前，蒲城县的溪流较小一些，而永安的溪水水位暴涨，因此船不管是顺流，还是逆流都比较慢。

十一日　船顺着山峰朝西南方向曲折前行，两边的乱石险恶高峻，奔腾的溪水快速地流淌。船在航行了二十里之后，撞到了一块石头上面，划船的人用竹丝与绵纸将木片包住之后钉在了被石头撞坏的地方，阻挡涌进船中的溪水。继续前行了十里，在溪水的右侧有一座山，像伏着的雄狮一般俯瞰着溪水，山顶上有两层崖石，崖石上面建造了一个阁楼，崖石下面的岩石高有数丈，突兀地矗立在溪流中央。于是转过船头向东航行，继续走了十里，船在月光之下驶入了一个滩头，停在旧县。

【原文】

十二日　山稍开，西北二十里，抵沙县。城南临大溪，雉堞及肩①，即溪崖也。溪中多置大舟，两旁为轮，关水以舂。西十里，南折入山间。右山石骨巉削②，而左山夹处，有泉落坳隙如玉箸③。又西南二十里，泊洋口。其地路通尤溪。东有山曰里丰，为一邑之望。昨舟过伏狮崖，即望而见之，今绕其西而南向。

十三日　西南二十里，渐入山，又二十五里，至双口。遂折而西北行，五里，至横双口。溪右一水自北来，永安之溪自南来，至此合。其北来之溪，舟通岩前可七十里。又五里入永安界，曰新凌铺。

【注释】

①雉堞（zhì dié）：也被称为垛墙，上面有垛口，可以用来射箭与瞭望。内侧的矮墙称为女墙，没有垛口，用来防止士兵在走动的时候不小心跌倒，这里指的是城墙。

②巉削（chán xuē）：形容山势险峻陡峭。

③玉箸：用玉石打造的筷子。

【译文】

十二日　山势稍微开阔了一些，向西北方向走了二十里，抵达沙县。城南挨着大溪，城墙有到肩部那么高，这里便是溪崖了。溪中停放着很多大船，两边都是水轮，能够控制溪水便于舂捣。向西航行了四十里，继续转而向南之后进入一个山谷之中。右面的山石突起，山势险峻陡峭，而左面的峡谷之中，一股像是玉箸一样的清泉流进了山坳的缝隙之中。继续向西南方向航行二十里，在洋口的地方停靠。洋口有通往尤溪县的路。东面是里丰山，在这一带十分著名。昨天船航行路过伏狮崖的时候，就能够远望到这座山，今天则绕着山的西面向南行驶。

十三日　向西南方向走了二十里，慢慢走进了山区之中，继续向前走了二十五里，抵达了双口。随即掉转了船头向西北方向走，航行了五里，抵达了横双扣。溪的右面有一条水从北面流过来，永安的溪水从南面流过来，到这里汇合。顺着那条从北面流过来的溪水，船航行到岩石的前面大约要走七十里的路。继续航行了五里就进入到永安县境内一个叫作新凌铺的地方。

【原文】

十四日　行永安境内，始闻猿声。南四十里为巩川。上大滩十里，东南行，忽望见溪右峰石突兀。既而直逼其下，则突兀者转为参差，为崩削，俱盘亘壁立，为峰为岩，为屏为柱，次第而见。中一峰壁削到底，或大书其上，曰"凌霄"。于是溪左之奇，亦若起而争胜者。已舟折西北，左溪之崖较诡异①，而更有出左溪上者，则桃源涧也。其峰排突溪南，上逼层汉②，而下瞰回溪，峰底深裂，流泉迸下，仰其上，曲槛飞栏，遥带不一，急停舟登焉。

【注释】

①诡异：奇特，怪异。

②层汉：也就是天际。

【译文】

十四日　航行在永安境内，开始听见猿猴的叫声。向南航行四十里就到了巩川。驶入大滩航行了十里，向东南方向走，突然看到溪水的右侧有山峰突起。没多久，船就直接航行到了石峰的下面，于是看到突兀的山峰变得高低错落，形成了崩塌陡峭的形态，像屏风，像柱子，一个接着一个地出现在眼前。其中有一座上的岩壁一削到底，有人在岩壁上面写了字，是"凌霄"二字。从这里开始溪流左侧开始出现各种奇异的风景，也仿佛要与右侧的山峰一较高下般地涌现出来。不久船便开始转而向西北方向航行，溪水的左面山崖较为奇特，更有比左面还奇特的地方，便是桃源涧。涧中的山峰一排一排地突然出现在溪流的南面，向上直逼天际，向下可俯瞰曲折的溪流，峰底深深地裂开，泉水奔腾向下，抬头向上看，弯曲的栏杆悬在空中，长长的，高低不同地围绕着，急忙停船准备攀登。

【原文】

循涧而入，两崖仅裂一罅，竹影逼溪内。得桥渡涧再上，有门曰"长春圃"。亟趋之，则溪南之峰，前所仰眺者，已在其北。乃北上，路旁一石，方平如砥。时暮色满山，路纵横不可辨，乃入大士殿，得道人为导。随之北，即循崖经文昌阁，转越两亭，俱悬崖缀壁。从此折入峭夹间，其隙仅分一线，上劈山巅，远透山北，中不能容肩，凿之乃受，累级斜上，直贯其中。余所见"一线天"数处，武彝、黄山、浮盖，曾未见若此之大而逼、远而整者。既而得天一方、四峰攒列。透隙而上，一石方整，曰棋坪。中复得一台，一树当空，根盘于上。有飞桥架两崖

间，上下壁削，悬空而度，峰攒石裂，岈然成洞①，曰环玉。出洞，复由棋坪侧历西坞而上，得一井，水甚甘洌。跻峰北隅，有亭甚豁，第北溪下绕，反以逼仄不能俯瞰②。由此左下，又有泉一泓汇为池，以暮不及往。乃南上绝顶，一八角亭冠其上。复从西路下山，出倚云关，则石磴垂绝，罅间一下百丈。盖是山四面斗削，惟一线为暗磴，百丈为明梯，游者以梯下而一线上，始尽奇概，舍此别无可阶也。

还至大士殿，昏黑不可出。道人命徒碎木燃火，送之溪旁，孤灯穿绿坞，几若阴房磷火③。道人云："由长春圃二里，有不尘馆，旁又有一百丈岩，皆有胜可游。"余颔之即点头接受建议。返舟，促舟子夜行，不可，乃与奴辈并力刺舟④。幸滩无石，月渐朗，二鼓，泊废石梁下。行二十里，去永安止二里。

【注释】

①岈（yá）然成洞：也就是桃源洞，位于现在的福建永

安北 10 公里的燕溪畔。

②逼仄（zè）：狭窄，拥挤。

③磷火：淡绿色或者淡蓝色的火焰，多出现在深夜的旷野之中。古人多迷信其是死者的阴魂所发出来的光。

④刺舟：撑船。

【译文】

　　沿着山洞往里面走，两边的山崖只有一条缝隙，竹子的影子倒映在溪水之中。找到一座桥渡过了山洞，之后继续向上走，有一个叫作"长春圃"的大门。我匆忙向前面跑去，溪水的南面的山峰，正是我之前曾经眺望过的地方，如今已经在门的北面了。于是向北攀登，道路旁边有一块十分平滑方正、像磨刀石一般的石头。这时夜色已经开始笼罩山峰，道路纵横交错不能辨清方向，于是走入了大士殿，找到了一位道士同意当我们的向导。跟在道士的后面向北前进，就沿着山崖，途经文昌阁，兜兜转转穿过了两个亭子，一直都是行走在连绵不断的悬崖峭壁之上。从这里可以进入到高峻且陡峭的夹缝之中，缝隙只有一线宽，向上直逼山顶，从远处通向山的北面，在缝隙之中不能横着肩膀行走，于是只能人工凿开崖壁让人可以通行，石阶层层叠叠斜伸着上去，直接通往夹缝之中，我看到过多处"一线天"的景观，比如武夷山、黄山、浮盖山等，但是从未看到过这般巨大、狭窄、幽深且工整的"一线天"的景观。过了没多久，就看到一些天空，周围的山峰簇拥耸立着。穿过缝隙向上走，有一块较为方整的石头，叫作棋坪。途中又看到了一个平台，一棵树立在空中，树根盘绕在平台之上。在两侧的山崖之间架着一座桥，不管是上面还是下面都是陡峭的悬崖，从桥上悬空走过去，群峰簇拥在一起，石壁炸开，构成了一个又大又深的洞穴，叫作环玉。从洞的里面走出来，再沿着棋坪的侧面穿过西坞上去，看到一口井，井水十分清甜可口。登上了山峰的北面，有一座十分开阔的亭子，不过环绕在山峰下面的北溪，由于紧挨着山脚无法看到。从这里向左下去，又有一潭泉水汇聚成池塘，由于天色已暗来不及游览。于是向南登上了绝顶，一座八角亭屹立在山峰顶部最高的地方。又沿着西面的路走下山去，抵达了倚云关，笔直的石阶从石壁的缝隙之中向下垂大约有一百丈。原来这座山峰过于陡峭，如同像刀削一般，只有两条路能行走，其中一条是作为暗梯的一线天，另外一条是作为明梯的百丈石阶，游人只能顺着明梯下山而从一线天上山，才能游遍这里奇异非凡的景观，舍弃了这条路便没有其他路可以走了。回到大士殿，天色已经漆黑，无法出门了。道士嘱咐他的徒弟砍一些柴来点火，送我到溪水边，举着这盏孤灯穿行在绿色的山坞之中，颇像是墓地中出现的磷火。道士说："从春圃走二里，有一个不尘馆，旁边有一道百丈高的岩石，这些都是值得游览的美景。"我点头赞许。返回到船上，催促着船夫在晚上行船，船夫不答应，于是我与奴仆合力撑船。幸好滩上并没有岩石，月色也逐渐明亮起来，二更的时候，将船停靠在了一座废桥下面。走了二十里，距离永安县只有二里的路程了。

【原文】

十五日　抵城西桥下，桥已毁。而大溪自西来，桥下之溪自南来，依然余游玉华时也。绕城西而南，溯南来之溪以去，五十里，至长倩。溪出山右，路循山左，乃舍溪登岭。越岭两重，西南过溪桥，五里，南过溪鸣桥。又五里，直凌西南山角，以为已穷绝顶，其上乃更复穹然。不复上，循山半而南，纡折翠微间，俯瞰山底，溪回屈曲，惟闻吼怒声，而深不见水，盖峻峦削岫，错立如交牙①，水漱其根，上皆丛树，行者惟见翠葆浮空②，非闻水声，几以为一山也。久之，偶于树隙稍露回湍，浑赤如血。又五里与赤溪遇，又五里止于林田。

十六日　沿山二里③，有峰自南直下。峰东有小溪，西为大溪，俱北会林田，而注于大煞岭西者。渡小溪，循峰南上，共五里，到下桥。逶迤南跻④，又八里，得上桥。一洵飞空，悬桥而度，两旁高峰插天。度桥，路愈峻，十里，从山夹中直跻两高峰之南，登岭巅。回视两高峰已在履下，计其崇峻，大煞、浮盖，当皆出其下。南下三十五里，抵宁洋县。

十七日　下舟达华封。

【注释】

①交牙：像犬牙一样交叉着。

②翠葆（bǎo）：绿树丛。

③沿山二里：四库全书中写为"沿山三里"。

④逶迤（wēi yí）：蜿蜒且曲折。

【译文】

十五日　抵达了永安城西的桥下，桥梁已经损毁。大溪从西面流过来，桥下面的溪水则是从南面流过来，跟我在游览玉华洞时的场景颇为相似。顺着城西向南面走，沿着南面流过来的溪水逆流前行，五十里之后，抵达了长倩。溪水从右面流出来，道路顺着山的左侧而走，于是我离开了溪水开始攀登山岭。穿过两道山岭，朝西南走过一个溪桥，继续走五里，向南过了溪鸣桥。继续走五里，直接登上了西南山角，认为已经将绝顶都游遍了，其实上面还有更高的山

峰。打算不再向上爬了，于是沿着山腰朝南走，走在青翠的山中，俯瞰山底，溪涧弯曲地环绕在山脚下，只能听到波涛的怒吼声，却深不见水。原来是陡峭的山峦与刀削般的山峰，像牙齿一般错落地耸立着，溪水冲击山峦底部，而山峰上面都长有茂密的树木，因此有人只能看到空中密密麻麻的绿树，却无法听到流水的声音，几乎认为只是一座山峰而已。走了很久，偶尔可以从树缝之中看到稍微露出一些的曲折的溪流，水色像血一样浑浊。继续走了五里之后，与赤溪相遇，再走五里就住在了林田。

十六日　沿着山路走了二里，有一座山峰从南面一直延伸下去。山峰的东面有一条小溪，西面是一条大溪，全都向北流汇入到林田，而注入到大煞岭的西面。渡过这条小溪，顺着山峰向南上去，一共走了五里，抵达下桥。之后沿着蜿蜒的小路向南面攀登，又走了八里，抵达上桥。看到一道飞流的涧水，旁边有一座高架的吊桥，两面的山峰直插入云霄。过了桥，路变得更加险峻，走了十里之后，从山谷之中直接攀登两座山峰的南面，登上了山岭的顶部。回头看两座山峰已经处于脚下，目测这座山岭的高峻程度，都要比大煞岭、浮盖山更甚。向南下走三十五里，抵达宁洋县。

十七日　乘船抵达华封。

【原文】

十八日　上午始抵陆。渐登山阪，溪从右去，以滩高石阻，舟不能前也。十里，过山麓，又五里，跨华封绝顶，溪从其下折而西去。遥望西数里外，滩石重叠，水势腾激，至有一滩纯石，中断而不见水者，此峡中最险处。自念前以雨阻不能达，今奈何交臂失之？乃北下三里，得村一坞，以为去溪不远。沿坞西行里许，欲临溪，不得路，始从蔗畦中下。蔗穷，又有蔓植者，花如荳①，细荚未成，复践蔓行，上流沙削不受覆，方藉蔓为级，未几蔓穷，皆荆棘藤刺，丛不能入。初侧身投足，不辨高下，时时陷石坎，挂树杪②。既忽得一横溪，大道沿之。西三里，瞰

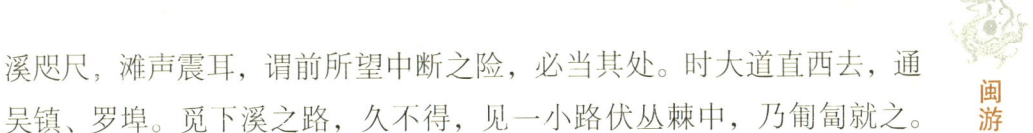

溪咫尺，滩声震耳，谓前所望中断之险，必当其处。时大道直西去，通吴镇、罗埠。觅下溪之路，久不得，见一小路伏丛棘中，乃匍匐就之。初犹有路影，未几③，下皆积叶，高尺许，蜘网翳之；上则棘莽蒙密，钩发悬股，百计难脱；比脱④，则悬涧注溪，危石叠嵌而下。石皆累空间，登其上，始复见溪，而石不受足，转堕深莽。余计不得前，乃即从涧水中攀石践流，遂抵溪石上。其石大如百间屋，侧立溪南，溪北复有崩崖壅水。水既南避巨石，北激崩块，冲捣莫容，跃隙而下，下即升降悬绝，倒涌逆卷，崖为之倾，舟安得通也？踞大石坐，又攀渡溪中突石而坐，望前溪西去，一泻之势，险无逾此。久之，溯大溪，践乱石，山转处溪田层缀，从之，始得路。循而西转，过所踞溪石二里许，滩声复沸如前，则又一危矶也。西二里，得小路，随山脊直瞰溪而下，始见前不可下之滩，即在其上流，而岭头所望纯石中断之滩，即在其下流。此嘴中悬两滩间，非至此，则两滩几有遁形矣⑤。逾岭下舟。明日，抵漳州司理署。

【注释】

①荳：同"豆"。

②杪（miǎo）：细梢，树枝的末梢。

③未几：一会儿，没过多久。

④比：等到。

⑤几有遁形：几乎隐藏起来看不见。

【译文】

十八日　上午才抵达，将船停泊。慢慢攀上山坡，溪水从右面流出，由于滩高而且有滩石的阻挡，船不能前行。走了十里，途经山麓，继续走了五里，走过华封的制高点，溪水从下面转而向西流去。远眺西面数里之外，河滩上的岩石层层叠叠，流水汹涌奔腾，当流到一处全部都是由岩石堆积的河滩的时候，水流便被阻隔看不到了，这里便是峡谷中最为险要的地方。我想过去由于被雨阻挡没能前往，今日既然遇到了这样的好机会怎么能够错过呢？于是就向北下了三里，在山坞之中有一处村

庄，我觉得离溪水已经不远了。沿着山坞向西走了约一里，打算接近溪水，却无法找到路，于是只能从甘蔗田中向下走。从甘蔗田中走出来之后，映入眼帘的是一块长满了蔓生植物的农田，开着像豆粒一样大小的花朵，细小的果荚尚未成形。又踩着藤蔓前行，土壤十分松软且覆盖了沙子，有些倾斜不能落脚，幸亏将藤蔓当作台阶，没过多久藤蔓也没有了，遍地都是荆棘刺藤，十分浓密无法向里深入。最初的时候，我侧着身子前行，看不清楚地势的高低，经常会陷入到石坎之中，或者衣服被树杈挂住。不久突然看到了一条横在面前的溪流，大路正是沿着溪流向前延伸的。向西走了三里，俯瞰眼前的溪流，声音震耳欲聋，我认为过去远眺到的溪流中断的险滩，一定是这里。这时大路笔直地向西面延伸而去，正是通往吴镇、罗埠的路。我寻找下溪的道路，很久都没有找到。看到一条小路隐藏在荆棘之中，于是就匍匐着顺着小路前行。最初的时候还有些路的影子，没过多久，脚下全都是堆积的落叶，有一尺多高，蜘蛛网粘在树叶之上；向上走全都是密布的杂草荆棘，经常会钩住头发或者挂住大腿，想方设法也难以逃脱；等到走出来的时候，看到山涧水悬空注入到了溪水之中，层叠的陡峭岩石镶嵌在下面。岩石都层层叠叠地堆积在空中，登上岩石，才能看到溪流，不过岩石之上不能立足，一转身便会跌入到茂密的荒草丛中。我估计不能继续向前走了，于是便马上从山洞中翻过岩石、涉水而行，于是就来到了溪中的岩石上面。这一块岩石有一百间房子那么大，矗立在溪水的南侧，溪水的北面被坍塌的山崖堵住。溪流要绕开南侧的巨型岩石之后，向北冲向坍塌的山崖，水不能劈开障碍冲过去，只能从缝隙之中流下，下去的地势高低悬绝，水流倒灌、波涛逆卷，山崖由于这样而崩裂，船如何能够通过呢？我盘坐在巨石上面，又攀过矗立在溪水之中的岩石坐了下来，望着眼前的溪水向西面流过去，颇有一泻千里的架势，这里的险要大概是没有任何一个地方可以超越的。在那里坐了很长时间，便决定要逆着大溪前行，踩着乱石，山峰在转弯的地方与溪水岸边的天地层层相连，顺着田地行走，才找到正路，沿着路向西转，距离我盘坐的溪水中的石头二里路左右，滩声又像是之前一样的沸腾，溪水之中又出现了一块高高的矶石。向西面走了二里，有一条小路，顺着山脊俯瞰溪流而下，才能看到之前无法抵达的险滩，就是在溪水的上游的地方，而岭头看到溪水全部都是被岩石中断的险滩，则在下游。这山嘴正好悬在两处险滩之间，如果不到这里，又如何能够看到这两处险滩的真实面目呢。翻过山岭之后坐船出发。明日，便能够抵达漳州府司理署了。

游秦人三洞日记

【题解】

崇祯九年（1636年）九月十九日，已经年届五十的徐霞客，又踏上了探寻之路。他在崇祯十年正月十一日，进入湖南，写下了本篇日记。

茶陵西部有秦人三洞，也就是秦人洞、上清洞、麻叶洞。每个洞的景色各具特色，在探寻的时候遇到的困难也各不相同。其中包括自然因素，也有人为因素，还有传统观念的影响。随着困难一个个呈现在徐霞客的面前，他没有畏缩，而是展现出了勇往直前、追求真理的精神。

【原文】

十六日① 东岭坞内居人段姓，引南行一里，登东岭，即从岭上西行。岭头多漩窝成潭，如釜之仰②，釜底俱有穴直下为井，或深或浅，或不见其底，是为九十九井。始知是山下皆石骨玲珑，上透一窍，辄水捣成井。窍之直者，故下坠无底；窍之曲者，故深浅随之。井虽枯而无水，然一山而随处皆是，亦一奇也。又西一里，望见西南谷中，四山环绕，漩成一大窝，亦如仰釜，釜之底有涧，涧之东西皆秦人洞也③。由灌莽中直下二里，至其处。其涧由西洞出，由东洞入，涧横界窝之中，东西长半里，中流先捣入一穴，旋透穴中东出，即自石峡中行。其峡南北皆石崖壁立，夹成横槽，水由槽中抵东洞，南向捣入洞口。洞有两门，北向，水先分入小门，透峡下倾，人不能从。稍东而南入大门者，从众石中漫流。其势较平；第洞内水汇成潭，深浸洞之两崖，旁无余隙可入。循崖则路断，涉水则底深，惜无浮槎可觅支机片石。惟小门之水，人峡后亦旁通大洞，其流可揭厉而入④。其窍宛转而披透，其窍中如轩楞别启⑤，返瞩捣入之势⑥，亦甚奇也。西洞洞门东穹，较东洞之高峻少杀⑦，水由洞后东向出，水亦较浅可揭。入洞五六丈，上嵌围顶，四围飞石驾空，两重如庋悬阁⑧，得二丈梯而度其上。其下再入，水亦成潭，深与东洞并，不能入矣。是日导者先至东洞，以水深难入而返，不知所谓西洞也。返五里，饭于导者家，日已午矣。其长询知洞水深，曰："误矣！此入水洞，非水所从出者。"复导予行，始抵西洞。余幸兼收之胜，岂惮往复之烦。既出西洞，过东洞，共一里。逾岭东望，见东洞水所出处；复一里，南抵坞下，其水东向涌出山麓，亦如黄雩之出石下也。土人环石为陂⑨，壅为巨潭以灌山塍⑩。从其东，水南流出谷，路北上逾岭，共二里，始达东岭之上，此由州入坞之大道也。登岭，循旧路一里，返宿导者家。

【注释】

①十六日：指崇祯十年（1637）正月十六日。此时作者已入茶陵州（今湖南茶陵县）境内。

②釜（fǔ）：古代一种类似于锅的炊器或量器。

③秦人洞：位于今茶陵县枣市乡岩口村，相传为秦朝时人躲居之处。

④揭（qì）厉：涉水。《诗·邶风·匏有苦叶》："深则厉，浅则揭。"

⑤如轩楞（léng）别启：就像亭子专门开出一个角。轩：亭、阁之类较为开敞明朗的建筑物。

⑥返瞩：回头看。捣入：指水流进洞里。

⑦少杀：稍差，略逊。

⑧庋（guǐ）：安放。

⑨陂（bēi）：堤坝。

⑩塍（chéng）：畦田。

【译文】

十六日　东陵山坞之中有一位姓段的居民，指引我向南走了一里，登上了东岭，随即

又从山岭上面向西走。岭头上有很多水流旋转着向下冲击出来的深水坑，就像是一口锅仰放着一样，锅底全是洞穴直接通到下面成为了井，这些洞穴有深又浅，有的望不见底，这里便是九十九井。这才知道山下面全都是玲珑的石头，上面有一个洞，便是被水冲捣成的井。有的洞直下，因此向下坠没有底；有的洞曲折，因此深浅根据情况的变化而有所差异。这些井虽然已经干涸没有水，但是遍布了整座山，也可以称得上是一个奇观。继续向西走一里，眺望到西南方向的山谷之中，周围群峰环绕，水流回旋着向下冲击形成了一个大洼坑，也像是一口仰放着的锅，坑底部分有涧流，涧的东西两侧全都是秦人洞。从繁茂的草木之中直往下走两里，抵达了那个大洼坑的地方。洼坑里面的涧流从秦人洞西洞中流出来，进入到东洞里面，它横在大洼坑的中间，东西有半里长，流到中间先是捣入一个洞穴之中，随即穿过洞穴从东边流出来，从石峡中流走。那个山峡的南北两侧全是屹立如壁的石崖，夹峙着形成了一条横槽；水从横槽中流到东洞，向南捣入洞口。东洞有两个门，朝向北边，有一股水流先分流进入到小门之中，透过夹壁向下倾泻，人无法跟着水流进入。稍微向东而往南流经大门里的水，从诸多的石头之中漫流，水势比较平缓；只是洞中的水流积聚成潭，将洞两侧的崖壁深深地淹没了，旁边没有其他缝隙能够让人可以沿着走过去。如果沿着崖壁走那么道路已经断绝，涉水过去则水太深，可惜没有木筏可以乘坐进去，以便来寻觅潭水边上的支矶片石。只有小门中的水，流进夹壁之中后向旁侧通往大洞，那条水流比较浅，能够拎起衣裤走进去。那个通往大洞的孔穴蜿蜒而有缝隙漏出光来，孔穴之中像是另有一间开着门的、有栏杆的小屋子，从那里转过头去观看水流捣入的情形，十分奇异。西洞的洞门朝向东面高高隆起，与东洞洞门的高峻相比要稍稍差了一些；水从洞后面向东流出去，且水较浅能够拎着衣裤走进去。走进洞穴五六丈远之后，（抬头看）上方镶嵌着围顶，周围的石头凌空飞突，洞壁的第二层上像是悬空架设着楼阁一般，如果有两丈高的梯子便能够攀爬到上面去。继续向下走，水流也积聚成潭，潭水的深度和东洞中的一样，无法前进。这一天向导先是带着我前往了东洞，由于洞里的水太深难以进入，便返回了，不清楚所说的西洞。向回走五里，在向导的家中用了饭，已经是中午时分了。那位向导的家中有一位长者在询问之后得知我们所到的那个洞水过深，于是就说："错了！那个是入水洞，并不是水从里面流出来的那个洞。"于是又指引我前行，如此才抵达了西洞。我庆幸这两个的绝佳景观都能够得以瞧见，如何会担心路途往返的麻烦呢！走出西洞之后经过了东洞，一共走了一里，翻过山岭之后向东眺望，瞧见东洞的水流出山腹的那地方；继续走了一里，向南来到了山坞之下，看到那股水流从山麓向东涌出，也像黄雩江从石头下边涌出来的那样。当地的人用石头垒了一个圆形的池子，堵成了一个大潭水用来浇灌山中的田畦。从池子的东边起，水向南流出山谷，路向北翻过山岭而去，一共走了二里才抵达东岭上，这便是茶陵州城前往东岭坞的大路。登上岭头，沿着原路走了一里，返回到了向导家中住宿。

【原文】

十七日　晨餐后，仍由新庵北下龙头岭，共五里，由旧路至络丝潭下。先是，余按《志》有"秦人三洞①，而上洞惟石门不可入"之文，余既以误导兼得两洞，无从觅所为上洞者。土人曰："络丝潭北有上清潭，其门甚隘，水由中出，人不能入，入即有奇胜。此洞与麻叶洞俱神龙蛰处②，非惟难入，亦不敢入也。"余闻之，益喜甚。既过络丝潭，不渡涧，即傍西麓下。盖渡涧为东麓，云阳之西也，枣核故道；不渡涧为西麓，大岭、洪碧之东也，出把七道。北半里，遇樵者，引至上清潭。其洞即在路之下、涧之上，门东向，夹如合掌。水由洞出，有二派③：自洞后者，汇而不流；由洞左者，乃洞南旁窦，其出甚急。既逾洞左急流，即当伏水而入。导者止供炬爇火，无肯为前驱者。余乃解衣伏水，蛇行以进。石隙既低而复隘，且水没其大半，必身伏水中，手擎火炬，平出水上，乃得入。西入二丈，隙始高裂丈余，南北横裂者亦三丈余，然俱

无入处。惟直西一窦，阔尺五，高二尺，而水没其中者亦尺五，隙之余水面者，五寸而已。计匍匐水中，必口鼻俱濡水，且以炬探之，贴隙顶而入，犹半为水渍。时顾仆守衣外洞，若泅水入，谁为递炬者？身可由水，炬岂能由水耶？况秦人洞水，余亦曾没膝浸服，俱温然不觉其寒；而此洞水寒，与溪涧无异。而洞当风口，飕飗弥甚④。风与水交逼，而火复为阻，遂舍之出。出洞，披衣犹觉周身起粟，乃爇火洞门。久之，复循西麓随水北行，已在枣核岭之西矣。

【注释】

①《志》：这里指的是《大明一统志》。

②蛰（zhè）：蛰伏，指的是动物冬眠。

③派：支流。

④飕飗（liú）：寒风凛冽的样子。

【译文】

十七日　用过早餐之后，依然从新庵向北下了龙头岭，一共走了五里，从原路抵达了络丝潭下。最开始的时候，我查阅志书上记载说，"秦人洞分为三个洞，不过上洞只有石门，无法进入到里面"，后来我由于被误导而得以游览了两个洞，便不知道从哪里寻找所说的上洞了。当地人说："络丝潭北边有一个上清潭，它的门十分狭窄，水从门中流淌出来，人无法进入，如果进入必然会有一番奇异的景致。这个洞与麻叶洞全是神怪龙蛇潜伏的地方，不仅难以进入，而且不敢进入。"我听了这段话，更加欣喜异常。过了络丝潭之后，不用渡过涧流，就顺着山岭的西麓向下走。这是因为渡过涧流为岭的东麓，那里位于云阳山的西面，也就是之前所走的、经过枣核岭的那条路；如果不渡过涧流，来到岭的西麓，处于大岭、洪碧山的东面，便是前往七铺的路。向北走了半里，遇到一位打柴的人，他引导我来到了上清潭。那个洞就在路的下方、涧流上方，洞门朝向东面，两侧相夹像是两个手掌相合。水从洞里面流出来，分为两股：一条从洞的后面流出来，汇聚成潭而不再流动；一条从洞的左侧流出来，也就是洞南面的支洞出来的，水势十分湍急。之后我穿过了洞左面的急流，就下进水里走进洞中。向导只给我提供了火把，并不肯给我做先导。于是我就脱掉了衣服匍匐在水中像蛇一样爬着进入。石头间的缝隙又低矮又狭窄，而且水漫过了大半，一定要身体没入水中，手高举着火把伸出水面上，才可以进入。往西进入走了两丈，石头间的缝隙才高高地裂开一丈多，南北横向裂开也有三丈多，不过依然没有进入缝隙的通道。只有正西面有一个小洞，有一尺五宽，两尺高，不过水淹没的地方也有一尺五，水面上剩下的缝隙只有五寸而已。我盘算着如果匍匐在水中爬行进入，必然会沾湿口鼻，而且我用火把探了一下，就算是紧贴着缝隙的顶部向里面爬，火把依然会有一半被水浸泡，当时奴仆在洞的外面替我看守着衣服，如果游着进入的话，谁给我递火把呢？身体能够从水中过，火又如何能够从火中过呢？更何况秦人洞中的水，也曾漫过我的膝盖、浸湿过大腿，全都是温暖并不会感觉寒冷，而这个洞中的水冰凉，与溪涧中的并没什么不同。再加上洞正处于风口出，寒风呼呼地刮得很猛。风与水相互侵逼，而火也成为阻挡我前行的一个重要因素，于是只能放弃探险返身出来。出了洞，披上衣服依然觉得全身寒冷无比，于是就在洞门边上烧了堆火烘烤。过了很长时间，继续沿着山岭的西麓顺着水向北走，这时已经是处于枣核岭的西面了。

【原文】

去上清三里，得麻叶洞。洞在麻叶湾，西为大岭，南为洪碧，东为云阳、枣核之支，北则枣核西垂。大岭东转，束涧下流，夹峙如门，而当门一峰，耸石屼突，为将军岭；涧捣其西，而枣核之支，西至此尽。涧西有石崖南向，环如展翅，东瞰涧中，而大岭之支，亦东至此尽。回崖之下，亦开一隙，浅不能入。崖前有小溪，自西而东，经崖前入于大涧。循小溪至崖之西胁乱石间，水穷于下，窍启于上，即麻叶洞也。洞口南向，大仅如斗，在石隙中转折数级而下。初觅炬倩导①，亦俱以炬应，而无敢导者。曰："此中有神龙。"或曰："此中有精怪。非有法术者，不能摄服。"最后以重资觅一人，将脱衣入，问余乃儒者，非羽士②，复惊而出曰："予以为大师，故欲随入；若读书人，余岂能以身殉耶？"余乃过前村，寄行李于其家，与顾仆各持束炬入。

时村民之随至洞口数十人，樵者腰镰③，耕者荷锄④，妇之炊者停爨⑤，织者投杼⑥，童子之牧者、行人之负载者，接踵而至，皆莫能从。余两人乃以足先入，历级转窦，递炬而下，数转至洞底。洞稍宽，可以侧身矫首，乃始以炬前向。其东西裂隙，俱无入处，直北有穴，低仅一尺，阔亦如之，然其下甚燥而平。乃先以炬入，后蛇伏以进，背磨腰贴，以身后耸，乃度此内洞之第一关。其内裂隙既高，东西亦横亘，然亦无入处。又度第二关，其隘与低与前一辙，进法亦如之。既入，内层亦横裂，其西南裂者不甚深。其东北裂者，上一石坳，忽又纵裂而起，上穹下狭，高不见顶，至此石幻异形，肤理顿换，片窍俱灵。其西北之峡，渐入渐束，内夹一缝，不能容炬。转从东南之峡，仍下一坳，其底砂石平铺，如涧底洁溜，第干燥无水，不特免揭厉，且免沾污也。

【注释】

①倩（qìng）：请。

②羽士：道士。

③腰：别在腰间。

④荷（hè）：肩负，扛。

⑤爨（cuàn）：烧火煮饭。

⑥投杼（zhù）：舍弃织布梭子，也就是停止织布的意思。

【译文】

离开上清潭走了三里，来到了麻叶洞。这个洞位于麻叶湾，西边是岭，南边是洪碧山，东边是云阳山、枣核岭的分支，北边是枣核岭的西面。大岭转向东延伸，夹立在山涧的下游，山峰与岭夹峙像门一般，正对着山门有一座山峰，山峰上的石头高耸突兀，这里便是将军岭；涧流捣贯将军岭的西面，而枣核岭的分支向西面延伸到此处结束。涧流西边有一座石崖向南环绕，像是鸟雀张开了翅膀，向东俯瞰涧流，大岭的分支，也向东延伸到这里便结束了。回旋的石崖之下，裂开了一条缝隙，虽然很浅但是却无法进入。石崖前面有一条小溪，从西向东流，经过石崖前面汇入到大涧流之中。我沿着

小溪抵达了石崖西面的乱石之中，水在石崖的下方已经流尽了，一个洞穴在上面张开，这里便是麻叶洞。洞口朝向南面，只有斗那么大，在石缝中转折了几层而通向下。最开始的时候寻找火把请向导的时候，当地的人都只答应为我提供火把，没人敢答应带领我游览山洞。他们说："这个山洞之中居住着神龙。"有的说："这个山洞之中有精怪。除非是身有法术的人，不然无法让那个精怪畏惧而顺从。"最后我出了重金找到了一个人，准备脱衣进入洞中的时候，通过询问知晓我只是个读书人，而不是道士之后，惊恐地返出来，说道："我以为你是可以降妖伏魔的道士，所以才愿意跟你前往；如果是读书人，我怎么能够以身殉葬呢？"于是我来到前村，将行李寄放在那个人的家中，与仆人各自拿着火把进入洞中。当时有几十个跟我们到达洞口的村民，打柴的腰中插着镰刀，耕田的肩上扛着锄头，正在做饭的妇人停止了炉灶的活计，织布的将梭子放置在一旁，还有一些放牧的童子、背东西的行人等，纷至沓来，不过全都没有跟着我们进去。我们两人于是将脚先伸入到洞中，之后踩着石坎，从一些小洞之中绕着走，相互传递火把向下走，辗转了数次之后终于来到了洞底。洞底稍微宽敞一些，能够侧着身子抬着头，于是将火把向前举。洞的东西两侧崖壁有裂开的缝隙，不过全都没有通道能够进去，正北的方向有一个孔穴，低矮得只有一尺高，宽也是相同，不过这个孔穴的下方十分干燥且平坦；于是先把火把伸入进去，然后像蛇一样往里面爬，脊背与孔穴的顶部相摩擦，腰部紧贴着孔壁，下身向后翘起，如此才通过了这内洞中的第一关。孔穴里面的洞壁上的缝隙不仅高，而且东西贯通，不过也没有可以进入的通道。又通过了第二关，它的狭窄与高矮程度与前面一关完全一致，进入到里面的方法也相同。进去之后，内层一样是横向裂开，西南面裂开的缝隙并不深。东北面裂开的缝隙，斜向上过了一个石坳之后，突然又纵向裂开，上面穹隆下面狭窄，高不见顶，到了这里，岩石变化出了不一样的形态，表层纹理顿时更换，每一片石每一个孔都显得十分奇异。西北面的洞峡越是往里越变得狭窄，两壁夹着一条缝，窄得无法容下火把。转而向东南面的洞峡中走，继续下一个石坳，洞峡底部砂石平铺，像涧流底部一样洁净光滑，只是干枯没有水，这不仅省去了提起衣裤的麻烦，还能避免水流弄湿弄脏衣服与身体。

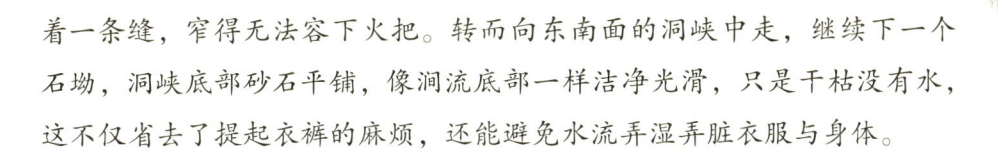

【原文】

峡之东南尽处，乱石轰驾①，若楼台层叠，由其隙皆可攀跻而上。其上石窦一缕，直透洞顶，光由隙中下射，若明星钩月，可望而不可摘也。层石之下，涧底南通，覆石低压，高仅尺许。此必前通洞外，涧所从入者，第不知昔何以涌流，今何以枯洞也，不可解矣。由层石下北循涧底人，其隘甚低，与外二关相似。稍从其西攀上一石隙，北转而东，若度鞍历峤②。两壁石质石色，光莹欲滴，垂柱倒莲，纹若镂雕，形欲飞舞。东下一级，复值涧底③，已转入隘关之内矣。于是辟成一弄④，阔有二丈，高有丈五，覆石平如布幄⑤，涧底坦若周行。

北驰半里，下有一石，庋出如榻，棱边匀整。其上则莲花下垂，连络成帏，结成宝盖，四围垂幔，大与榻并；中圆透盘空，上穹为顶；其后西壁，玉柱圆竖，或大或小，不一其形，而色皆莹白，纹皆刻镂。此弄中第一奇也。又直北半里，洞分上下两层，涧底由东北去，上洞由西北登。时余所赍火炬已去其七⑥，恐归途莫辨，乃由前道数转而穿二隘关，抵透光处，炬恰尽矣。穿窍而出，恍若脱胎易世。

洞外守视者，又增数十人，见余辈，皆顶额称异⑦，以为大法术人。且云："前久候以为必堕异吻，故余辈欲入不敢，欲去不能。兹安然无恙，非神灵摄服，安能得此！"余各谢之，曰："吾守吾常，吾探吾胜耳，烦诸君久伫，何以致之！"然其洞但入处多隘，其中洁净干燥，余所见洞，俱莫能及，不知土人何以畏入乃尔！乃取行囊于前村，从将军岭出，随涧北行十余里，抵大道。其处东向把七尚七里，西向还麻止三里，余初欲从把七附舟西行，至是反溯流逆上，既非所欲，又恐把七一时无舟，天色已霁，遂从陆路西向还麻。时日已下舂，尚未饭，索酒市中。又西十里，宿于黄（石）铺，去茶陵西已四十里矣。是晚碧天如洗，月白霜

凄，亦旅中异境，竟以行倦而卧。

【注释】

①轰驾：高高叠压。

②峤（qiáo）：高而尖的山地。

③值：遇到。

④弄（lòng）：小巷，胡同。

⑤幄（wò）：篷帐。

⑥赍（jī）：持，带。

⑦顶额：把手放在头顶或额头上，表示惊讶、赞叹、庆幸等意思。

【译文】

洞峡东南尽头处，乱石崩裂堆架，像楼台那样层层垒在一起，从石头的缝隙间能够爬上去。那上面有一条小石缝，直接通往洞顶，光从缝隙中射下来，就像是明亮的星星和如钩的月亮，可以观望却无法摘取。层层垒在一起的石头下方，洞底通向南面，覆盖的石头低低地遮盖在沟涧上方，间隙只有一尺多高；这必然是过去通向洞外、涧流从里面流淌进来的一个通道，但是不清楚过去为什么流水奔腾，而现在却变成了一个干涸的洞，真是让人费解！从层层垒在一起的石头向下朝北沿着涧底进去，那狭窄的通道十分低矮，与外面所经过的两个关相差无几。稍微偏向西侧攀登上一条石头间的夹缝，先是转而向北继而转向东面，就像是翻过马鞍一般的地形翻过尖而高的山头一般。两侧的石壁的石质石色，光洁如玉，就像是水向下滴一样，那垂悬的石柱、倒挂的石莲花，花纹都像是雕刻出来的，形态像是要飞舞一般。向东走下一个石阶，又来到了洞底，便已经转进了隘关以内了。从这里进入便是一个小石巷，有两寸宽，一丈五那么高，上面覆盖的石头平整得就像是布篷，洞底平坦而开阔像是大路一般。向北快步走了半里，下面有一块石块横突出来，就像是一张床一样，棱边匀称整齐；它顶部有下垂的石莲花，纵横的石条网织成石帐，结成宝盖，周围垂挂着帐幕，跟床大小相似，帐幕中间圆而贯通，向上回旋，上面穹隆形成顶；它后面的西侧，有一根根圆形的像是用玉石打造而成的石柱矗立着，有大有小，形态不一，而颜色全部晶莹剔透，花纹像是雕刻的一般；这便是小石巷中的第一奇观。继续直着向北走半里，洞分成了上下两层，洞底向着东北方向延伸过去，到洞上层从西北攀登。这时我们携带的火把已经用去了十分之七，担心回去的时候分辨不清路途；于是就从之前所走的路辗转了数次，穿过了两道隘关，来到透出光亮的地方的时候，火把正好已经燃尽了。穿过孔穴走出洞，如同转世投胎一般。在洞外守着探听情况的人，这个时候又增加了几十个，看到我们之后，都将手举到了额头行了礼，大为称奇，将我们看作是有着高超法术的得道之人。还说："我们守了很长时间，以为你们必然会落入妖怪的嘴里，因此我们这些人想要进去看看却又不敢，想要离开又不能。如今看到你们相安无事，如果不是神灵畏惧而顺从你们，又如何会有这样的结果呢！"我向这些人分别道谢，对他们说："我按照自己的规则做事，我探寻游览我所喜欢的风景名胜，烦劳各位这么长时间一直站在这里守候，这让我如何来表达对大家的谢意呢！"然而那个洞只是在入口的地方多了一些狭窄的地方，洞里面却十分干净干燥，这是我见过的洞穴都无法相比的，不知道为什么当地人会如此害怕进去！于是来到前村取了行李，从将军岭出来，沿着山涧向北走了十多里，来到大路上。那里向东到把七铺还有七里的距离，向西到还麻只有三里的距离，最开始的时候我打算从把七铺坐船向西走，到如今去把七铺反而是要逆流而向上走，这已经并非是我所期望的了，又担心把七铺一时间没有船只，而天色已经晴朗，于是就从陆路向西朝着前往还麻的方向走。当时太阳已经落山，还没有吃饭，于是就到集市中买了一些酒。继续向西走了十里，在黄石铺投宿，离开茶陵州城向西已经四十里了。这天晚上碧空如洗，月白霜寒，也是途中难得一见的住宿的地点，由于太过疲惫，躺下便入睡了。

【原文】

黄石铺之南，即大岭北峙之峰，其石嶙峋插空，西南一峰尤甚，名五凤楼，去十里而近，即安仁道。余以早卧不及询，明日登途，知之已无及矣。

黄石西北三十里为高暑山，又有小暑山，俱在攸县东，疑即司空山也。二山之西，高峰渐伏。茶陵江北曲，经高暑南麓而西，攸水在山北。是山界茶、攸两江云①。

【注释】

茶、攸：指的是茶陵江、攸水。

【译文】

黄石铺的南侧，便是大岭北部耸立的山峰，上面怪石嶙峋，直插云空，西南侧有一座山峰尤为突出，名叫五凤楼峰，距离这座山峰不到十里，便是前往安仁县城的路。我由于前一天过早地睡下，并没有打听到这些消息，第二天走在路上的时候，知道的时候已经来不及了。

距离黄石铺西北方向三十里的地方是高暑山，另外还有一座小暑山，它们均位于攸县的东面，我怀疑就是司空山。两山的西面，高峻的山峰慢慢低伏下去。茶陵江转而向北，途经高暑山南麓流向西面而去，攸水位于高暑山的北面。因此这座山峰是茶陵江、攸水两条江流的分界点。

湘江遇盗日记

【题解】

徐霞客游历四方，历尽艰险，曾多次绝粮，多次遇盗，其中以在湘江遭遇盗贼受到的打击最为严重。崇祯十年（1637年）二月初十，徐霞客乘坐的船只离开衡阳，十一日停在了新塘站附近。深夜，一群盗匪闯入船中，杀人放火，洗劫财物。徐霞客一行人的财物也被洗劫一空，静闻和尚以及仆人皆被盗匪所伤。所幸静闻和尚救出了徐霞客游记的手稿以及部分的经籍。本篇日记就是当时遇盗的真实记录。

【原文】

十一日 五更复闻雨声，天明渐霁。二十五里，南上钩栏滩，衡南首滩也，江深流缩，势不甚汹涌。转而西，又五里，为东阳渡，其北岸为琉璃厂，乃桂府烧造之窑也。又西二十里为车江，或作汊江。其北数里外即云母山。乃折而东南行，十里为云集潭，有小山在东岸。已复南转，十里为新塘站。旧有驿，今

废。又六里，泊于新塘站上流之对涯。同舟者为衡郡艾行可、石瑶庭，艾为桂府礼生①；而石本苏人，居此已三代矣。其时日有余照，而其处止有谷舟二只，遂依之泊。

已而，同上水者又五六舟，亦随泊焉。其涯上本无村落，余念石与前舱所搭徽人俱惯游江湖，而艾又本郡人，其行止余可无参与，乃听其泊。迨暮，月色颇明。余念入春以来尚未见月，及入舟前晚，则潇湘夜雨，此夕则湘浦月明②，两夕之间，各擅一胜③，为之跃然。已而忽闻岸上涯边有啼号声，若幼童，又若妇女，更余不止。众舟寂然，皆不敢问。余闻之不能寐，枕上方作诗怜之，有"箫管孤舟悲赤壁，琵琶两袖湿青衫"之句④，又有"滩惊回雁天方一，月叫杜鹃更已三"等句。然亦止虑有诈局，俟怜而纳之⑤，即有尾其后以挟诈者，不虞其为盗也⑥。迨二鼓⑦，静闻心不能忍，因小解涉水登岸，静闻戒律甚严，一吐一解，必俟登涯，不入于水。

【注释】

①礼生：祭祀的时候赞礼司仪的办事人员。

②浦：水边。

③各擅一胜：意为"潇湘夜雨"与"湘浦月明"，各有各的妙处。擅：擅长，独具。

④箫管孤舟悲赤壁：这里引用了宋苏轼《前赤壁赋》的典故。这篇赋写月夜在赤壁泛舟时，听闻有客吹洞箫，声音如泣如诉，像寡妇哭泣。琵琶两袖湿青衫：这里引用的是唐朝白居易《琵琶行》中的典故。这首诗写的是月夜在浔阳江听到一名弹琵琶的女孩哭诉身世，备受感动，最后说："座中泣下谁最多，江州司马青衫湿。"

⑤俟（sì）：等待，等候。

⑥不虞（yú）：没有预料。

⑦二鼓：二更。相当于现在的晚上七时至九时。

【译文】

十一日 五更的时候听到了雨声，天明之后雨慢慢停下来。走了二十五里，向南登上了钩栏滩，它是衡州府城南湘江上的第一滩，到了这里江流开始变深，水面也变得狭窄，水势并不汹涌。转而向西，又走了五里便是东阳渡，它的北岸建有琉璃厂，是桂府烧制各种器皿的窑子。继续向西走二十里便是车江（也写作汊江），它的北面几里之外便是云母山。之后转向东南方向，走十里便是云集潭，有一座位于潭东岸上的小山。之后又转而向南，走十里便是新塘站。之前这里设有驿站，现在已经废弃了。又走了六里，将船停靠在了新塘站上游对岸。同船的是衡州府的艾行可、石瑶庭，姓艾的是桂府掌管祭祀赞礼司仪的执事，而姓石的原本是苏州府人士，迁到这里已经三代了。当时太阳还有余晖，而在那个地方只有两艘运输谷子的船只，于是靠拢过去停在了一起。没过多久，也是向上航行的船只又增加了五六条，也跟着在那里停泊下来。停靠地方的岸上并没有村落，但是我想姓石的人与前舱中搭乘的徽州府人全是游遍了江湖的人，而姓艾的又是本府人，是走还是停我是可以不予以过问的，于是就任凭船只停靠下来。等到太阳落山之后，天空中月色明亮。我想起了入春以来还没有看到过月亮，到前天晚上登船，潇湘江又下了一整夜的雨，今天晚上湘江岸边月色明亮，两夜之间，欣赏了江上不同的两种优美的景观，于是心中不由因此而感到欢喜。随即便听到岸边有啼哭的声音，像是孩童，也像是妇女，哭了一更多还没有停止下来。周围的船只静悄悄的，全都不敢随意过问。我听着哭声无法安睡，便在枕头上写了一首诗来表达怜悯之情，诗中有"箫管孤舟悲赤壁，琵琶两袖湿青衫"这样的句子，又有"滩惊回雁天方一，月叫杜鹃更已三"这样的句子。不过我也正是考虑担心会有骗人的圈套，等到船上的人可怜他便收留、理会的时候，便有跟在后面要挟诈骗的人出现，没有想到他就是盗贼。等到两更天的时候，静闻和尚心中压抑不住怜悯之心，于是便趁着涉水登岸小解，静闻对教中的戒律

很严格地执行，吐痰或者解大、小便等，一定要等到上岸，从来不排入水中。

【原文】

呼而诘之①，则童子也，年十四五，尚未受全发②，诡言出王阍之门，年甫十二③，王善酗酒，操大杖，故欲走避。静闻劝其归，且厚抚之，彼竟卧涯侧。比静闻登舟未久④，则群盗喊杀入舟，火炬刀剑交丛而下。余时未寐，急从卧板下取匣中游资移之⑤，越艾舱，欲从舟尾赴水。而舟尾贼方挥剑斫尾门⑥，不得出，乃力掀篷隙，莽投之江中，复走卧处，觅衣披之。静闻、顾仆与艾、石主仆，或赤身，或拥被，俱逼聚一处。贼前从中舱，后破后门，前后刀戟乱戳，无不以赤体受之者。余念必为盗执，所持？衣不便，乃并弃之，各跪而请命。贼戳不已，遂一涌掀篷入水。

入水余最后，足为竹纤所绊，竟同篷倒翻而下，首先及江底，耳鼻灌水一口，急踊而起。幸水浅止及腰，乃逆流行江中，得邻舟间避而至，遂跃入其中。时水浸寒甚，邻客以舟人被盖余，而卧其舟，溯流而上三四里，泊于香炉山，盖已隔江矣。还望所劫舟，火光赫然，群盗齐喊一声为号而去。已而同泊诸舟俱移泊而来，有言南京相公身被四创者，余闻之暗笑其言之妄。且幸乱刃交戟之下，赤身其间，独一创不及，此实天幸。惟静闻、顾奴不知其处，然亦以为一滚入水，得免虎口，资囊可无计矣。但张侯宗琏所著《南程续记》一帙⑦，乃其手笔，其家珍藏二百余年，而一入余手，遂罹此厄，能不抚膺！其时舟人父子亦俱被戳，哀号于邻舟。他舟又有石瑶庭及艾仆与顾仆，俱为盗戳，赤身而来，与余同被卧，始知所谓被四创者，乃余仆也。前舱五徽人俱木客，亦有二人在邻舟，其三人不知何处。而余舱尚不见静闻，后舱则艾行可与其友曾姓者亦无问处。余时卧稠人中⑧，顾仆呻吟甚，余念行囊虽焚劫无遗，而所投匣资或在江底可觅。但恐天明为见者取去，欲昧爽即行，而身无寸丝，何以就岸。是晚初月甚明，及盗至，已阴云四布，迨晓，雨复霏霏。

【注释】

①诘（jié）：问，询问。

②未受全发：尚未成年。古代的时候男子到了二十岁成年，要举行冠礼，将头发盘在头顶，加上冠，表示成年。

③甫：始，才。

④比：及，等到。

⑤游资：盘缠，外出时所携带的财物。

⑥斫（zhuó）：砍。

⑦帙（zhì）：古时用布帛做成书籍的套子，因此将一套书称为一帙。

⑧稠：众多，聚集。

【译文】

向哭泣的人询问，发现是个孩童，年纪十四五岁，还未留全发，蒙骗静闻和尚说自己是王宦官家的人，年纪只有十二岁，由于王宦官喜欢酗酒，经常会拿重棍责罚他，因此想要逃跑。静闻和尚劝他回去，并用好话来安慰他，没想到他竟然躺在岸边不动了。等到静闻登上船之后，没过多长时间，就听到一群强盗叫嚷着冲进了船里，火把刀剑纷纷密集地落下。我当时尚未入睡，急忙从卧铺的底下取出匣子中装的盘缠，将其转移到其他地方。我穿过艾行可所在的船舱，企图从船尾跳入水中，而在那里盗贼正挥舞着剑砍着船尾的门，无法出去，于是奋力掀开了船篷，露出缝隙，粗鲁地将匣子投进了江中，又跑回到睡觉的地方，找到衣服披上。静闻、顾仆和艾行可、石瑶庭以及他们两个的仆人，有的光着身子，有的围着被子，全都被逼站在一起。船头的盗贼从中舱向后；船后的盗贼劈开船的后门向前，前后刀戟乱刺，船上的人没有不光着身子挨着的。我想我必然会被盗匪抓获，所拿着的绸子衣服不方便行动，于是全部丢掉。大家全都跪在盗贼的面前请求保住性命，盗贼却砍戳不断（没有停下来的打算），于是大家一拥而上，掀起了船篷跳入水中。

我是最后一个进入水中的，脚被竹船索绊着，居然与船篷一起翻了过去，头先触碰到了江底，耳鼻全都灌了水，才快速向上浮起。所幸水很浅，只到腰的位置，于是逆流向江中走，看到一艘邻船为了避开盗匪开了过来，于是就跳到了那艘船上。当时水已经将我的全身浸湿异常寒冷，那艘船上的一位乘客将船夫的被子盖在了我的身上，我便躺在船中。船逆流而上走了三四里，在香炉山停了下来，这里已经是湘江的另一岸了。回头望去，那艘被劫匪抢劫的船，火光四起，这群盗匪一起喊了一声作为信号，便离开了。没过多久，之前一起停船的各个船只全都转移到香炉山下来停靠，船中有人说有一位南京的读书人身上被刺了四处，我听完之后暗笑那人的虚妄之言。幸运的是我光着身子在乱刀棍棒之下，竟然没有被刺伤，着实是上天赐予的好运啊！只是不知道静闻、顾仆身在何处，也以为他们已落入江水中，也能像我一样免于虎口，至于钱财就不去计较了。只是可惜张侯宗琏所写的一套《南程续记》，是他的手迹，他的家人珍藏了两百多年，如今一到我的手里，便遭遇了这般厄运，如何能够不痛惜呢！当时船夫父子俩也全被刺伤了，在邻船中哭叫着。另一只船上有石瑶庭、艾行可的仆人与顾仆，他们全都被盗贼刺伤了，赤裸着身子上了我所在的船，与我同盖一床被子躺卧，我这才知道所听闻的被刺伤四处的是我的仆人。原本所乘坐的那艘船前舱中的是五个徽州府人，全部都是做木匠的，他们中也有两人在邻船上，剩下的三个人不知去向。而我的那个船舱中没有看到静闻，后舱中则是艾行可与他的一个姓曾的朋友，也没有打听的地方。我当时躺在众人之中，顾仆呻吟得很厉害，我心想行李袋虽然已经被抢劫焚毁所剩无遗了，但是扔进江水中的匣子中装着旅游费或许能够在江底找到。只担心天亮之后被看到的人拿走，于是想要趁着黎明去寻找，但是身上没有遮盖的衣物，如何能上岸？这天晚上，最开始的时候月光明亮，等盗贼来的时候，已经阴云密布，到天亮的时候，小雨又开始霏霏下了起来。

【原文】

十二日　邻舟客戴姓者，甚怜余，从身分里衣、单裤各一以畀余①。余周身无一物，摸髻中犹存银耳挖一事，余素不用髻簪，此行至吴门②，念二十年前从闽返钱塘江浒，腰缠已尽，得髻中簪一枝，夹其半酬饭，以其半觅舆，乃达昭庆金心月房。此行因换耳挖一事，一以绾发，一以备不时之需。及此堕江，幸有此物，发得不散。艾行可披发而行，遂至不救。一物虽微，亦天也。遂以酬之，匆匆问其姓名而别。时顾仆赤身无蔽，余乃以所畀裤与之，而自著其里

衣，然仅及腰而止。旁舟子又以衲一幅畀予③，用蔽其前，乃登涯。

涯犹在湘之北东岸，乃循岸北行。时同登者余及顾仆，石与艾仆并二徽客，共六人一行，俱若囚鬼。晓风砭骨④，砂砾裂足，行不能前，止不能已。四里，天渐明，望所焚劫舟在隔江，上下诸舟，见诸人形状，俱不肯渡，哀号再三，无有信者。艾仆隔江呼其主，余隔江呼静闻，徽人亦呼其侣，各各相呼，无一能应。已而闻有呼予者，予知为静闻也，心窃喜曰："吾三人俱生矣。"亟欲与静闻遇。

隔江土人以舟来渡余，及焚舟，望见静闻，益喜甚。于是入水而行，先觅所投竹匣。静闻望而问其故，遥谓余曰："匣在此，匣中之资已乌有矣。手摹《禹碑》及《衡州统志》犹未沾濡也。"及登岸，见静闻焚舟中衣被竹笈犹救数件⑤，守之沙岸之侧，怜予寒，急脱身衣以衣予⑥。复救得余一裤一袜，俱火伤水湿，乃益取焚余炽火以炙之。其时徽客五人俱在，艾氏四人，二友一仆虽伤亦在，独艾行可竟无踪迹。其友、仆乞土人分舟沿流捱觅⑦，余辈炙衣沙上，以候其音。时饥甚，锅具焚没无余，静闻没水取得一铁銚⑧，复没水取湿米，先取干米数斗，俱为艾仆取去。煮粥遍食诸难者⑨，而后自食。迫下午，不得艾消息，徽人先附舟返衡，余同石、曾、艾仆亦得土人舟同还衡州。余意犹妄意艾先归也。土舟颇大，而操者一人，虽顺流行，不能达二十余里，至汉江已薄暮。二十里至东阳渡，已深夜。时月色再阴，乘月行三十里，抵铁楼门，已五鼓矣。艾使先返，问艾竟杳然也。

【注释】

①畀（bì）：给予，付给。

②吴门：对苏州的另一种称呼。

③衲（nà）：缝补过的旧衣服。

④砭（biān）：刺。

⑤竹笈（jí）：竹子编的小箱子。

⑥衣（yì）予：这里用作动词，给我穿。

⑦挨（āi）：通"挨"，依次，逐个。
⑧铫（diào）：一种有把有流的小锅。
⑨食（sì）：拿东西给人吃。

【译文】

十二日　邻船上有一位姓戴的客人，对我很是同情，拿出身上携带的内衣、单层裤子各一件分给了我。我浑身上下没有一件物品，摸了摸发现发髻中还存有一个银耳挖，我一向不使用髻簪，这次出行抵达苏州的时候，想到二十年前从福建返回到钱塘江边，随身携带的钱用光了，便从发髻中摸出一支簪子，剪下一半付了饭钱，用另一半雇了一乘轿子，才抵达昭庆寺金心月房。于是这次出行就换了一个耳挖，一是用来盘束头发，一是用来防范随时的需要。到这次落入江中，幸好还有这个耳挖，头发因此而没有散开。艾行可披着头发走，以至于无救。这件物品虽然微小，但却成为了保全性命的东西啊！于是便用它来答谢了他，然后匆匆询问了他的姓名便拜别了。当时顾仆光着身子没有一点衣物可以遮蔽，我便将姓戴的所给的裤子给了他，而自己穿着那件内衣，没想到那件内衣只到腰间。旁边一艘船的船夫又将一块缝补过的布送给了我，用它来遮在前面，便登岸了。所登陆的地方依然是湘江的东北岸边，于是沿着岸边向北走。当时跟我一起登岸的有我和顾仆，石瑶庭和艾行可的仆人以及两个徽州府人，一共有六人，每个人看上去都像是囚犯鬼怪。黎明的寒风刺骨，碎石子划破了脚底板，向前无法行走，想要停下来又不行。走了四里，天慢慢亮了起来，望见了那艘被洗劫焚烧的船停在江的对岸，上上下下诸多船只，看到我们这些人的情况，都不愿意为我们摆渡，再三哭喊请求，都没人愿意相信。艾行可的仆人隔着江水呼喊他的主人，我隔着江水呼喊静闻，徽州府人也呼喊着他们的同伴，我们各自呼喊，没有一人应答。随即听到了有呼喊我的，我便知晓那是静闻，心中暗自欣喜说："我三人都还活着。"于是急于想跟静闻见面。江的对岸有一个当地人划着船过来接我，到了被烧毁的船边，便看到了静闻，更加欣喜

不已。我从那艘船的残骸的地方进入水中走,先找到了江中的竹匣子。静闻看到之后问我为什么这么做,然后远远地对我说:"匣子在这里,但匣中的钱物已经没有了。你亲手临摹的《禹碑》以及《衡州统志》还没有沾湿。"等登上岸之后,看到静闻。他从被烧毁的船只中救出了衣服、被子、竹书箱等几件物品,一直守在岸边。他担心我受寒,匆忙脱下了身上的衣服给我穿上;又救得我的一条裤子一双袜子,不过都被火烧过且被水给浸湿了,于是又取了一些船上依然燃烧得很旺的残火来烘烤被子、袜子。就在这个时候,发现徽州府的五名乘客全都在了,艾行可一行四人中,他的两个好友以及一个仆人虽然受了伤不过也在,只有艾行可竟然不知去向。他的友人和仆人请求当地人分别乘船沿着江水去一处一处挨着寻找,而我们就在沙地上烘烤衣服,等他的消息。当时饥肠辘辘,但是锅具有的被烧毁了,有的掉进了江水中,一样也不剩,静闻潜入水中捞起了一个铁铫锅,然后又潜入水中捞起了一些湿米,先是蒸了几斗米饭,但是全都被艾行可的仆人拿走了。煮了粥分给那些遇难的人们吃,之后才自己吃。一直等到了下午，还没有得到艾行可的消息，徽州府的几个人先行搭乘船只返回了衡州城，随后我们三人跟石瑶庭、姓曾的以及艾行可的仆人也找到了一艘当地人的船，回到了衡州城。我还猜测艾行可说不定已经先行回到了城中，我们所乘坐的那艘本地船很大，但是驾船的只有一人，虽然是顺流而下，但是走了不到二十几里路，到汉江的时候已经是傍晚时分了。继续走了二十里抵达了东阳渡，当时已经是深夜了。当时月色更加明亮，在月色下行驶了三十里，到达了铁楼门，当时已经是五更了。艾行可的仆人先回到了桂府打听情况，结果艾行可竟然全无影踪。

【原文】

先是，静闻见余辈赤身下水，彼念经笈在篷侧，遂留，舍命乞哀，贼为之置经①。及破余竹撞②，见撞中俱书，悉倾弃舟底。静闻复哀求拾取，仍置破撞中，盗亦不禁。撞中乃《一统志》诸书，及文湛持、黄石斋、钱牧斋与余诸手柬③，并余自著日记诸游稿。惟与刘愚公书稿失去。继开余皮厢，见中有尺头④，即阖置袋中携去。此厢中有眉公与丽江木公叙稿⑤，及弘辨、安仁诸书，与苍梧道顾东曙辈家书共数十通，又有张公宗琏所著《南程续记》，乃宣德初张侯特使广东时手书，其族人珍藏二百余年，予苦求得之。外以庄定山、陈白沙字裹之⑥，亦置书中。静闻不及知，亦不暇乞，俱为携去，不知弃置何所，真可惜也。又取余皮挂厢，中有家藏《晴山帖》六本，铁针、锡瓶、陈用卿壶，俱重物，盗入手不开，亟取袋中。破予大笥⑦，取果饼俱投舡底⑧，而曹能始《名胜志》三本⑨、《云南志》四本及《徐霞客游记》合刻十本，俱焚讫。其艾舱诸物，亦多焚弃。独石瑶庭一竹笈竟未开。贼濒行，辄放火后舱。时静闻正留其侧，俟其去，即为扑灭，而余舱口亦火起，静闻复入江取水浇之。贼闻水声，以为有人也，及见静闻，戳两创而去，而火已不可救。时诸舟俱遥避，而两谷舟犹在，呼之，彼反移远。静闻乃入江取所堕篷作筏，亟携经笈并余烬余诸物，渡至谷舟；冒火再入取艾衣、被、书、米及石瑶庭竹笈，又置篷上，再渡谷舟；及第三次，则舟已沉矣。静闻从水底取得湿衣三、四件，仍渡谷舟，而谷（舟）乘黑暗匿纳衣等物，止存布衣布被而已。静闻乃重移置沙上，谷舟亦开去。及守余辈渡江，石与艾仆见所救物，悉各认去。静闻因谓石曰："悉是君物乎？"石遂大诟静闻，谓："众人疑尔登涯引盗。谓讯哭童也。汝真不良，欲掩我之箧。"不知静闻为彼冒刃、冒寒、冒火、冒水，夺护此箧，以待主者，彼不为德，而反诟之。盗犹怜僧，彼更胜盗哉矣，人之无良如此！

【注释】

①置经：将经书保住，没有被抢走。置：豁免。

②竹撞：篾编的小竹匣。

③文湛持：文震孟，字文起，号湛持，长州（今江苏苏州）人。明朝著名的书画家文征明的曾孙。黄石斋：黄道周，字幼平，号石斋，漳浦（今属福建）人，是明代著名的学者、书画家。钱牧斋：钱谦益，字受之，号牧斋，万历进士，是明代著名学者、文学家。

④尺头：绸缎衣料。

⑤眉公：陈继儒，字仲醇，号眉公，华亭（今上海松江）人，明代著名文学家、书画家。丽江木公：木增，字长卿，一字生白，号华岳。明代云南丽江纳西族土司、作家。

⑥庄定山：庄昶，字孔旸，号木斋，南京浦口人，明代成化年间著名学者，隐居家乡附近的定山，人称定山先生。陈白沙：陈献章，字公甫，号石斋，广东新会人，后迁江门的白沙村，故称之为陈白沙，是明代著名的理学家和诗人。

⑦笥（sì）：一种用竹子编成的用来装衣服或者食品的方形盛器。

⑧舡（xiāng，又读chuán）：船。

⑨曹能始：曹学佺，字能始，号石仓，福建侯官（今福州）人。天启间，官广西参议，由于得罪魏忠贤党，被劾削职，在家待了二十多年。南明唐王即位闽中，授礼部尚书。清兵入闽，在山中自缢而亡。是明代

著名文学家。

【译文】

　　之前，静闻看到我赤裸着身子跳入了水中，他由于想着经书、书箱还在船篷的侧面，便留在了船上。他舍命乞求，盗贼才丢弃了经书。等打开我的竹箱之后，发现里面全都是书籍，都倒在了船底上。静闻又向盗匪哀求，将书捡了起来放入了破箱之中，盗匪也没有阻止他。箱子里盛放着《大明一统志》等书籍，以及文湛持、黄石斋、钱牧斋写给我的亲笔信，还有我自己写作记录的很多游记的手稿。只有写给刘愚公的书稿丢失了。之后盗贼又打开了我的皮箱，看到里面有块绸缎布料，便全都装进了袋子里抢走了。这个箱子里存放着陈眉公向丽江木公叙谈各事的信稿，以及他写给弘辨、安仁的几封信件，还有苍梧道顾东曙等人的几十封家信。除此之外，还有张公宗琏所写的《南程续记》，这是宣德初年张侯担任特别使命到广东出使的时候亲自撰写的，他家族中的人将它珍藏了两百多年，我苦苦哀求才得到的，书的外面用庄定山、陈白沙写的字幅裹着，也放在了书信中间。静闻并不知道这些，也没有时间哀求讨回来，全都被盗匪带走了，不知道丢到哪里，着实是可惜了！盗贼又拿走了我的皮挂箱，箱子里面有我家私藏的《晴山帖》六本，以及铁针、锡瓶、陈用卿的壶等，全是一些笨拙的物件，盗贼拿到之后没有打开，便匆忙装进了袋子里。打开了我的大笥，里面的果饼都被抛到船底，而曹能始的《名胜志》三本、《云南志》四本以及《徐霞客游记》的合刻本十本，全都被火烧毁了。艾行可船舱中的各个物件，也多数被烧毁了。只有石瑶庭的一个竹书箱盗贼竟然没有打开。盗贼准备走的时候，在后舱放了火。当时静闻正留在旁边，等到盗匪一离开，

就将火给扑灭了,但是我所在的船舱舱口也起了火,静闻便进入江中取了水来灭火。盗贼听到水声,以为有人过来了,等到看到是静闻,就刺了他两下离开了,而火这时已经无法扑救了。当时各个船只全都驶到远处躲避了,只有运送谷子的船还在,静闻便向他们呼喊,他们反而移到更远的地方了。于是静闻便进入到江水之中捞取落入水中的船篷作为筏子,赶紧将佛经、书箱以及我的火烧后残留的各种物品放到了筏子上面,渡到谷船停放的地方;之后又冒着火回到船上拿了艾行可的衣服、被子、书箱、米以及石瑶庭的竹书箱,又放到了船篷上,再次渡到谷船停放的地方;等第三次返回的时候,船已经沉没了。静闻从水底捞起三四件湿衣服,依然渡回到谷船停放的地方,没想到那艘谷船乘黑暗将我的绸子衣服等物品全都藏了起来,只剩下了一些布衣布被而已。于是静闻重新将它们移到沙滩上,谷船也随之开走。等到我们渡过了江抵达静闻所在的地方时,姓石的和艾行可的仆人看到救下了物品,全都各自领走了。静闻于是对姓石的说:"这些全都是你的东西吗?"那个姓石的听后突然大骂静闻,说:"大家都在怀疑是你登上岸引来了盗匪。指询问啼哭的童子那件事。你实在是品性不良,想要偷取我的箱子。"他并不知道静闻冒着刀剑、冒着寒凉、冒着火、冒着水,守护着那只箱子,以等待主人来领取,他非但没有感念别人的恩德,反而破口大骂。盗匪尚能同情出家人,这个家伙竟然比盗匪还要狠毒,没有良心竟然到了这样的地步!

【原文】

十三日 昧爽登涯,计无所之。思金祥甫为他乡故知①,投之或可强留②。候铁楼门开,乃入。急趋祥甫寓,告以遇盗始末,祥甫怆然。初欲假数十金于藩府,托祥甫担当③,随托祥甫归家取还,而余辈仍了西方大愿。祥甫谓藩府无银可借,询余若归故乡,为别措以备衣装。余念遇难辄返,觅资重来,妻孥必无放行之理④,不欲变余去志,仍求祥甫曲济。祥甫唯唯⑤。

【注释】

①金祥甫：徐霞客的同乡，在衡州桂王朱常瀛府任职。

②强留：勉强收留。

③担当：做担保。

④妻孥（nú）：妻子儿女。

⑤唯唯（wěi wěi）：答应的声音。

【译文】

十三日　黎明的时候上岸，担心无处可以投奔。之后想到金祥甫是我他乡异地中相识并有交往的人，投奔他可能还能勉强被收留。等到铁楼门一开，就走了进去，匆忙跑到了祥甫的寓所，将遭遇盗匪的始末告知了他，祥甫显得十分悲伤。我最开始的时候打算向桂王府借几十两银子，托祥甫作担保，同时委托祥甫在回到老家的时候到我家来取了银子还给桂王府，而我则可以用借来的费用了却游览西部地区的心愿。然而祥甫说桂王府并没有多余的银两可借，他向我征求意见，说如果想要回乡，他可以为我筹集资金准备衣服行李。我想到如果遇难就回家，之后找到费用再回来，到时候家中的妻子儿女必然不会放我走，于是我不想要更改我游览的意志，依然恳请祥甫曲意周济我们，祥甫最终答应下来。

游七星岩日记

【题解】

七星岩位于桂林东郊、漓江的东岸，是桂林规模最大的也是最为奇异的一处岩洞之一。七星岩是一个巨大且复杂的溶洞体系，也是徐霞客对洞穴进行考察的典型例子。他对七星岩进行了反复而全面的考察，弄清了其西面有五个洞，东南面有五个洞，北面也有五个洞，"一山凡得十

五洞云"。徐霞客对洞穴的内部与外部构造的考察十分精准，与近年来我国学者用科学仪器探测的结果惊人相似。

【原文】

初二日[①]　晨餐后，与静闻、顾仆裹蔬粮，携卧具，东出浮桥门。渡浮桥，又东渡花桥，从桥东即北转循山。花桥东涯有小石突临桥端，修溪缀村[②]，东往殊逗人心目。山峙花桥东北，其嵯峨之势，反不若东南夹道之峰，而七星岩即峙焉，其去浮桥共里余耳。岩西向，其下有寿佛寺，即从寺左登山。先有亭翼然迎客，名曰摘星，则曹能始所构而书之。其上有崖横骞，仅可置足，然俯瞰城堞西山，则甚畅也。其左即为佛庐，当岩之口，入其内不知其为岩也。询寺僧岩所何在，僧推后扉导余入。历级而上约三丈，洞口为庐掩黑暗，忽转而西北，豁然中开，上穹下平，中多列笋悬柱，爽朗通漏，此上洞也，是为七星岩。从其右历级下,又入下洞,是为栖霞洞。其洞宏朗雄拓,门亦西北向,仰眺崇赫。洞顶横裂一隙,有石鲤鱼从隙悬跃下向,首尾鳞腮③,使琢石为之④,不能酷肖乃尔。其旁盘结蟠盖⑤,五色灿烂。西北层台高叠,缘级而上,是为老君台。由台北向,洞若两界,西行高台之上,东循深壑之中。

【注释】

①初二日:指崇祯十年(1637)五月初二日。

②修:修长。

③腮(sāi):指鱼鳃。

④使:即使。

⑤蟠:蟠曲。

【译文】

初二日 用过早饭之后,与静闻、顾仆打包了蔬菜粮食,带上卧具,向东出了浮桥门。过了浮桥,继续向东过了花桥,从桥的东侧马上转向北面沿着山走。花桥东岸有一座小石峰突起,下面挨着桥头,绵长的溪水点缀着村庄,向东走更加让人心神向往。山耸峙在花桥的东北方向,巍峨的气势,虽然比不上东南方夹道而立的山峰,但是七星岩就矗立在那里,它距离浮桥只有一里多的路程。岩洞朝向西面,洞的下面建有一座寿佛寺,马上从寺的左侧登山。先会看到一座飞悬在空中的亭子,像是张开双臂欢迎来客,名叫摘星亭,是曹能始建造并题写的亭名。亭子的上面有一个石崖横向高举,只能容得下脚,之后俯瞰城池西山,却非常畅快。亭子左侧便是佛寺,正对着岩洞的入口,进入到寺院之中不知道寺院已经是岩洞了。向寺里的僧人询问七星岩在哪里,和尚推开后门领着我进去。沿着石阶登了大概三丈,洞口就被房屋遮盖住了,显得又黑又暗;突然转向了西北方向,洞口变得豁然开阔起来,顶上穹隆下面平坦,洞中罗列着很多石笋以及悬垂的石柱,高爽清朗,通风透亮,这便是上洞,这里也就是七星岩了。从洞的右面顺着石阶向下走,又来到了下洞，这里便是栖霞洞。这个洞规模十分宏大明亮，开阔雄壮，洞口也是朝向西北方向，抬头看高得惊人。洞顶横着裂开一条裂缝，有一条石鲤鱼从裂缝中向下悬跃，头尾和鳞甲鱼鳃都有，即便是石头雕刻而成的，也无法如此相似。它旁边盘结着蟠龙状的伞盖，五彩斑斓。西北面层层平台高叠，顺着石阶向上走，便是老君台了。从台上向北走，洞仿佛被分割成了两块，西面行走在高台之上，东面顺着深壑之中走去。

【原文】

由台上行，入一门，直北至黑暗处，上穹无际，下陷成潭，颎洞峭裂，忽变夷为险。时余先觅导者，燃松明于洞底以入洞，不由台上，故不及从，而不知其处之亦不可明也。乃下台，仍至洞底。导者携灯前趋，循台东壑中行，始见台壁攒裂绣错①，备诸灵幻，更记身之自上来也。直北入一天门，石橝垂立②，仅度单人。既入，则复穹然高远，其左有石栏横列，下陷深黑，杳不见底，是为獭子潭。导者言其渊深通海，未必然也。盖即老君台北向下坠处，至此则高深易位，丛辟交关③，又成一境矣。其内又连进两天门，路渐转而东北，内有"花瓶插竹"、"撒网"、"弈棋"、"八仙"、"馒头"诸石，两旁善才童子④，中有观音诸像。导者行急，强留谛视⑤，顾此失彼。然余所欲观者，不在此也。又逾崖而上，其右有潭，渊黑一如獭子潭，而宏广更过之，是名龙江，其盖与獭子相通焉。又北行东转，过红毡、白毡，委裘垂毯，纹缕若织。又东过凤凰戏水，始穿一门，阴风飕飀⑥，卷灯冽肌，盖风自洞外入，至此则逼聚而势愈大也。叠彩风洞亦然。然叠彩昔无"风洞"之名，而今人称之，此中昔有风洞，今无知者。出此，忽见白光一圆，内映深壑，空漾若天之欲曙。遂东出后洞，有水自洞北环流，南入洞中，想下为龙江者，小石梁跨其上，则宋相曾公布所为也⑦。度桥，拂洞口右崖，则曾公之记在焉。始知是洞昔名"冷水岩"，曾公帅桂，搜奇置桥，始易名"曾公岩"，与栖霞盖一洞潜通，两门各擅耳。

【注释】

①攒裂绣错：指岩壁石纹忽聚忽裂，如锦绣灿烂，如金银镶嵌。

②楹：柱。

③丛辟交关：与上句"高深易位"相对，意为开合交错。

④善才童子：佛教菩萨之一，在观音塑像或画像中，他通常立于观音左边。但作者前说"两旁"，则右边通常是龙女。

⑤谛（dì）：仔细。

⑥飕飗（liú）：寒风凛冽的样子。

⑦宋相（xiàng）曾公布：曾布，字子宣，北宋南丰（今属江西）人。

【译文】

从台上走，走入一个石门，一直向北来到黑暗的地方，上面穹隆没有边际，下面陷成了深潭，漫无天际，陡峭深裂，平坦突然变成了险阻。当时我在之前就先找好了一个作为向导的人，在洞底点燃松明以便进洞，当向导的人没有从台上走，所以没来得及跟上他，却不知道这里其实是不能用松明照亮的。于是走下高台，依然来到洞底。向导带着灯走在前面，顺着高台东边的壑谷中走，这才看到高台的石壁聚集着的裂缝像是锦绣的花纹一般交错着，呈现出了各种灵妙的变化，更让人觉得是从那上面来的。一直向北进到一道天门之内，石柱垂立，只能容得下一个人通过。进去之后，看到洞变得更加穹隆高远，左面有石栏杆横列，下面进入了漆黑之中，完全看不到底部，这便是獭子潭。向导说这个潭极深，通着大海，不一定是这样。大概就是老君台向北坠的地方，到了这里才知道高深变换位置，繁空相互交错，又自成一处景致。从里面一连进入了两道天门，路慢慢转向了东北方向，里面有"花瓶插竹""撒网""弈

棋""八仙""馒头"这类名称的石头，两旁有善才童子，中间有观音菩萨等众神的像。向导走得很快，如果强行将他留住仔细观赏，必然会顾此失彼。不过我想要观赏的，并不在这里。又翻过石崖走，石崖的右面有一个深潭，深度与漆黑的程度跟獭子潭完全一样，但大的地方宽度却要超过它，这个深潭名叫龙江，它应该是与獭子潭相通的。继续向北走之后转而向东，经过红毡、白毡，这两处仿佛是悬挂的裘衣、下垂的毛毯，纹缕仿佛是编织出来的。又往东，经过凤凰戏水，开始穿过一个门洞，里面阴风凛冽，吹卷灯火，寒冷刺痛着皮肤，风应当是从洞的外面刮进来的，到了这个狭窄的地方势头变得更大了。叠彩山的风洞也是如此，不过叠彩山过去并没有风洞的名称，而现在的人们就是这样来称呼；这个洞里面过去有风洞的名称，现在已经没有知道的人了。从这里走出去，突然看到有圆圆的一股白光，照在洞里面的深壑之中，朦朦胧胧仿佛是天上即将露出的曙光；于是向东出了后洞，有水流在洞的北面环绕，向南流进了洞中，猜想流下去应当就是龙江了，小石桥架在水流之上，是宋朝的丞相曾布公所修造的。越过桥，轻轻擦拭洞口右面的石崖，就看到了曾公在壁上作的碑文。这才知道这个洞之前的名字叫冷水岩，曾公在管理桂林的时候，搜寻奇景建了桥，才改名叫曾公岩。与栖霞洞大抵是一个山洞潜流相通，两个洞口各具特色而已。

【原文】

余伫立桥上，见涧中有浣而汲者①，余询："此水从东北来，可溯之以入否？"其人言："由水穴之上可深入数里，其中名胜，较之外洞，路倍而奇亦倍之。若水穴则深浅莫测，惟冬月可涉，此非其时也。"余即觅其人为导。其人乃归取松明，余随之出洞而右，得庆林观焉。以所负囊裹寄之②，且托其炊黄粱以待③。遂同导者入，仍由隘口东门，过凤凰戏水，抵红、白二毡，始由岐北向行。其中有弄球之狮、卷鼻之象、长颈盎背之骆驼④；有土冢之祭⑤，则猪鬣鹅掌罗列于前⑥；有罗汉之燕⑦，则金盏银台排列于下。其高处有山神，长尺许，飞坐悬崖；其深处有佛像，仅七寸，端居半壁菩萨之侧。禅榻一龛，正可趺跏而坐⑧；观音座之前，法藏一轮⑨，若欲圆转而行。深处复有渊黑，当桥涧上流。至此导者亦不敢入，曰："挑灯引炬，即数日不能竟⑩，但此从无入者，况当水涨之后，其可贸不测乎？"乃返，循红白二毡、凤凰戏水而出。计前自栖霞达曾公岩，约径过者共二里，复自曾公岩入而出，约盘旋者共三里，然二洞之胜，几一网无遗矣。

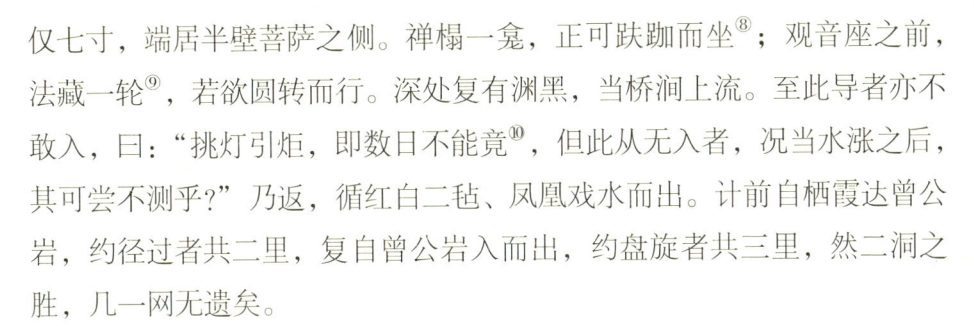

【注释】

①浣（huàn）：洗涤。汲：汲水。

②裹：包袱。

③黄粱：小米饭。

④盎（àng）背：形容骆驼的驼峰像是倒扣的盎（一种盛器）。

⑤土冢（zhǒng）：坟堆。

⑥猪鬣（liè）：猪头。

⑦燕：通"宴"。

⑧趺跏（fū jiā）：双足交叉而坐。

⑨法藏（zàng）：这里指佛教徒手中拿的可以转动的圆筒形佛具。

⑩竟：终了，这里指览遍。

【译文】

我站立在桥上，看到山涧之中有一个洗衣服汲水的人，我向他询问："这条涧水从东北流过来，能不能逆流进入洞里面呢？"那人说："从水洞的上面能够进去几里，洞里面的名胜，与外洞的相比，路途要远一倍，不过奇异的景色也会多一倍。至于水洞的深浅则无法测量，只有冬季的几个月能够涉水进去，这时还不是适当的季节。"我马上请那人当我的向导。那人于是就回家取松明，我跟着他出洞之后向右走，找到了庆林观。将背着的行囊寄放在观里面，并且委托观里的人将饭做好等候。于是跟着向导一起进入洞中，依然是从隘口东边的石门进去，途经凤凰戏水，抵达了红、白二毡，这才从岔道向北走。里面有舞球的狮子，卷鼻的大

象,长颈凸背的骆驼;有土坟丘前的祭坛,而猪头鹅掌排在前面;有罗汉的宴饮,而金杯银座排在下面。那高的地方有山神,有一尺左右高,飞坐在悬崖上;深的地方有佛像,只有七寸高,端坐在半壁;菩萨的旁边,一个石龛之中有坐禅的禅床,正好能够让人盘腿合十而坐;观音法座的前面,有一个圆形法轮,仿佛还在一圈圈转动的样子。深的地方又有漆黑的深渊,处于那条有桥的山涧的上游。来到这里之后向导不敢进去了,说:"挑着灯笼火把领路,即便是几天也走不到头,不过这里还没有人进去过,更何况是水涨之后,怎么能去试探这无法预料的危险呢?"只能返回,顺着红白二毡、凤凰戏水出了洞。估算了一下,之前从栖霞洞到曾公岩,大约直线走过的路一共有二里,后面一次从曾公岩进去又出来,大约辗转绕了共三里的路,不过这两个山洞中的景色均十分优美,几乎尽收眼底。

【原文】

出洞，饭于庆林观。望来时所见娘媳妇峰，即在其东。从间道趋其下，则峰下西开一窍，种圃灌园者而聚庐焉①。种金系草②，为吃烟药者③。其北复有岩洞种种，盖曾公岩之上下左右，不一而足也。于是循七星山之南麓，北向草莽中，连入三洞。计省春当在其北，可逾岭而达，遂北望岭坳行。始有微路，里半至山顶，石骨崚嶒④，不容着足；而石隙少开处，则棘刺丛翳愈难跻；然石片之奇，峰瓣之异，远望则掩映，而愈披愈出，令人心目俱眩。又里半，逾岭而下，复得凿石之级，下级而省春岩在矣。

【注释】

①聚庐：许多住房聚集在一起，即聚集而居。

②金系草：即罂粟，可制鸦片。

③吃烟药：即抽鸦片。

④崚嶒（léng céng）：高峻突兀的样子。

【译文】

出了洞之后，到庆林观吃饭。看到来时所见的娘媳妇峰就位于庆林观的东面，从小道赶到了山峰下面，就看到山峰下面向西裂开了一个洞，种圃灌园的人家全都聚居在那里。种植金系草，是吃烟人的药。它的北面还有各种形态的岩洞，原来曾公岩的上下左右全都是岩洞，数不胜数；于是顺着七星山的南麓，往北走进了杂草丛中，一连进了三个岩洞。猜想省春岩应当就位于山的北面，可以翻过山岭走过去，于是就望着北面的岭坳走。最初的时候有一条小路，走一里半抵达山顶，石骨嶙峋，无法落脚，而且石缝中稍微分开一些的地方，全都是荆棘刺丛遮蔽，更是难以攀登；然而石片的奇姿，花瓣状石峰的异态，远远看去互相掩映，越是向前穿过去越是层出不穷，让人赏心悦目。又走一里半，翻过山岭下山，又找到开凿出来的石阶，下了石阶便到了省春岩。

【原文】

其岩三洞排列，俱东北向。最西者骞云上飞①，内深入，有石如垂肺中悬。西入南转，其洞渐黑，惜元居人，不能索炬以入；然闻内亦无奇，不必入也。洞右傍通一窍，以达中洞。居中者外深而中不能远入，洞前亦有垂搓倒龙之石②。洞右又透一门，以达东洞。最东者垂石愈繁，洞亦旁裂，中有清泉下注成潭，寒碧可鉴③。余令顾仆守已行囊于中洞，与静闻由洞前循崖东行。洞上耸石如人，蹲石如兽。洞东则瓦石亘空，仰望如劈。其下清流萦之，曰拖剑江，即癸水也。源发尧山，自东北而抵山之北麓，乃西出葛老桥而西入漓水焉。时余转至山之东隅，仰见崖半裂窍层叠，若云嘘绡幕④。连过三窍，意谓若窍内旁通，连三为一，正如叠蕊阁于中天⑤，透琼楞于云表⑥，此一奇也。然而未必可达，乃徘徊其下，披莽隙，梯⑦悬崖，层累而上。既达一窍，则窍内果通中窍。第中窍卑伏，不能昂首，须从窍外横度，若台榭然，不由中奥也⑧。既达第三窍，穿隙而入，从后有一龛，前辟一窗，窗中有玉柱中悬，柱左又有龛一圆⑨，上有圆顶，下有平座，结跏而坐⑩，四体恰适，即刮琢不能若此之妙。其前正对玉柱，有小乳下垂，珠泉时时一滴。余与静闻分踞柱前窗隙，下临危崖。行道者望之，无不回旋其下，有再三不能去者。已而有二村樵，仰眺久之，亦攀跻而登，谓余："此处结庐甚便，余村近此，可以不时瞻仰也。"余谓："此空中楼阁，第恨略浅而隘，若少宏深，便可停栖耳。"其人曰："中窍之上尚有一洞甚宏。"欲为余攀跻而上，久之不能达。余乃下倚松阴，从二樵仰眺处，反眺二樵在上，攀枝觅级，终阻悬崖，无从上跻也。久之，仍西行入省春东洞内，穿入中洞，又从其西腋穿入西洞。洞多今人摩崖之刻。

【注释】

①骞（qiān）云：腾飞的云。

②垂搓倒龙：形容怪石有的像下垂的树杈，有的像倒挂的龙。

③鉴：镜子。这里意为可以像镜子似的照人。

④云嘘绡幕：像云吹着薄纱帷幕。形容裂窍浮空缥缈之态。

⑤蕊阁：如花般美丽的楼阁。

⑥琼棱（léng）：如玉般美丽的屋角。

⑦梯：像踩梯子一样登上。

⑧奥：屋子的内部、深处。

⑨有龛（kān）一圆：有个像圆形小龛一样的洞穴。

⑩结跏：佛徒打坐。

【译文】

　　省春岩的三个山洞排列，全都朝向东北方向。最西面的一个洞穴前飞云漫卷，走进去之后，发现有一块岩石像是垂下的肺叶悬在洞中。向西进入转而向南，这个洞慢慢变得黑了起来，可惜周围没有人家，无法要火把进去，不过听闻里面并没有什么特别的地方，就没有进去。洞右面通着一个旁洞，可以抵达中洞。处于中间位置的山洞从外面看上去很深，但是却不能深入，洞的前面还有一些像是下垂的木筏倒卷的

神龙一般的岩石。洞的右面还通着一个洞口能够抵达东洞。最东面的一个山洞垂石越来越多,洞的旁边也有裂缝,洞里有清泉向下注入形成了水潭,水潭寒冷碧绿能够映照出人的影子。我吩咐顾仆在中洞看守着行李,自己与静闻和尚从洞的前面顺着山崖向东走。洞的上面耸立着像人一样的岩石,还有蹲着的岩石像是野兽一般。洞的东面有高石横在高空上,抬头看上去像是刀劈出来一般。高石的下面清流潆绕,叫作拖剑江,也就是癸水了。发源于尧山,从东北方流到了七星山的北麓,接着向西流出葛老桥之后向西流进漓江。这时候我已经转到了山的东面,抬头望见崖壁半中间裂开了层层叠叠的洞穴,如同喷吐出的云雾与薄纱制成的帷幕一般,一连走了三个山洞,心中猜想如果山洞中四通八达,三个洞连为一体,正如叠蕊阁架在空中,玉圭刺穿云天之外,这也算是一个器官了。不过未必能够到达,于是就在它的下面徘徊,在草丛之中有一条缝隙,就攀着悬崖,逐层而上。抵达了一个洞穴之后,就看到洞果然是可以通往中洞的。不过中洞低伏,无法抬头,必须要从洞的外面横着走过去,就像是台榭一般,不自主地向洞中的深处走去。来到第三个洞之后,穿过裂缝进入,在后面放置了一个石龛,前面开了一道窗,窗洞之中有像玉一样的石柱悬吊在其中。石柱的左面还有一个圆形的石龛,上面有圆顶,下面有平坦的座位,盘腿而坐,四肢刚好合适,就算是刀刮斧琢出来的也无法这般奇妙。座位的前面正对着玉柱,有个小钟乳石垂下来,珍珠一般的泉水偶尔会滴下一滴。我跟静闻分别坐在柱前的窗隙之中,下面挨着险要的山崖。道路上的行人看到我们,没有不在山崖下面绕来绕去的,有再三徘徊也不愿离开的人。没过多长时间,有两个村中的樵夫,抬着头看了很久,也登上来,告知我说:"在这里修建房屋十分方便,我们村子就在这附近,可以经常来瞻仰。"我告诉他们:"这里是空中楼阁,遗憾的是这里稍微浅了点,窄了些,如果能再宽深一点,便能够停下来栖身了。"那两人说:"中洞的上方,还有一个十分宽敞的洞。"想要帮我攀登上去,花了很长时间无法抵达。于是我下山靠在松荫之下，从两个樵夫抬起头仰望的地方反过来眺望，两个山上的樵夫抓着枝条寻找台阶，一直被悬崖阻挡住，无法向上攀登。过了很长时间，依然是向西走入到省春岩的东洞之中，钻入中洞，又从它的西侧钻进西洞。洞里有很多的当代人的摩崖石刻。

【原文】

出洞而西，又得一洞，洞门北向，约高五丈，内稍下，西转虽渐昏黑，而崇宏之势愈甚，以无炬莫入，此古洞也。左崖大书"五美四恶"章，乃张南轩笔，遒劲完美，惜无知者，并洞亦莫辨其名，或以为会仙岩，或以为弹丸岩。拂岩壁，宋莆田陈黼题①，则渚岩洞也，岂以洞在癸水之渚耶？洞西拖涧水自东北直逼崖下②，崖愈穹削，高插霄而深嵌渊，甚雄壮也。石梁跨水西度，于是崖与水俱在路南矣。盖七星山之东北隅也，是名弹丸山，自省春来共一里矣。

【注释】

①陈黼（fǔ）：即陈谠（dǎng），宋孝宗隆兴元年（1163）进士，官至兵部侍郎。

②拖涧水：今称灵剑溪。

【译文】

走出洞之后向西走，又看到一个洞，洞门朝向北面，约有五丈高，洞里面稍稍有些下洼，转向西面之后虽然渐渐昏黑下来，但是更彰显出了高峻宏大的气势，由于没有火把因此不能深入，这是一个古洞。左边崖壁上用大字刻着"五美四恶"的一段文章，这是张南轩的笔迹，苍劲完美，可惜无人知晓，就连这个山洞也没有人知道它的名字，有人认为叫会仙岩，有的认为叫弹丸岩。轻轻擦拭洞壁，读宋代莆田人陈黼的题记，原来叫渚岩洞，难道这是由于洞位于癸水江边而起的名字吗？洞的西面拖涧水从东北方向流过来直抵山崖的下面，山崖变得更加的穹隆陡削，高插云霄并深嵌进深渊之中，十分雄壮。由石桥跨过江水向西面走，就看到山崖与江水均位于路的南侧。大概是由于位于七星山的东北角，

所以名为弹丸山,从省春岩走过来一共走了一里。

【原文】

由其西南渡各老桥①,以各乡之老所建,故以为名。望崖巅有洞高悬穹,上下俱极峭削,以为即栖霞洞口也。而细谛其左,又有一崖展云架庐,与七星洞后门有异,亟东向登山。山下先有一刹,盖与寿佛寺、七星观南北鼎峙山前者也。南为七星观,东上即七星洞;中为寿佛寺,东上即栖霞洞;北为此刹,东上即朝云岩也。仰面局膝攀磴,直上者数百级,遂入朝云岩。其岩西向,在栖霞之北,从各老桥又一里矣。洞口高悬,其内北转,高穹愈甚,徽僧太虚叠磴驾阁于洞口,飞临绝壁,下瞰江城,远挹西山②,甚畅。第时当返照入壁,竭蹶而登③,喘汗交迫。甫投体叩佛,忽一僧前呼,则融止也。先是,与融止一遇于衡山太古坪,再遇于衡州绿竹庵,融止先归桂林,相期会于七星。比余至,逢人辄问,并无识者。过七星,谓已无从物色。至此忽外遇之,遂停宿其岩。因问其北上高岩之道,融止曰:"此岩虽高耸,虽近崖右,曾无可登之级。约其洞之南壁,与此洞之北底,相隔只丈许,若从洞内可凿窦以通,洞以外更无悬栈梯之处也。"凭栏北眺,洞为石掩,反不能近瞩,惟洒发向西山④,历数其诸峰耳。西山自北而南:极北为虞山,再南为东镇门山,再南为木龙风洞山,即桂山也,再南为伏波山。此城东一支也。虞山之西,极北为华景山,再南为马留山,再南为隐山,再南为侯山、广福王山。此城西一支也。伏波、隐山之中为独秀,其南对而踞于水口者,为漓山、穿山。皆漓江以西,故曰西山云。

【注释】

①各老桥:也就是前面所说的"葛老桥",今作国老桥,位于灵剑溪上。

②挹(yì):通"揖",即拱手作揖。

③竭蹶(jué):力竭而颠蹶。

④洒发:抬头眺望,头发散落的样子。

【译文】

从弹丸山的西南面跨过各老桥,由于是各乡的父老修建的桥,因此将此作为桥名。远望看到山崖顶部有一个洞高悬穹隆,上下均十分陡峭,觉得是栖霞洞的洞口了;不过仔细观察它的左面,还有一座山崖,在山崖上有人在云层之中建造了房屋,与七星洞的后洞口有所差异,赶紧向东登山。山的下面先有一座寺庙,应该是与寿佛寺、七星观呈现南北之势、鼎立在山前面的寺庙。南面是七星观,向东上去便是七星洞;中间的是寿佛寺,向东上山便是栖霞洞;北面的便是这座寺庙,向东上去就是朝云岩了。抬头弯着膝盖登上石阶,一直上去几百级,便走进了朝云岩,这个岩洞朝向西面,位于栖霞洞的北面,从各老桥来继续走一里。洞口高悬,洞里向北转,更彰显出了高穹之势,徽州僧人太虚垒砌了石阶在洞口建造了佛阁,紧临着绝壁,向下俯瞰江水以及城池,远远地对着西山行礼作揖,十分畅快。不过当时落日的余晖已经照到了绝壁之上,拼尽全力跌跌撞撞地攀登上来,喘气与汗水交加。刚刚俯下身子准备拜佛,突然一名僧人在跟前呼喊,原来是融止。在这之前,我在衡山的太古坪曾经与融止第一次相遇,第二次相遇是在衡州的绿竹庵,融止先一步返回了桂林,互相约定要在七星岩相见。等我到了七星岩的时候,见人便问，并没有认识他的人。过了七星岩之后，觉得已经无从寻找了。来到这里竟然意外地碰到了他，于是就留下来住在了他的岩洞之中。继而向融止询问了向北登上高处岩洞的路线。融止说："这个岩洞虽然高耸，虽然就紧挨着山崖的右面，并没发现能够向上攀登的台阶。大抵是那个岩洞南面的洞壁，与这个洞北面的洞底，隔着只有一丈左右，如果从洞的里面能够凿个洞通过去，洞的外面并没有能够悬挂木梯的地方。"倚靠着栏杆向北眺望，岩洞被岩石挡住了，反而无法从近处进行观察，只能抬头向西山远眺，历数西山诸峰罢了。西山从北向南：最北面是虞山，继续向南则是东镇门所在的山，再向南就是木龙洞、风洞所处的山，就是桂山，继续向南就是伏波山。这是城东的一支山脉。虞山的西侧，最北面的是华景山，继续向南是马留山，再向南就是隐山，再向南就是侯山、广福王山。这便是城西的一支山脉。伏波山、隐山之中是独秀峰，它的南面矗立着的是漓山与穿山。因为都是处于漓江的西面，所以统称为西山。

与静闻永诀日记

【题解】

静闻，与徐霞客长期结伴同行。于崇祯十年六月初八，在桂林患病，牵延数月而没有好转，拖着病体与徐霞客同游。徐霞客无法停下自己游览的脚步，又要安排照顾病人，途中艰辛可想而知。在广州南宁，徐霞客与静闻分别，写下了这篇日记。没想到那次分别，竟成永诀。本篇文章道出了徐霞客与静闻之间的深厚友谊，正说明了双方崇高的品质。

【原文】

丁丑九月二十二日　余往崇善寺别静闻①，遂下太平舟②。余守行李，复令顾仆往候。是晚泊于建武驿前天妃宫下。

【注释】

①崇善寺：根据调查，位于今南宁一中的地方。

②太平：明朝设置太平府，在位于现在的崇左县太平镇。

【译文】

丁丑年（崇祯十年，1637）九月二十二日　我到崇善寺跟静闻告别，于是就便坐上了去太平府的船。我看守着行李，再吩咐顾仆去侍候。这天晚上船停靠在了建武驿前的天妃宫下。

【原文】

二十三日　舟不早发。余念静闻在崇善畏窗前风裂，云白屡许重整，而犹不即备。余乘舟未发，乃往梁寓携钱少许付静闻，令其觅人代整。时寺僧宝檀已归，能不避垢秽，而客僧慧禅、满宗又为整簟蔽风①，迥异云白。静闻复欲索余所买布履、衡茶，意甚恳。余语静闻："汝可起行，余当还候。此何必索之今日乎！"慧禅亦开谕再三，而彼意不释。时舟已将行，且闻宝檀在天宁僧舍，余欲并取梁钱悉畀之，遂别之出。同梁主人觅得宝檀，宝檀慨然以扶危自任。余下舟，遂西南行。四里，转西北，又四里，泊于窑头。

【注释】

①簟（diàn）：当作遮蔽用的竹席。

【译文】

二十三日　早上的时候船不起航。我惦念着静闻住在崇善寺会畏惧窗前漏洞吹进来的风，云白多次答应会重新修整，但是至今也没有去办理这件事。我乘坐的船不起航，便将前往梁家寓所带的一些钱交给了静闻，让他找人代为修理。这时候寺院中的和尚宝檀已归来，可以不用避开污秽之物，而客居的僧人慧禅、满宗又代为修理了竹席遮风，与云白的作风完全不同。静闻又想要我买的布鞋、衡阳的茶叶，心愿十分恳切。我对静闻说："你能起床走动的时候，我就会回来看望你。这些东西何必一定要在今天拿到手呢！"慧禅也再三开导，但是他依然不能打消这个心愿。这时候船已经快要出发了，而且听闻宝檀就在天宁寺的僧房中，我准备将梁家寓所中的钱取来一并全数交给他，于是便告别了静闻出来。与姓梁的房主人找到了宝檀，宝檀慷慨地将扶助重病之人当成是自己的职责。我坐了船，向西南方向走。走了四里，转向西北方向，又走了四里，将船停在了窑头。

【原文】

时日色尚高，余展转念静闻索鞋、茶不已，盖其意犹望更生，便复向鸡足，不欲待予来也。若与其来而不遇，既非余心；若预期其必死，而来携其骨，又非静闻心。不若以二物付之，遂与永别，不作转念，可并酬峨眉之愿也。乃复登涯东行，出窑头村①，二里，有小溪自西北来，至此东注，遂渡其北，复随之东。又二里，其水南去入江。又东行一里，渡白衣庵西大桥，入崇善寺，已日薄崦嵫②。入别静闻，与之永诀。亟出，仍西越白衣庵桥，共五里过窑头，入舟已暮，不辨色矣。

【注释】

①窑头村：今为上尧，位于南宁西部，邕江东岸。

②崦嵫（yān zī）：山名，位于今甘肃天水市西境，古人经常以此来指日落的地方。

【译文】

　　这时候天色尚早,我辗转惦念着静闻索要鞋子、茶叶的事情,思虑不已,大抵他的意思仍然希望能够再活下去,便能够重新走向鸡足山,并不想等我回来了。如若回来的时候无法与他相遇,则完全不是我的意思;如果预料他一定会死,而回来只是带走他的骨灰,又并非静闻的心愿。不如将这两样东西送给了他,便与他永别,不再考虑转回来,还能让我前往峨眉山的愿望一并了却。于是重新登上岸向东走,到了窑头村,走了二里,有条小溪从西北方向流过来,到了这里之后向东注入,于是渡到了溪水的北岸,再顺着溪流向东走。又走了一里,那溪水朝向南面汇入到了江水中。又向东走了一里,走过了位于白衣庵西面的大桥,进入崇善寺,当时已经太阳西垂了。进入寺中之后,与静闻辞别,与他永别。匆忙从寺中出来,继续向西越过白衣庵桥,一共走了五里走过窑头,进到船上的时候天色已晚,无法辨清颜色了。

游白水河瀑布日记

【题解】

　　白水河瀑布,也就是现今享誉海内外的黄果树瀑布,是我国最大的瀑布。

　　崇祯十一年(1638年)三月二十七日,徐霞客从广西进入贵州境内。四月十四日从贵阳离开,取滇黔大路向西走。四月二十三日游览了白水河瀑布,并详细介绍了相关情况。

【原文】

　　二十三日　雇短夫遵大道南行。二里,从陇头东望双明西岩,其下

犹透明而东也。洞中水西出流壑中，从大道下复西入山麓，再透再入，凡三穿岩腹，而后注于大溪。盖是中洼壑，皆四面山环，水必透穴也。又南逾阜，四升降，共四里，有堡在南山岭头。路从北岭转而西下，又二里，有草坊当路，路左有茅铺一家。又西下，升陟陇壑，共七里，得聚落一坞①，曰白水铺②，已为中火铺矣。又西二里，遥闻水声轰轰，从陇隙北望，忽有水自东北山腋泻崖而下，捣入重渊，但见其上横白阔数丈，翻空涌雪，而不见其下截，盖为对崖所隔也。复逾阜下半里，遂临其下流，随之汤汤西去，还望东北悬流，恨不能一抵其下。担夫曰："是为白水河。前有悬坠处，比此更深。"余恨不一当其境，心犹慊慊③。随流半里，有巨石桥架水上，是为白虹桥。其桥南北横跨，下辟三门，而水流甚阔，每数丈，辄从溪底翻崖喷雪，满溪皆如白鹭群飞，"白水"之名不诬矣。度桥北，又随溪西行半里，忽陇箐亏蔽，复闻声如雷，余意又奇境至矣。透陇隙南顾，则路左一溪悬捣，万练飞空，溪上石如莲叶下覆，中剡三门，水由叶上漫顶而下，如鲛绡万幅④，横罩门外，直下者不可以丈数计，捣珠崩玉，飞沫反涌，如烟雾腾空，势甚雄厉，所谓"珠帘钩不卷，匹练挂遥峰"，俱不足以拟其壮也。盖余所见瀑布，高峻数倍者有之，而从无此阔而大者，但从其上侧身下瞰，不免神悚。而担夫曰："前有望水亭，可憩也。"瞻其亭，犹在对崖之上，遂从其侧西南下，复度峡南上，共一里余，跻西崖之巅。其亭乃覆茅所为，盖昔望水亭旧址，今以按君道经，恐其停眺，故编茅为之耳。其处正面揖飞流，奔腾喷薄之状，令人可望而不可即也。停憩久之，从亭南西转，涧乃环山转峡东南去，路乃循崖拾级西南下。

【注释】

①聚落：定居一年以上的村子。也可以简称为"聚"。

②白水铺：今称为白水或白水河，位于镇宁县西境，打帮河偏东的公路旁。

③慊（qiàn）慊：遗憾。

④鲛绡（jiāo xiāo）：传说中鲛人所织的绡，也代指一些名贵凉爽的薄纱。

【译文】

二十三日　雇了一个短途的挑夫，之后沿着大路向南走。走了二里，从陇头向东眺望双明洞西面的岩石，它的下面依然向东透出光亮。洞里面的水向西流到了壑谷之中，从大路的下面转而向西流进了山麓，两次渗出两次流入，一共三次穿过了山石的腹地，之后流入到大溪之中。应该是这里中间下注成壑谷，周围群山环绕，水流只能透过洞穴才能向外泄。又向南面穿过了山阜，四次向上攀登四次下降，一共走了四里，在南山岭头有一个土堡。路从北岭转而向西面往下走，又走了二里，有一座茅草牌坊立在路中，路的左面有一家茅草店铺。又向西往下走，攀登在土垄壑谷之间，一共走了七里，碰到了一个位于山坞之中的村落，名叫白水铺，已经是中火铺了。又向西走了二里，远远就听到轰隆隆响的水声，从山垄的缺缝向北望去，突然看到河水从东北山窝向山崖下倾泻，卷入到重重的深渊之中，只看到它的上半部分截横着白色的水流，有几丈宽，就像是涌雪翻空，由于被对面的山崖遮挡住了，看不到它的下半部分。继续越过山阜向下走了半里，就面对着瀑布的下游，沿着浩浩荡荡的水流向西走去，回头看那个挂在东北方向的激流，我特别想要到它的下方去看一看。挑夫说："这是白水河。前面有河水从高处悬空下坠的地方，比这里还要深。"我为自己无法亲自前往到那里惋惜不已，心里依然十分遗憾。沿着水流走了半里，有一座架在水上的巨大的石桥，这便是白虹桥。这座桥呈现为南北向横跨在河上，下面开了三个桥洞，可是水流却十分宽阔，每个桥洞宽有数丈，流水经常会从河底击打石崖。石崖溅起雪白的浪花，整条河流都像是白色的鹭鸶成群飞翔，"白水"的名字果然名副其实啊！过了桥的北面，继续沿着河水向西走了半里，突然看到山垄亏缺，深箐蔽日，又听到了像雷声一般的水声，我猜想一定遇到了一处奇观。透过山岭的缺口回头向南眺望，只看到道路的左侧有一条河流悬空冲捣而下，像是万条白色的丝绢在空中飞舞，河上的岩石就像是荷叶一样下覆，中部像是被刀剜开了三个洞，水流从荷叶上漫过顶部倾泻而下，就像是千万匹薄纱，横向笼罩在洞的外面，一直向下倾泻的距离无法用丈来测量，就像是冲捣珍珠，如玉屑迸溅，水花四溅，波涛回涌，像是烟雾腾空一般，气势十分雄伟壮观，就算是"珠帘钩不卷，匹练挂遥峰"这样的诗句，都不足以用来形容它的壮观。从我见过的瀑布来看，比它高峻几倍的有，但是却没有看到过这般又宽又大的，只是从瀑布的上方侧着身子向下俯瞰，都不免觉得心惊胆战。挑夫说："前面有一个望水亭，可以休息。"远看那座亭子，还在对面的山崖之上，于是就从瀑布的侧面向西南方向下山，再穿过峡底向南上山，走了一里多，登上了西面山崖的顶端。这个亭子是用茅草盖成的，应该是过去望水亭的旧址，现在由于巡按大人要从这里路过，唯恐他会停下来眺望观赏，于是就用茅草搭成了亭子。这里正对着飞流致礼，奔腾喷薄的样子，让人可望而不可即。在那里停住休息了很长时间，从亭子的南面向西转，山涧绕着山转峡向东南方向流去，道路则顺着山崖上的石阶向西南方向下山。

【原文】

又升陟陇壑四里，西上入坞，有聚落一区在东山下，曰鸡公背。土人指其东南峰上，有洞西北向，外门如竖而内可容众，有"鸡公"焉，以形似名也。其洞东透前山，而此坞在其后，故曰"背"。余闻之，乃贾勇先登，冀一入其内。比登，只有一道西南上，随之迤迤攀跻，竟无旁岐。已一里，登岭头矣，是为鸡公岭。坳中有佛宇。问洞何在？僧指在山下村南，已越之而上矣。担夫亦至，遂逾岭西向下，半里，抵壑中。又半里，有堡在南陇，曰太华哨①。又西上岭，逾而西，又一里，乃迤迤西南下，甚深。始望见西界遥峰，自北而南，屏立如障，与此东界为夹，互相颉颃；中有溪流，亦自北而南，下嵌壑底②。望之而下，一下三里，从桥西度，是为关岭桥。越桥，即西向拾级上，其上甚峻。二里，有观音阁当道左③，阁下甃石池一方，泉自其西透穴而出，平流池中，溢而东下，是为马跑泉，乃关索之遗迹也。阁

南道右,亦有泉出穴中,是为哑泉,人不得而尝焉。余勺马跑,甘冽次于惠,而高山得此,故自奇也,但与哑泉相去不数步,何良楛之异如此④!由阁南越一亭,又西上者二里,遂陟岭脊,是为关索岭。索为关公子,随蜀丞相诸葛南征,开辟蛮道至此。有庙,肇自国初⑤,而大于王靖远,至今祀典不废。越岭西下一里,有大堡在平坞中,曰关岭铺,乃关岭守御所所在也⑥。计其地犹在山顶,虽下,未及三之一也。至才过午,夫辞去,余憩肆中。

【注释】

①太华哨:现在写为大花哨,位于关岭县东面,打帮河与坝陵河间的公路旁。

②"中有溪流"句:这条溪水如今称为坝陵河,从北向南注入打帮河。

③观音阁:即双泉寺,清朝的时候也称为龙泉寺,位于关索岭东半山,古驿道北侧,现在指存有石基。

④楛(kǔ):恶劣。

⑤国初:明代人称朱元璋建的明朝之初为国初。

⑥关岭守御所:也就是现在的关岭布依族苗族自治县。

【译文】

又在山垄壑谷之间跋涉了四里,向西往上走进了一个山坞之中,有一片村落位于东山之下,叫作鸡公背。当地人指引我说在村子的东南方向的山峰上,有一个朝向西北方向的山洞,外面的洞口像是一道竖缝,而洞内却能够容纳多人,其中有"鸡公",是由于形状近似而得名。这个洞向东与前山相通,而这个山坞就在山洞的后面,所以称为"背"。我听了这些话,便铆足了勇气率先登上,希望能够进到洞里看一看。登上山只有西南方向的一条路,沿河这条路蜿蜒向上攀爬,两边均没有岔路。走了一里,就登上了岭头,这个便是鸡公岭了。山坳之中建有佛寺,进去向僧人询问洞在何处,僧人指点说在山下村子的南面,我们已经超过了山洞走了上来，挑夫也到了，于是就翻过山岭向西下山，走了半里，来到壑谷之中。继续走了半里，在南面的山垄有一个土堡，名为太华哨。继续向西登上山岭，翻过山岭向西走，又走了一里，便曲折地向西南方向下山，山谷颇深。这才眺望到在西面远处有一列山峰，从北向南，像屏障一样矗立着，与这边东面一列山相夹而立，互相抗衡；其中有一条溪流，也是从北向南流，镶嵌在下边的壑谷底。远远望去溪流流下山去，一下便是三里，从桥上走到西面，便是关岭桥。过了桥之后，马上向西登上石阶，石阶十分陡峭。走了二里，在路的左面有一个观音阁，阁的下方有用石块堆砌成一个方形的池塘，泉水从池塘的西面渗过小孔流出来，这里便是哑泉，人无法饮用这个水。我舀了一些马跑泉水来喝，甘甜清凉的滋味比惠泉稍逊一些，不过在高山之上能有这泉水，原本就可以称得上是一件奇事了，但是这里离哑泉不过几步的距离，为何好坏会如此分明呢！从观音阁向南经过一个亭子，继续向西上山走二里，随即登上岭脊，便到了关索岭。关索是关公的儿子，跟着蜀国丞相诸葛亮南征，开辟蛮区的道路来到了这里。修建有神庙，在开国初期始建，而由王靖远扩建，到了现在祭祀的礼节依然没有废弃。翻过山岭向西走了一里，有一座建在平坦的山坞之中的土堡，名叫关岭铺，乃关岭守御所的所在地。才想着这里依然还是山顶，虽然地势较为低缓，但是到山脚还不足三分之一呢。到关岭铺才过中午，挑夫辞别离开了，我在旅店中休息。

游盘江桥日记

【题解】

盘江，指的是北盘江。徐霞客从很早之前就对北盘江十分关注。徐

霞客在崇祯十一年（1638年）四月二十五日，得以亲自走上北盘江上的铁索桥，为他的游览添色，更是成为他考察的重点。徐霞客采用了比较法来进行地理研究，这里的北盘江与北盘江上的铁索桥成为他进行比较研究的重点对象。

【原文】

戊寅四月二十五日　晨起，自鼎站西南行。一里余，有崖在路右，上下各有洞，洞门俱东南向，而上洞尤空阔，以高不及登。路左瀿泉已成涧，随之南半里，山回瀿尽，脊当其前，路乃上跻，水则自其下入穴。盘折二里，逾坳脊，是为梅子关。越关而西，路左有峡，复坠坑而下，东西径一里，而西复回环连脊。路循其上平行而西，复逾脊，始下涉。二里，又盘坞中山西南转，二里，复西北上，一里，是为黄土坝①。盖鼎站之岭，至此中降，又与西岭对峙成峡，有土山中突而连属之，其南北皆坠峡下，中踞若坝然，其云黄土坝者以此。有数家倚西山而当其坳，设巡司以稽察焉。又上逾岭脊，共五里为白云寺②。于是遂西南下，迤逦四里，途中扛担络绎，车骑相望，则临安道母忠，以钦取③入京也。司道无钦取之例，其牌如此，当必有说。按母，川人，本乡荐④，岂果有卓异特达圣聪耶？然闻阿迷之僭据未复⑤，而舆扛之纷纭实繁，其才与操，似俱可议也。又至坞底，西北上一里，为新铺⑥。由铺西稍逾岭头，遂盲垂垂下。

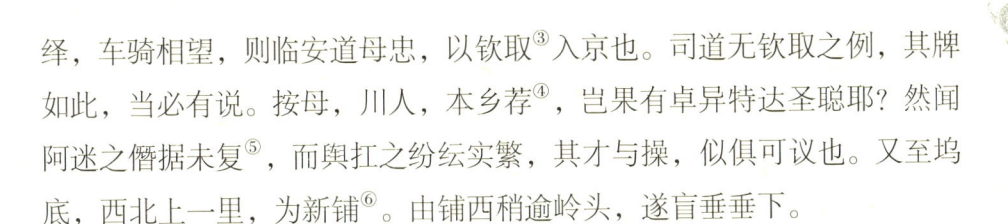

【注释】

①黄土坝：今称为黄土坡、黄丰，位于关岭县西境公路边。

②白云寺：今称为白云、白英哨，位于黄土坡偏西的公路旁。

③钦取：皇帝取用。

④乡荐：明朝每三年在各省举行一次的科举考试称为乡试，乡试取中为举人者，称为乡荐。

⑤僭（jiàn）据：僭越名位，分裂割据。

⑥新铺：今名同，在关岭布依族苗族自治县西隅。

【译文】

戊寅年四月二十五日　早上起床，从鼎站向西南方向走。走了一里多，在道路的右侧有山崖，上下各有一个洞，洞口全都朝向东南，而上洞显得尤为空阔，由于太高来不及向上走。道路左侧壑谷中的泉水已经变成了山涧，沿着山涧向南走半里，山体回绕，壑谷穷尽，山脊阻挡在前面，路便上升而去，涧水却从山的下面流经了洞穴之中。盘旋曲折地走了二里，翻过山坳之上的山脊，这便是梅子关。过了关向西走，路的左边有一个山峡，继续向下坠成坑谷，东西直处有一里，而西面又绕了回来与山脊相连。道路顺着山峡上平缓地向西走，又翻过山脊，这才向下跋涉。走了二里，继续绕着山坞之中的山向西南方向转二里，再朝着西北方向走上山，又过了一里，便到了黄土坝。应该是鼎站的山岭，到这里从中下降，又与西岭对峙形成了峡谷，在峡谷中有一座土山与它相连，土山南北全都下坠到了峡谷之中，盘踞在中央像是堤坝一般，它之所以被称为黄土坝应该就因如此。有几户人家背倚着西山挡在山坳之间，设了巡检司方便稽查。继续向上翻过岭脊，一共走了五里，便到了白云寺。从这里便开始向西南方向往下走，曲折地走了四里，在途中有抬轿挑担的人连绵不断，车马相望，是临安道道员母忠，被皇上找去京城了。司、道一级的官员并没有皇帝直接征用的成例，他的行道牌上这样写，必然有其他的解释。根据调查，母忠是四川人，原本是乡荐出身，难不成真的有卓越的功绩传到了皇上的耳朵里吗？但是听闻阿迷州的非法割据还没有收复，可是挑担抬轿熙熙攘攘的着实是太过繁华了，这个人的才能与操守，似乎均可以讨论。又来到坞底，向西北方向往上走了一里，便到了新铺。从新铺偏西的地方翻过岭头，便垂直下山去了。

【原文】

五里，过白基观。观前奉真武，后奉西方圣人，中颇整洁。时尚未午，驼骑方放牧在后，余乃入后殿，就净几，以所携纸墨，记连日所游；盖以店肆杂沓，不若此之净而幽也。僧檀波，甚解人意，时时以茶蔬米粥供。下午，有象过，二大二小，停寺前久之。象奴下饮，濒去，象辄跪后二足，又跪前二足，伏而候升。既而驼骑亦过，余方草记甚酣，不暇同往。又久之，雷声殷殷①，天色以云幕而暗，辞檀波，以少礼酬之，固辞不受。

【注释】

①殷殷：震动的声音。

【译文】

走了五里，途经白基观。观的前殿中供奉着真武大帝，后殿之中供奉着佛祖，观里十分整洁。当时还没到中午，马帮正在后面放牧，我就进入到后殿之中，就着干净的几案，用自己带来的笔墨纸砚，记下了这些天所游览过的地方；这是由于旅店之中太过杂乱，不如这里干净清幽。僧人檀波，善解人意，经常会拿来一些茶水蔬菜米粥。到了下午，有大象经过，两大两小，在寺的前面停歇了很长时间。赶象的奴仆下来喝水，临走的时候，大象先跪下后面的两条腿，接着跪下前面的两条腿，伏着等待站起来。没过多久，马帮也过来了。我草草地记录行程正在兴头上，来不及跟他们一起走。又过了很长时间，雷声隆隆，天色由于云层的遮盖暗了下来，向檀波和尚辞别，用少许礼金答谢他，他坚决推辞没有接受。

【原文】

初，余以为去盘江止五里耳，至是而知驼骑所期旧城，尚在盘江上五里，亟为前趋。乃西向直下三里，有枯涧自东而西，新构小石梁跨之，曰利济桥。越桥，度涧南，又西下半里，则盘江沸然①，自北南注。其峡不阔而甚深，其流浑浊如黄河而甚急。万山之中，众流皆清，而此独浊，不知何故？余三见此流：一在武宣入柳江，亦甚浊，一在三镇北罗木渡，则清；一在此，复浊。想清乃涸时也。

【注释】

①沸然：水波翻腾汹涌的样子。

【译文】

最开始的时候，我以为距离盘江只剩下五里路了，来到这里才知道

跟马帮约定的旧城，还在盘江之上五里的地方，抓紧向前赶路。于是就一直向西走了三里，有条干涸的山涧从东面一直延伸到西面，新修建的小石桥横跨在山涧上面，叫作利济桥。过了桥，来到了山涧的南面，继续向西往下走半里，就看到水波翻腾的盘江，从北面向南注入。盘江峡谷并不宽但是却特别深，水流像黄河一般浑浊而且也尤为湍急。在群山之中，大部分的溪流都是清澈的，只有这个江水是浑浊的，不知道究竟是因为什么？我三次见到这条江水：一次是从武宣进入柳江的时候，也是非常浑浊；一次是在三镇以北的罗木渡，那里则是清澈的；还有一次是在这里，又变得浑浊起来。想来水清是在干涸的时候。

【原文】

循江东岸南行，半里，抵盘江桥①。桥以铁索，东西属两崖上为经，以木板横铺之为纬。东西两崖，相距不十五丈，而高且三十丈，水奔腾于下，其深又不可测。初以舟渡，多漂溺之患；垒石为桥，亦多不能成。崇祯四年，今布政朱名家民②，云南人。时为廉宪③，命安普游击李芳先四川人④。以大铁链维两崖，链数十条，铺板两重，其厚仅八寸，阔八尺余，望之飘渺，然践之则屹然不动，日过牛马千百群，皆负重而趋者。桥两旁，又高维铁链为栏，复以细链经纬为纹。两崖之端，各有石狮二座，高三四尺，栏链俱自狮口出。东西又各跨巨坊。其东者题曰"天堑云航"，督部朱公所标也；其西者题曰"天堑雲航"，傅宗龙时为监军御史所标也⑤。傅又竖穹碑，题曰"小葛桥"，谓诸葛武侯以铁为澜沧桥，数千百载，乃复有此，故云。余按，"渡澜沧，为他人"乃汉武故事，而澜沧亦无铁桥；铁桥故址在丽江，亦非诸葛所成者。桥两端碑刻祠宇甚盛，时暮雨大至，不及细观。度桥西，已入新城门内矣。左转瞰桥为大愿寺。西北循崖上，则新城所环也。自建桥后，增城置所，为锁钥之要云。闻旧城尚在岭头五里，急冒雨竭蹶跻级而登。一里半，出北门。又北行半里，转而西，逶迤而上者二里，雨乃渐霁。新城内所上者峻，城外所上者坦。西逾坳，循右峰北转，又半里，则旧城悬岭后冈头矣。入东门，内有总府镇焉。其署与店舍无异。早晚发号用喇叭，声亦不扬，金鼓之声无有也。青崖总兵姓班，三汊总兵姓商，此间总兵姓胡。添设虽多，而势不尊矣。是夜，宿张斋公家；军人也。

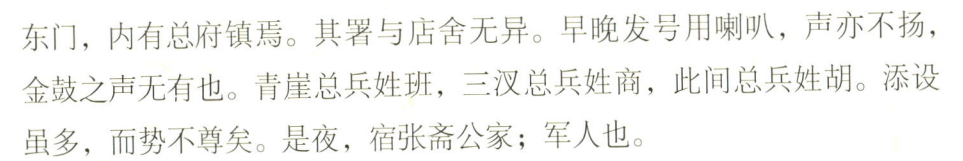

【注释】

①盘江桥：位于现在的晴隆、关岭两县交界的北盘江上，经过多次修整，现在为铁梁吊桥。

②布政：指的是布政使，就是各省的最高级别的行政长官。

③廉宪：明朝每个省都设有提刑按察使，主管这个省的司法。由于元朝有肃政廉访使，与按察使职掌略微相同，因此按察使也尊称为廉宪。

④游击：明代边区守军设有游击将军，分掌所驻地的防守应援。

⑤傅宗龙（？~1641）：字仲纶，号括苍，又号云中，昆明人。万历中进士，初为铜梁知县，崇祯中历任贵州巡按、四川巡抚、兵部尚书。后因镇压明末农民起义而死。

【译文】

沿着盘江的东岸向南走半里，就到了盘江桥。桥身采用的是铁链，东西两边连接在两侧的山崖之上成为纵向的桥体，将木板横着铺在铁链之上。东西两侧的山崖，相距不到十五丈，但是高处接近三十丈，江水在桥下奔腾，深不可测。最开始的时候是用船来摆渡，但是经常会发生漂没溺水的灾祸；而使用石块垒成桥，也多半无法建成。在崇祯四年（1631年），现任的布政使名叫朱家民，是云南人。当时正在担任提刑按察使，命令安普的游击将军四川人李芳先。使用大铁链系在两端的山崖上面，铁链有几十条，铺木板有两层，木板只有八寸厚，有八尺多宽。远远看上去，桥体摇摆深远，但是踩在桥上却岿然不动，每天过往的牛马有上百群，全都是搭载着重物向前赶路的。桥的两侧，又拴着高高的铁链作为栏杆，再使用细的铁链纵横连接成网络。两侧的山崖，各有两尊石狮子，有大概三四尺高，作为栏杆的铁链全都是从狮子的嘴里出来的。东西两端还各横跨有巨大的牌坊。东边的牌坊题写着"天堑云航"，

是总督朱公所写的；西面的碑坊上写着"天堑雲航"，是当时担任监军御史的傅宗龙所题写的。傅宗龙还立了一块圆石碑，题为"小葛桥"，意思是说武侯诸葛亮用铁链修建了澜沧江桥，过了千百年，才有了这座铁索桥，所以这样写。我进行考证，发现"渡澜沧为其他人"，是汉武帝时候的往事，而且澜沧江上并没有铁索桥；铁索桥的旧址位于丽江，也并非诸葛亮所建。桥的两侧碑刻的祠堂庙宇有很多，这时候突然下起了暮雨，来不及细细察看。过到桥西，已经进入了新城门内了。转向左面俯瞰大桥，旁边就是大愿寺。向西北顺着山崖往上走，就是新城环绕的地方了。从桥梁建成之后，增建了城池设立了卫所，成为军事重镇所处的重要关卡。听过旧城还在五里之外的岭头，匆忙顶着雨奋力跌跌撞撞地顺着石阶往上登。走了一里半，出了北门。继续向北走了半里，转而向西面，曲折地向上走了二里路，雨才停了下来，天慢慢晴朗起来。从新城内上山的路十分陡峭，城外上山的路要平坦一些。往西穿过山坳，

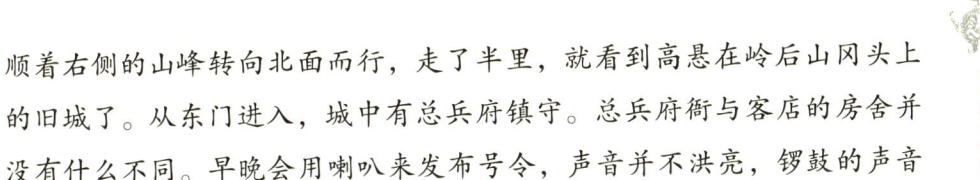

顺着右侧的山峰转向北面而行，走了半里，就看到高悬在岭后山冈头上的旧城了。从东门进入，城中有总兵府镇守。总兵府衙与客店的房舍并没有什么不同。早晚会用喇叭来发布号令，声音并不洪亮，锣鼓的声音也没有。青崖城的总兵姓班，三汊河的总兵姓商，这里的总兵姓胡。增设的总兵虽然多，但是权势并不尊贵。当天晚上，住在了军人张斋公家。

随笔二则

【题解】

本篇是徐霞客云南省城以及滇南调研的学术笔记，成稿于崇祯十一年（1638年）六月到八月初之前。

随笔第一则记录的是明朝开国功臣沐英的后代、世袭镇守云南总兵官、黔国公骄纵不法的恶劣行径。明朝史料对沐氏的诗集记录颇多，但是对于沐启元的恶劣行径却鲜有提及。徐霞客对沐氏作威作福的行径的记录，十分难能可贵。

第二则记录了阿迷州土官普名胜危害滇南的前因后果。阿迷州位于现在的云南开远。普名胜也叫作普名声。徐霞客在普名胜死后四年，来到普名胜曾经祸害过的地方，各处依然满目疮痍。徐霞客通过对普名胜的暴政的描写，揭发了朝廷腐败无能的现实，他在其中的评价也十分犀利而中肯。

【原文】

黔国公沐昌祚卒①，孙启元嗣爵。邑诸生往祭其祖，中门启，一生翘首内望，门吏杖箠之。多士怒，亦箠其人，反为众桀奴所伤，遂诉于直指金公②。公讳城，将逮诸奴，奴耸启元先疏诬多士。事下御史，金逮奴如故。启元益嗔③，征兵祭纛④，环直指门，发巨炮恐之，金不为动。沐遂掠多士数十人，毒痛之，囊其首于木。金戒多士毋与争，急疏闻。下黔督张鹤鸣勘，张奏以实。时魏珰专政，下调停旨，而启元愈猖狂不可制。母宋夫人惧斩世绪，泣三日，以毒进，启元陨，事乃解。宋夫人疏请，孙稚未胜爵服，乞权署名，俟长赐袭。会今上登极⑤，怜之，辄赐敕实授。即今嗣公沐天波，时仅岁一周支也⑥。

【注释】

①黔国公：沐英是明朝开国功臣之一，后受封为西平侯，其子孙之后被封为黔国公，世袭镇守云南总兵官。

②直指：汉武帝派遣直指使者，衣绣衣，持节发兵，具有诛杀不力官员的权力。直指，意即指事而行，刚正不阿。

③益嗔（chēn）：越生气。

④纛（dào）：古时军队或者仪仗队的大旗。

⑤今上登极：指朱由检当皇帝，年号崇祯，时在1628年。

⑥岁一周支："支"指地支，古时将十二地支与十二个月份相配，岁一周支即满一周岁。

【译文】

黔国公沐昌祚过世，他的孙子沐启元继承了爵位。城中的儒生前去吊唁沐启元的祖父，打开中门，有一个人抬着头往门里看，守门的官员竟然用杖打他。儒生们愤怒了，也打了守门的人，结果反而被沐府残暴的家奴所打伤，于是儒生到被朝廷直接派过来的官员金公那里诉说。金公名瑊，他准备将那些奴仆逮捕起来，奴仆怂恿沐启元先上疏诬告众儒生。这件事最终告发到了监察御史那里，金公照常逮捕了奴仆。这样沐启元更加生气，调动了军队，祭奠了军旗，将金公的衙门团团包围住，发射大炮威胁金公，金公并没有因此而妥协。沐启元于是就拷打数十名儒生，迫害他们，用木枷夹他们的头部。金公劝诫那些儒生不要与沐启元相争，赶紧上疏朝廷，让朝廷知晓此事。朝廷下令让贵州省总督张鹤鸣来核实这件事，张鹤鸣据实上奏。当时魏珰专权当政，颁布了调停的旨令，从而让沐启元变得更加肆无忌惮，无法控制。他们母亲宋夫人担心其断送了世代相传的爵禄，哭了三天，用毒药将沐启元毒死，至此事情才稍微有所缓解。宋夫人接着上疏请求，孙子年幼，不能担任爵禄地位，请暂时署名，等其长大成人之后再赐予其继承爵位。当时正好是崇祯皇帝继位，怜惜沐昌祚的孙子，于是下令授予实爵。这也就是如今继任了黔国公爵的沐天波，他继承爵位时才刚刚满一周岁。

【原文】

普名胜者，阿迷州土寇也①。祖者辂，父子为乱三乡、维摩间。万历四十二年，广西郡守萧以裕，调宁州禄土司兵合剿②，一鼓破之，辂父子俱就戮，始复维摩州③，开三乡县④。时名胜走阿迷，宁州禄洪欲除之。临安守梁贵梦、郡绅王中丞抚民，畏宁州强，留

普树之敌，曲庇名胜。初犹屯阿迷境，后十余年，兵顿强，残破诸土司，遂驻州城，尽夺州守权。崇祯四年，抚臣王伉忧之，裹毡笠，同二骑潜至州，悉得其叛状，疏请剿。上命川、贵四省合剿之。石屏龙土司兵先薄漾田，为所歼。三月初八日，王中丞亲驻临安，布政周世昌统十三参将[5]，将本省兵万七千人，逼沈家坟。贼命黎亚选扼之，不得进，相持者二月。五月初二日，亚选自营中潜往为名胜寿，醉返营。一童子泄其事于龙。龙与王土司夜劫之，遂斩黎；进薄州城，环围四月，卒不下。时州人廖大亨任职方郎[6]，贼恃为奥援，潜使使入京纵反间，谓普实不叛，王抚起衅徼功，百姓悉糜烂。于是部郎疏论普地不百里，兵不千人，即叛可传檄定，何骚动大兵为？而王宫谕锡衮、杨庶常绳武[7]，各上疏言宜剿。事下枢部议。先是王抚疏名胜包藏祸心已久，前有司养疽莫发奸，致成难图蔓草，上因切责前抚、按。而前抚闵洪学已擢冢宰[8]，惧勿能自解，即以飞语怂恿大司马[9]。大司马已先入部郎言，遂谓名胜地不当一县，抚、按比周，张大其事势，又延引日月，徒虚縻县官饷。疏上，严旨逮伉及按臣赵世龙。

【注释】

①阿迷州：隶属于临安府，管辖范围为现在的开远市。《盘江考》又作"阿弥州"。

②宁州：隶属于临安府，也就是现在的华宁县。

③维摩州：隶属于广西府，治理现在的砚山县北境的维摩。明末维摩州治理现在的丘北县下寨马头山的旧城。

④三乡县：《明史·地理志》中记载，维摩州"西有三乡城，万历二十二年（1594年）筑"。万历四十二年（1614年）正式开三乡县。三乡城就是现在的邱北县治理地区偏西下寨马头山的新城。

⑤周世昌：《明史·云南土司传》写为"周士昌"。参将：明朝在边防设有参府，分守各路。管理参府的统兵官就是参将，又称参戎。

⑥职方郎：明朝的时候在兵部设职方司，掌管疆域图籍、军制、城

隍、镇戍、征讨等事务。职方司的长官就是职方郎。

⑦王锡衮：云南禄丰人，官至大学士，在明朝末年被沙定州所杀。杨绳武：字念尔，云南弥勒人，崇祯年间的进士，选庶常授监察御史，官至兵部侍郎。

⑧擢（zhuó）：提拔，提升。冢宰：周官名，为六卿之首。后世也将吏部尚书称为冢宰。

⑨飞语：一些没有依据的流言或者恶意诽谤。大司马：高级武官的专称，明朝时也将兵部尚书称为大司马。

【译文】

普名胜，是阿迷州的匪寇。他的祖父普者辂，父子二人为害三乡县、维摩州一带。在万历四十二年（1614年），担任广西府知府的萧以裕，调集了宁州禄土司的军队，合力对其进行围剿，一举将其击败，者辂与儿子一同被杀死，朝廷才恢复了维摩州的平静，设立了三乡县。当时普名胜逃亡到了阿迷州，宁州土司禄洪准备将其铲除。临安府知府梁贵梦、府中的乡绅王抚民，唯恐宁州土司变得更加强大，认为将普名胜留下来与宁州土司对立，于是便辩解包庇普名胜。最初的时候普名胜还只是屯扎在阿迷州边境，过了十几年，普名胜的兵力不断变得强大，将众多土司消灭，进驻到州城之中，抢夺了阿迷州的全部政权。崇祯四年（1631年），巡抚王伉忧心不已，裹着毡子斗笠，与两位骑手悄悄潜入到阿迷州，知晓了普名胜叛乱的情况，向朝廷上疏请求围剿。崇祯皇帝下令让四川、贵州等四个省合力发兵对其进行围剿。石屏州龙土司的军队率先逼近漾田，被普名胜所消灭。三月初八日，王巡抚亲自带兵驻扎在临安府，布政使周士昌率领十三位参将，带领着一万七千人组成的云南省的军队，向沈家坟逼近。叛军命令黎亚选阻挠官军，周士昌无法前进，双方僵持了两个月。五月初二那一天，黎亚选从军队中回去为普名胜庆祝寿辰，醉酒之后回到军营。一位年轻人将这件事透露给了龙土司。龙土司与王土司连夜发起强攻，终于将黎亚选杀死；逼近阿迷州城，将其包

围了四个月，最终也没能攻下来。当时阿迷州人廖大亨担任职方郎，叛军将他作为强而有力的靠山，他暗中派使者到京城胡乱散布谣言，说普名胜并没有叛乱，王巡抚挑起争端想要借此邀功，百姓全部被其摧残。于是兵部职方郎上疏，说普名胜所占有的土地不足百里，军队不足千人，就算是反叛用一道命令便能够剿灭平定了，何必要动用大批军队去攻打？而宫谕王锡衮、庶常杨绳武，分别上疏说应该对其进行围剿。这件事下发到中枢部门商讨。在这之前，王巡抚上疏说普名胜心怀不轨由来已久，前任长官像生毒疮怕痛而不割除一般，没有揭发其恶行，最终造成了野草蔓延难除的态势，皇上因此而厉声谴责前任巡抚、巡按御史。而前任巡抚闵洪学当时已经被提拔为吏部尚书，担心无法自行辩解，便用谣言怂恿兵部尚书。兵部尚书之前已经听说了兵部职方郎的话，也认为普名胜的土地还没有一个县大，巡抚、巡按御使相互勾结，让事态变得更加严峻，又拖延时间，白白浪费了朝廷粮饷。此疏上奏，朝廷下令逮捕巡抚王伉、巡按御史赵世龙。

【原文】

十月十五日，抚、按俱临安就逮。十二月十八，周士昌中铳死①，十三参将悉战没。五年正月朔，贼悉兵攻临安，诈郡括万金犒之，受金，攻愈急。迨十六，城垂破，贼忽退师，以何天衢袭其穴也。天衢，江右人，居名胜十三头目之一，见名胜有异志，心不安，妻陈氏力劝归中朝，天衢因乞降，当道以三乡城处之，今遂得其解围力。后普屡以兵攻三乡，各相拒，无所胜，乃退兵，先修祖父怨于宁州。方攻宁时，洪已奉调中原，其母集众目，人犒五金、京青布二，各守要害，贼不得入。后洪返，谓所予太重，责之金，诸族目悉解体。贼谍之，乘之入，洪走避抚仙湖孤山②，州为残破。岁余，洪复故土，郁郁死。贼次攻石屏州，及沙土司等十三长官，悉服属之。志欲克维摩州南鲁白城，即大举。鲁白城在广南西南七日程，临安东南九日程，与交趾界，城天险，为白彝所踞。名胜常曰："进图中原，退守鲁白，吾无忧矣。"攻之三年，不能克。七年九月，忽病死。子福远，方九岁。妻万氏，多权略，威行远近。当事者姑以抚了局，酿祸至今，自临安以东、广西以南，不复知有明官矣！至今临安不敢一字指斥，旅人询及者，辄掩口相戒，府州文移，不过虚文。予过安庄，见为水西残破者，各各有同仇志，不惜为致命；而此方人人没齿无怨言，不意一妇人威略乃尔！南包沙土司，抵蒙自县③；北包弥勒州④，抵广西府；东包维摩州，抵三乡县；西抵临安府：皆其横压之区。东唯三乡何天衢，西唯龙鹏龙在田⑤，犹与抗斗，余皆闻风慑伏⑥。有司为之笼络，仕绅受其羁鞚靮⑦，十八九。王伉以启衅被逮，后人苟且抚局，举动如此，朝廷可谓有人乎！夫伉之罪，在误用周士昌，不谙兵机，弥连数月，兵久变生耳。当时止宜责其迟，留策其后效。临敌易帅且不可，遽就军中逮之，亦太甚矣。嗟乎！朝廷于东西用兵，事事如此，不独西南彝也！

【注释】

①铳（chòng）：古时火器的一种。
②孤山：也称为环玉山。今仍称孤山，位于抚仙湖南部。

③蒙自县：隶临安府，即今蒙自县。
④弥勒州：隶广西府，即今弥勒县。
⑤龙鹏：今作龙朋，在石屏县北境。
⑥慑（shè）伏：慑于威势而屈服。
⑦靮（dí）：马缰绳。

【译文】

十月十五日，巡抚、巡按御史在临安府被捕。十二月十八日，周士昌被火器击中而亡，十三名参将全部牺牲。崇祯五年（1632）正月初一，叛军调动了全部的兵力集中攻占临安府，欺骗临安府搜刮了一万两银子来犒劳他们，接到银两之后，攻城的势头反而变得更加强劲。到了十六日，府城马上就要被攻破，叛军突然退兵，那是由于何天衢偷袭了他们的巢穴。何天衢是江西省人，原是普名胜的十三个头目之一，看到普名胜心怀不轨，心中不安，妻子竭力劝说他归顺朝廷，何天衢于是请求投靠朝廷，当权者将他安置在了三乡县城，如今就是依赖着他的力量解除了围城之困。后来普名胜屡次率领军队对三乡县城发起进攻，双方势均力敌，普名胜无法取胜，便退了兵，去找宁州土司报杀害祖父、父亲的旧仇。正打算攻打宁州的时候，土司禄洪已经奉命前往中原，他的母亲召集了众头目，给予每人五两银子、两匹京城的青布，让他们把守要塞，叛军无法攻入。后来禄洪返回，认为给予的银两太多，将银两索回，各部族的头目全都因此而离心离德。叛军打探到了这种情况，趁此攻进了宁州，禄洪逃到了抚仙湖孤山避难，宁州被攻下。一年多之后，禄洪收复了故土，抑郁而终。叛军接着又对石屏州，以及沙土司等十三个长官司发起了进攻，这些地区全都归顺于普名胜。普名胜立志要拿下维摩州南部的鲁白城，于是对其大肆发起进攻。鲁白城位于广南府的西南方向，有七天的路程，在临安府的东南，有九天的路程，和交趾交界，倚靠着天险建了城，被白彝盘踞。普名胜经常说："前进可以图谋中原，后退可以死守鲁白，我并没有后顾之忧。"攻占了三年，都没能成功。崇祯七年

(1634）九月，普名胜暴毙。他的儿子普福远当时只有九岁。妻子万氏善于权谋，势力通行远近。当权的人总算用安抚的方法稳定了局势，酿成的祸端到现在依然有所影响，从临安府以东、广西府以南，人们都不清楚居然还有明朝的官员！到了现在临安府不敢对这件事有一句指责，游客询问到这件事情，都保持缄默，府、州的公文下达，不过成了一纸空文。我到安庄的时候，看到了被水西土司摧残的人，每个人都有着强烈地想要报仇的意志，不惜为此搭上性命；而这里每个人都保持缄默不敢有所怨言，想不到一个妇人的威势、谋略竟然有如此影响力！向南包括沙土司，可以达到蒙自县；往北包括弥勒州，可以到达广西府；往东包括维摩州，可以到达三乡县；往西直到临安府，这些全都是万氏横行压迫的区域。东面只有三乡县的何天衢，西面只有龙鹏的龙在田，还能够与万氏相抗衡，剩下的都闻风丧胆，由于忌惮威势而屈服。地方官被万氏拉拢，官吏、乡绅被万氏所束缚的，

有十分之八九之多。王伉因挑起祸端的罪名被抓捕，后来的官苟且安抚了事，这样的举动，可以认为朝廷有人吗！王伉的过错，就在于错用了周士昌，不通晓用兵打仗的谋略，交战数月，用兵时间一长便容易发生兵变。当时只能责备王伉用兵迟缓，本应当将其留下来，督促他，观察其以后的表现。面对敌人尚不能更换主帅，更不用说突然到军中去逮捕主帅了，着实是太过分了！唉！朝廷对周边用兵尚且如此，不只是对西南地区的少数民族这样啊！

游茈碧湖日记

【题解】

茈碧湖位于浪穹县（今改名为洱源县）。长堤将湖一分为二，北面是深海，有水溢出，称为二院还；南面是浅湖，湖面较宽，称为茈碧湖。从明朝末年至今，茈碧湖缩小了很多，浅水区已经全部成路。徐霞客对茈碧湖在当时的情况进行了翔实的记录，是重要的研究茈碧湖变化的资料。另外，洱源也被誉为是"热水城"。在本篇日记中，徐霞客也对该县的温泉情况进行了诸多介绍，为了解该县温泉情况提供了重要的资料。

【原文】

十八日　昧爽促饭，而担夫逃矣。久之，店人厚索余赀，为送浪穹。遂南行二里，过一石桥，循东山之麓而南，七里，至牛街子①。循山南去，为三营大道；由岐西南，过热水塘，行坞中，为浪穹间道。盖此地已为浪穹、鹤庆犬牙错壤矣。于是西南从支坡下，一里，过热水塘②，有居庐绕之。余南行塍间，其坞扩然大开。西南八里，有小溪自东而西注。越溪又南，东眺三营③，居庐甚盛，倚东山之麓，其峰更崇；西望溪流，

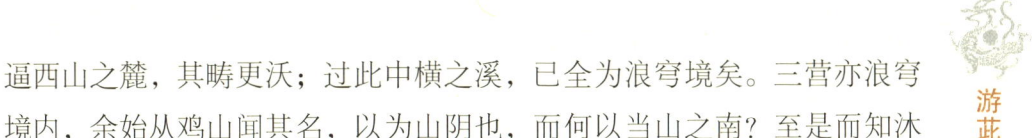

逼西山之麓，其畴更沃；过此中横之溪，已全为浪穹境矣。三营亦浪穹境内，余始从鸡山闻其名，以为山阴也，而何以当山之南？至是而知沐西平再定佛光寨，以其地险要，特立三营以控扼之。土人呼营为"阴"，遂不免与会稽少邻县同一称谓莫辨矣。

【注释】

①牛街子：今名为牛街，位于洱源县北境。

②热水塘：云南将温泉俗称为热水塘，这里专指牛街温泉。这个温泉至今依然保存，位于牛街偏南的公路旁。

③三营：今名同，在洱源县北境。

【译文】

十八日　天刚刚亮的时候催促着吃饭，但是挑夫逃走了。过了很长时间，店主人多收了我的钱，为我将行李送到了浪穹县。于是向南走了二里，过了一座石桥，顺着东山的山路向南走了七里，抵达了牛街子。顺着山向南走，便是前往三营的大路；从岔路口向西南方向，过了热水塘，在山坞中行走，这是前往浪穹县的小道。原本这里已经是浪穹县、鹤庆府犬牙交错的交界地带。于是向西南方向沿着一个山坡的下面，走了一里多，路过热水塘，里面有房屋环绕，我向南由田间走，山坞突然变得开阔起来。朝着西南方向走了八里，一条小溪自东向西流。跨过小溪继续向南，向东遥望三营，在这里有很多住户，倚靠着东山麓，那里的山峰显得更为高大；向西眺望溪流，紧挨着西山麓，那里的土壤更为肥沃；跨过这条横在山坞之中的小溪，已经完全到达了浪穹县境内了。三营也位于浪穹县境内，最开始的时候我在鸡足山就听说过三营的名声，以为是山阴二字，但是为什么会位于山的南面呢？到了这里才知道，西平侯沐英第二次平定佛光寨，由于这里地势险要，专门设立了三营来控制。当地人将"营"读为"阴"声，于是难免会与绍兴府会稽相邻的山阴县的称呼相同，无法分辨了。

【原文】

又南十里，则大溪自西而东向曲①。由其西，有木桥南北跨之，桥左右俱有村庐。南度之，行溪之西三里，溪复自东而西向曲。又度桥而行溪之东三里，于是其溪西逼西山南突之嘴，路东南陟陇而行。四里，则大溪又自西而东向曲，有石梁南跨之，而梁已中圮，陟之颇危。梁之南，居庐亦盛，有关帝庙东南向，是为大屯。屯之西，一山北自西大山分支南突，其东南又有一山，南自东大山分支北突，若持衡之针，东西交对，而中不接。大溪之水北捣出洞鼻之东垂，又曲而南环东横山之西麓，若梭之穿其隙者。两山既分悬坞中，坞亦若界而为二。

【注释】

①大溪：指的是现在的茨河。

【译文】

继续向南走了十里，大溪自西向东弯曲。顺着大溪向西而行，有木桥横跨在溪水上呈现南北向，桥的左右两边都建有村舍。向南过了桥，从溪水的西岸走了三里，溪水又从东向西弯曲。继续走过桥从溪水的东岸走了三里，于是溪水向西紧挨着西山向南面突起的山口，道路则向东南方向登陇而行。走了四里，大溪又从西面向东面弯曲，石桥南北横跨在溪水上面，但是桥的中间部分已经损毁，想要过桥的话则比较危险。桥的南面住着的人家也很多，有座东南向的关帝庙，便是大屯。大屯的西侧，有一道北面从西部大山分出的支脉向南耸立的大山，它的东南方向还有一座山，南面从东部大山分出支脉往北耸起，像是保持平衡的针，东西交错相对，但是中间是断开的。大溪水向北冲击出洞鼻的东垂，又转向南面，环绕东部横山的西麓，像是梭子一般从山峰之中穿过。两道山悬立在山坞之中，山坞也像是被分成了两个部分。

【原文】

于是又西南行塍间，三里，转而西，三里，过一小石梁，其西则平湖浩然，北接海子，南映山光，而西浮雉堞，有堤界其中，直西而达于城。乃遵堤西行，极似明圣苏堤，虽无六桥花柳，而四山环翠，中阜弄珠，又西子之所不能及也。湖中鱼舫泛泛，葺草新蒲，点琼飞翠，有不尽苍茫、无边潋滟之意，湖名"茈碧"，有以也。西二里，湖中有阜中悬，百家居其上。南有一突石，高六尺，大三丈，其形如龟。北有一回冈，高四尺，长十余丈，东突而昂其首，则蛇石也。龟与蛇交盘于一阜之间，四旁沸泉腾溢者九穴，而龟之口向东南，蛇之口向东北，皆张吻吐沸，交流环溢于重湖之内。龟之上建玄武阁，以九穴环其下，今名九炁台①。余循龟之南，见其腭中沸水，其上唇覆出，为人击缺，其水热不可以濯。有僧见余远至，遂留饭，且及夫仆焉。其北蛇冈之下，亦新建一庵，余以入城急，不暇遍历。

【注释】

①炁（qì）：同"气"。

【译文】

于是又向西南方向取田间路走三里，转而向西，走了三里，过了一座小石桥，桥的西面是浩荡的平湖，北面与浪穹海子相连，南面掩映着山色，而西面城墙耸立，湖中有一个长堤作为分界，长堤一直向西通往城内。于是沿着长堤向西走，堤与西湖的苏堤酷似，虽然没有六桥花柳，但是周围青山环绕，湖中的小岛像是珠串一般，是西湖无法比拟的。湖中鱼船泛泛，新长出的蒲草毛茸茸的，点琼飞翠，呈现出一片苍茫。无比绮丽的意境。湖的名字为"苤碧"，果真是名副其实啊。向西走了二里，湖的中央悬着一个小岛，岛上住着上百户人家。岛的南面有一块石头突起，高有六尺，长有三丈，形状像是乌龟。岛的北面有一道迂回的山冈，高有四尺，长有十几丈，东面突起像是昂首一般，是蛇石。龟和蛇交错盘踞在一个岛之间，周围有九个沸泉腾溢的洞穴，而龟口朝向东南方向，蛇口朝向东北方向，全都张着嘴吐着沸泉，泉水在湖里交流环溢。龟石上建造有玄武阁，由于下方环绕着九个洞穴，所以现在名为九炁台。我顺着龟石向南，看到龟腭中泉水沸腾，龟上唇覆盖突出，被人敲缺了，水很热，无法洗涤。有一位僧人见我远道而来，便留我用饭，而且连挑夫、顾仆也一并邀请了。岛北蛇冈下，也新建了一座庵，我由于着急进城，来不及全部游览。

【原文】

由台西复行堤间，一里，度一平桥，又二里，入浪穹东门①。一里，抵西山之下，乃南转入护明寺，憩行李于方丈。寺东向，其殿已久敝，僧方修饰之。寺之南为文昌阁，又南为文庙，皆东向，而温泉即洋溢于其北。既憩行李，时甫过午，入叩何公巢阿，一见即把臂入林，欣然恨晚，遂留酌及更，仍命其长君送至寺宿焉。何名鸣凤，以经魁初授四川郫县令②，升浙江盐运判官。尝与眉公道余素履，欲候见不得。其与陈木叔诗，有"死愧王紫芝，生愧徐霞客"之句，余心愧之，亦不能忘。后公转六安州知州，余即西游出门。至滇省，得仕籍③，而六安已易人而治；讯东来者，又知六安已为流寇所破，心益忡忡。至晋宁，会教谕赵君④，为陆凉人，初自杭州转任至晋宁，问之，知其为杭州故交也，言来时从隔江问讯，知公已丁艰先归。后晤鸡足大觉寺一僧，乃君之戚，始知果归，以忧离任，即城破，抵家亦未久也。

【注释】

①浪穹：明朝的时候为县级行政机构，隶属邓川州，也就是现在的洱源县。

②经魁（kuí）：科举制度以五经取士，每经各取一名为首，称为经魁。郫（pí）县：隶属于成都府，也就是现在四川的郫县。

③仕籍：官吏的名册。

④教谕：县学中主要负责祭祀和考试、教育和管束生徒的学官。

【译文】

从九炁台向西在堤上走一里，过了一座平桥，继续走二里，进入到浪穹县城的东门。再走一里，就来到了西山脚下，从这里向南转而进入护明寺，将行李寄放在方丈那里。寺院朝向东面，大殿已经损毁很长时间了，僧人正在修葺。寺院的南面就是文昌阁，继续向南便是文庙，都是朝向东面，而温泉却是从寺的北部流出。在放完行李之后，时间刚过中午，进城去拜访了何公巢阿，一看

到我就握着手臂邀请我进去，大家欣喜万分，相见恨晚，于是留下我喝酒一直到天黑打更的时候，之后让他的长子护送我到寺院中住宿。何公名叫何鸣凤，最开始的时候以经魁的身份担任四川省郫县知县一职，后来被提携为浙江省盐运判官。曾经与眉公说起我是布衣之士，想要探望但是没能如愿。他在写给陈木叔的诗中留下了"死愧王紫芝，生愧徐霞客"的句子，让我觉得十分惭愧，无法忘怀。后来何公升为六安州知州，我就出门向西远游。抵达云南省之后，看到官吏的名册，而六安知州当时已经换人来担任了；向东部而来的人询问，才得知六安州已经被流寇所攻破，心中更加担忧。抵达晋宁州的时候，看到学师赵君，赵君是陆凉州人，当初从杭州转到晋宁州担任职位，向其询问之后，才得知他是何公在杭州的旧友。他说前来上任的时候在与六安州隔江相对的地方打探，得知何公由于父母过世先行回来了。后来我在鸡足山大觉寺看到一位僧人，是何公的亲戚，于是知道何公是真的回来了，由于父母过世而离任服丧，到家没多久，六安州城就被攻陷了。

【原文】

十九日　何君复具餐于家，携行李入文庙西庑，乃其姻刘君匏石读书处也。上午，何君具舟东关外，拉余同诸郎四人登舟。舟小仅容四人，两舟受八人，遂泛湖而北。舟不用楫，以竹篙刺水而已。渡湖东北三里，湖心见渔舍两三家，有断埂垂杨环之。何君将就其处，结楼缀亭，绾纳湖山之胜，命余豫题联额，余唯唯。眺览久之，仍泛舟西北，二里，遂由湖而入海子。南湖北海，形如葫芦，而中束如葫芦之颈焉。湖大而浅，海小而深，湖名茈碧，海名洱源。东为出洞鼻，西为剚头村，北为龙王庙，三面山环成窝，而海子中溢，南出而为湖。海子中央，底深数丈，水色澄莹，有琉璃光穴从水底喷起，如贯珠联璧，结为柱帏，上跃水面者尺许，从旁遥觑水中之影①，千花万蕊，喷成珠树，粒粒分明，丝丝不乱，所谓"灵海耀珠"也。山海经谓洱源出罢谷山，即此。杨太史有泛湖穷洱源遗碑没山间，何君近购得之，将为立亭以志其胜焉。从海子西南涯登陆,西行田间,入一庵,即护明寺之下院也。何君之戚,已具餐庵中,为之醉饱。下午,仍下舟泛湖,西南二里,再入小港,何君为姻家拉去,两幼郎留侍,令两长君同余还,晚餐而宿文庙西庑。

【注释】

① 觑(qū):看。

【译文】

十九日 何君又在家中准备了饭菜,我带着行李来到了文庙的西厢房,这里是他的姻亲刘鲍石君读书的地方。上午的时候,何君在东关外备下了船只,拉上我跟他的四个儿子上了船。船很小,只能容下四个人,两艘船一行八人,随即向北游览湖泊。船不用桨划,只要用竹篙撑水就可以了。向东北方向在湖中走了三里,湖中央有两三家渔舍,环绕着断埂垂杨,何君打算在这个地方修盖房屋,点缀亭阁,尽览湖光山色的景致,让我事先题写对联匾额,我应允了。游览了很长时间,然后泛舟向西北方向走,过了二里,从湖进入到海子。南面是湖北面是海,看上去像是葫芦的形状,而中部狭窄的地方就像是葫芦细的地方。湖很大而且水很浅,海很小但是水深,所以湖取名为茈碧,海取名为洱源,东面出到洞鼻,西面是剥头村,北面是龙王庙,三面环山,形成了一个深窝,而海水从里面溢出来,向南流出去形成了湖。海子的中央,有几丈深,水色清澈,映照出了琉璃一般的光泽,洞穴从水的底部喷起,像是一连串珍珠美玉,结成了水柱帷幕,向上跃出水面一尺多,从旁边遥望水中的景象,千花万蕊,喷射成为珍珠树,颗颗分明,纹丝不乱,这便是所谓的"灵海耀珠"的景象了。《山海经》中提到洱源发源于罴谷山,也就是这里。杨太史在《泛湖穷洱源》中提到遗碑埋没在山中,何君最近也收购得到了,准备写一块石碑说明这一佳境。从海子西南岸上岸,向西取道田中,进入一座庵,正是护明寺的下院。何君的亲戚,已经在庵中备下了午饭,酒足饭饱。下午的时候,依然乘船游览湖中景色,向西南方向走了二里,又驶入小港,何君被亲戚叫去,留下两个小儿子作陪,

让两个大儿子跟我一同返回，晚饭之后住在了文庙的西厢房。

【原文】

二十日 何君未归，两长君清晨候饭，乃携盒抱琴，竞堤而东，再为九氖台之游。拟浴于池，而浴池无覆室，是日以街子，浴者杂沓，乃已。遂由新庵掬蛇口温泉，憩弄久之，仍至九氖台，抚琴命酌。何长君不特文章擅藻，而丝竹俱精。就龟口泉瀹鸡卵为餐①，味胜于汤煮者。已而寺僧更出盒佐觞，下午乃返。西风甚急，何长君抱琴向风而行，以风韵弦，其声泠泠，山水之调，更出自然也。

【注释】

①瀹（yuè）：煮。

【译文】

二十日 何君还没有回来，两个儿子一早就等着我吃饭，于是带着食盒，抱着琴，向东走过湖堤，第二次游览九氖台。打算是在池中沐浴，但浴池由于没有房屋遮盖，而这一天由于是街子天，沐浴的人很多，于是没去沐浴。就前往了新庵用手捧蛇口温泉，休息、玩耍了很长时间，依旧来到了九炁台，弹琴小酌。何君的长子不仅善于写文章运用辞藻，还对乐器十分精通。就着龟口的泉水煮了鸡蛋作为午饭，味道比用水煮的更好。没过多长时间，寺中的僧人又拿了食盒过来助酒，下午才回去。西风很急，何君的长子抱着琴迎着风走，让风来和弦，琴发出了山水的声音，更觉得十分自然。

游大理日记

【题解】

大理，位于云南省中部偏西，这里汇聚了苍山、洱海等胜景，四季如春，气候宜人，文化底蕴丰厚。徐霞客于崇祯十二年（1639年）三月在这里游览了十多天。本篇是其中三天的日记。在本篇中对三塔寺与感通寺进行了详细地描述，还记载了感通茶、龙女树、大理石等特产。徐霞客对大理有着极高的评价。

【原文】

十二日　觉宗具骑挈餐，候何君同为清碧溪游①。出寺即南向行，三里，过小纸房，又南过大纸房。其东即郡城之西门，其西山下即演武场。又南一里半，过石马泉。泉一方在坡坳间，水从此溢出，冯元成谓其清洌不减慧山。甃为方池，其上有废址，皆其遗也。志云："泉中落日照见有石马，故名。"又南半里，为一塔寺，前有诸葛祠并书院。又南过中和、玉局二峰。六里，渡一溪，颇大。又南，有峰东环而下。又二里，盘峰冈之南，乃西向觅小径入峡。峡中西望，重峰罨映②，最高一峰当其后，有雪痕一派，独高垂如匹练界青山，有溪从峡中东注，即清碧之下流也。从溪北蹑冈西上,二里,有马鬣在左冈之上,为阮尚宾之墓。从其后西二里,蹑峻凌崖。其崖高穹溪上,与对崖骈突如门,上耸下削,溪破其中出。从此以内,溪嵌于下,崖夹于上,俱逼仄深窅③。路缘崖端,挨北峰西入,一里余,马不可行,乃令从者守马溪侧,顾仆亦止焉。

【注释】

①清碧溪:位于下关西北13公里的地方。是点苍山十八溪中景色最为优美的一条溪流,有上、中、下三潭。

②罨(yǎn)映:相互掩盖衬托。

③深窅(yǎo):幽深;深邃。

【译文】

十二日 觉宗准备好了马匹带上午饭,等着何君一起去游览清碧溪。走出寺庙之后立即向南走,走了三里,过了一个小纸房,继续向南经过一个大纸房。村子的东面就是府城的西门,村子的西面的山下便是演武场。继续向南走一里半,途经石马泉。一池泉水在坡坳之间,水从那里溢出来,冯元成认为泉水清冽的程度与慧山的泉水不相上下。堆砌成方池,池上有废弃的旧址,全都是冯元成的遗迹。志书上说:"落日之下泉水中可以照出有石马,因此如此取名。"继续向南走了半里,便是一塔寺,寺庙前面有诸葛祠与书院。继续向南途经中和、玉局这两座山峰。走了六里,渡过了一条溪水,水势很大。继续向南走,有山峰向东环绕而下。继续走了二里,绕过山峰下到了山冈的南侧,随即向西找到一条前往峡谷的小路。从峡谷中向西张望,层峦叠嶂互相掩映,最高的一座山峰处于峡谷的后面,山上有积雪的残痕,独自高高下垂,就像是一匹白绢阻断了青山,有从峡谷之中向东注入的溪水,这便是清碧溪的下游。从溪水的北面踏上山冈向西往上登,走了二里,在左侧的山冈上有坟丘,是阮尚宾的坟墓。从坟丘的后面向西走二里,踏着峻岭登上山崖。这座山崖高高耸立在溪流之上,与对面的山崖并立向前突起像是一扇门,上面高耸下面陡峭,溪流冲破其中流了出去。从这里向内,溪流深深地嵌入到下面，山崖夹立在头顶上，全部狭窄倾斜，幽深杳渺。道路顺着山崖的顶部，紧贴着北面的山峰向西面进入，走了一里多，马便不再前行了，只能吩咐随行的人在溪水边守着马，顾仆也停在这里。

【原文】

余与巢阿父子同两僧溯溪入。屡涉其南北，一里，有巨石蹲涧旁，两崖巉石，俱堆削如夹。西眺内门，双耸中劈，仅如一线，后峰垂雪正当其中，掩映层叠，如挂幅中垂，幽异殊甚。觉宗辄解筐酌酒，凡三劝酬。复西半里，其水捣峡泻石间，石色光腻，文理灿然，颇饶烟云之致。于是盘崖而上，一里余，北峰稍开，得高穹之坪。又西半里，自坪西下，复与涧遇。循涧西向半里，直逼夹门下，则水从门中突崖下坠，其高丈余，而下为澄潭。潭广二丈余，波光莹映，不觉其深，而突崖之槽，为水所汩，高虽丈余，腻滑不可着足。时余狎之

不觉①，见二僧已逾上崖，而何父子欲从涧北上，余独在潭上觅路不得。遂蹴峰槽，与水争道，为石滑足，与水俱下，倾注潭中，水及其项。亟跃而出，踞石绞衣。攀北崖，登其上，下瞰余失足之槽，虽高丈余，其上槽道曲折如削，腻滑尤甚；即上其初层，其中升降，更无可阶也。再逾西崖，下觑其内有潭，方广各二丈余，其色纯绿，漾光浮黛，照耀崖谷，午日射其中，金碧交荡，光怪得未曾有。潭三面石壁环窝，南北二面石门之壁，其高参天，后面即峡底之石，高亦二三丈；而脚嵌颏突，下与两旁联为一石，若剖半盎，并无纤隙透水潭中，而突颏之上，如檐覆潭者，亦无滴沥抛崖下坠；而水自潭中辄东面而溢，轰倒槽道，如龙破峡。余从崖端俯而见之，亟攀崖下坠，踞石坐潭上，不特影空人心，觉一毫一孔，无不莹彻。亟解湿衣曝石上，就流濯足，就日曝背，冷堪涤烦，暖若挟纩。何君父子亦百计援险至，相叫奇绝。

【注释】

①狎（xiá）：没注意。

【译文】

我跟何巢阿父子以及两个和尚逆着溪流深入进去。多次跋涉到溪水的南北两岸，走了一里，在山涧旁有一块巨石，两旁的山崖上面都是高耸的山石，全都陡峭地堆积着像夹道一般。向西遥望里面的门扇，双双高耸，被当中劈开，像一线天一般，后面山峰上垂下的积雪正在里面，互相衬托，层层叠叠，就像是挂在墙上的条幅垂在中央，尤为奇异优美高雅。觉宗时常会解下竹筐饮酒，一共劝饮了三次。继续向西走了半里，溪水捣入峡中奔腾在岩石之中，石头呈现出光洁细腻的颜色，花纹灿烂，颇具烟云的意态。从此处绕到山崖上走一里多，北侧的山崖稍微开阔了一些，找到了一块高高隆起的平地。继续向西走半里，从平地向西往下走，再次碰到了山涧。沿着涧水向西走半里，径直接近夹立的石门下，就看到水由石门之中突立的石崖上往下倾泻，石崖有一丈多高，而下面便是清澈的深潭。水潭有两丈多宽，波光粼粼，并不会让人觉得水深，而突立石崖上的沟槽,被湍急的水流冲刷,高处虽然只有一丈多,但光滑细腻无法落脚。当时我只顾着玩水并没有留意,只看到那两个和尚早已翻到了上面的石崖上,而何家父子打算从山涧的北面向上攀登,我独自依然在水潭之中找路,没有找到。于是踩着山峰上的沟槽向上走,与水流抢路,被石头滑倒,与流水一同冲了下去,倾注在深潭中,水淹没了脖子,慌忙从水中跳出,坐在岩石上拧干衣服上的水。爬上北边的山崖,登上它的上面,俯瞰我失足跌倒的沟槽,虽然只有一丈多高,它上面的沟槽水道,弯弯曲曲,像是刀削出来一般,特别光滑细腻;即便上到它的第一层上,那中间上上下下的地方,也没有能够落脚的地方。继续翻过西面的山崖,向下俯瞰,山崖中有水潭,长和宽各两丈多,水为纯绿色,波光粼粼,碧玉浮动,照在山崖峡谷之中,中午的骄阳洒在水面上,碧波交映,流水激荡,光怪陆离从未见过。水潭三面的石壁环成了一个窝,南北两侧的石门的石壁,高耸插入天空之中,后面便是峡谷底部的岩石,高处有两三丈;可是石脚下嵌上面向前突出,下面与两侧联结构成了一块岩石,就像是被剖开的半个瓦瓮,并没有丝毫缝隙可以漏水到潭水中,向前突的崖石上面,就像是屋檐覆盖在水潭上的地方,也没有水滴从石崖上面洒落下来;不过水从潭中向东溢出,轰隆隆地注入到沟槽水道之中,就像是天龙冲破了峡谷。我从山崖顶部俯瞰到这样的场景,赶紧攀着山崖坠落下来,坐在了潭边的岩石上面,不仅山影能够让人摒除一切杂念,觉得每一根汗毛每一个毛孔,没有不晶莹透彻的。赶紧将湿衣服脱下来晾晒在石头上,就着流水洗脚,就着阳光晒脊背,冷得足以将烦恼洗去,暖得好像是抱着一床丝绵被。何君父子也想方设法攀援险途来到这里,也大呼惊奇。

【原文】

久之,崖日西映,衣亦渐干,乃披衣复登崖端,从其上复西逼峡门,即潭左环崖之上。其北有覆崖庋空①,可当亭榭之憩,前有地如掌,平毯若台,可下瞰澄潭,而险逼不能全见。既前,余欲从其内再穷门内二潭,

以登悬雪之峰。何君辈不能从，亦不能阻，但云："余辈当出待于休马处。"余遂转北崖中垂处，西向直上。一里，得东来之道，自高穹之坪来，遵之曲折西上，甚峻。一里余，逾峡门北顶，复平行而西半里，其内两崖石壁，复高骈夹起，门内上流之间，仍下嵌深底。路旁北崖，削壁无痕，不能前度，乃以石条缘崖架空，度为栈道者四五丈，是名阳桥，亦曰仙桥。桥之下，正门内之第二潭所汇，为石所亏蔽，不及见。度桥北，有叠石贴壁间。稍北，叠石复北断，乃趁其级南坠涧底。底有小水，蛇行块石间，乃西自第一潭注第二潭者。时第二潭已过而不知，只望涧中西去，两崖又骈对如门，门下又两巨石夹峙，上有石平覆如屋而塞其后，覆屋之下，又水潴其中，亦澄碧渊淳②，而大不及外潭之半。其后塞壁之上，水从上涧垂下，其声潺潺不绝，而前从块石间东注二潭矣。余急于西上，遂从涧中历块石而上。涧中于是无纤流，然块石经冲涤之余，不特无污染，而更光腻，小者践之，巨者攀之，更巨者则转夹而梯之。上瞩两崖，危矗直夹，弥极雄厉。渐上二里，涧石高穹，滑不能上，乃从北崖转陟箐中。崖根有小路，为密箐所翳，披之而行。又二里，闻人声在绝壁下，乃樵者拾枯于此，捆缚将返，见余，言前已无路，不复可逾。余不信，更从丛篁中披陡而西上。其处竹形渐大，亦渐密，路断尤痕。余莽披之，去巾解服，攀竹为絙。复逾里余，其下壑底之涧，又环转而北，与垂雪后峰，又界为两重，无从竟升。闻清碧涧有路，可逾后岭通漾濞，岂尚当从涧中历块耶？

【注释】

① 庋（guǐ）：架设，放置。
② 渊淳（tíng）：深水潭。

【译文】

过了很长时间，山崖上光芒四射，衣服也渐渐被晒干了，于是就披上了衣服再次登上了山崖的顶部，从那上面再次向西逼近峡中的石门，也就是水潭左边环绕的悬崖的上面。它北部有下覆的石崖架在空中，能够作为亭台楼榭休息，前面有像手掌一般的地方，平坦地砌得像是高台一般，可以向下俯瞰澄碧的水潭，但是危险且狭窄的地方无法尽览。不久向前走，我准备再去游览石门内的两个水潭，并登上堆满了积雪的高悬的山峰。何君这群人无法跟从我，却也无法阻拦我，只好说："我们会出去等候在马匹休息的地方。"于是我转向北面山崖中垂的地方，往西而直接上去。走了一里，看到了一条从东而来的道路，自高高隆起的平地上过来，顺着这条路曲折向西而上，十分险峻。走了一里多，过了峡中石门北边的顶上，继续向西走了半里，这以内两边山崖的石壁，重新并排相夹高高矗立起来，石门内山涧上游之间，底部依然向下嵌入。道路旁边北面的山崖，如刀削般的石壁没有裂痕，无法向前攀岩，就用石条顺着山崖架空，横架为栈道，长有四五丈，这里的名字叫作阳桥，也被称为仙桥。在桥的下面，正是石门内第二个水潭积水的地方，被岩石所遮盖住了，无法看到。过到桥的北面，有叠垒的石阶紧贴在石壁的上面。

稍稍向北走，叠垒的石阶在北面又断掉了，就趁着岩石叠成的台阶向南坠入到山涧的底部。山涧的底部有一条小溪，像蛇一般流淌在石块间，这便是从西面第一个水潭注入到第二个水潭中的水流。这时候已经错过了第二个水潭却不自知，只是望着山涧向西而行，两侧的山崖并排峙立像是门扇一般，门下又有两块巨石夹立相对，上面有一块像屋子一样平平覆盖着的岩石，不过堵住了后方，覆盖的石屋下面，还有积水在其中，也有澄碧的深水潭，只是面积较大的地方也不足外面水潭的一半。它后面堵塞的石壁上面，水流从上面的山涧之中坠下来，水声潺潺不绝，之后在前方石块间向东注入到第二个深潭去了。我忙于向西往上攀登，就从山涧中在石块上行走。山涧中从这里开始便没有了纤细的水流，不过石块在经过冲刷洗涤之后，不仅没有了污渍，还显得更加光滑细腻，小的就踩着它走，大的就越过它走，更大地便转到相夹的地方攀岩而过。从上面向远处眺望两边的山崖，危崖矗立，笔直相夹，显得更加雄伟壮丽。渐渐向上登了二里，山涧之中的岩石高大穹隆，光滑得无法向上攀登，只好从北面的山崖向上转而登到山箐之中。山崖的山脚下面有一条小道，被浓密的竹丛遮盖住了，将竹丛拨开向前走。又走了二里，听到在绝壁下面有人的声音，原来是打柴的人在这里捡拾枯枝，捆好之后正打算回去，看到我，说起前面已经没有路了，不能再翻过去。我不相信，再次拨开了成丛的竹林从陡坡向西往上攀登。这里柱子的形状慢慢大了起来，也慢慢变得浓密了，路没有了，毫无踪迹可循。我盲人摸象一般地拨开竹丛，摘掉头巾，脱下衣服，捡起竹子当作绳索，又穿行了一里多。脚下壑谷底的山涧，又环绕着转向了北面，与后面积雪下垂的山峰，隔了两层，不能径直向上攀登。听闻清碧涧有路，能够翻过后梁通向漾濞，难道是应该从山涧之中经过石块而走吗？

【原文】

时已下午，腹馁甚，乃亟下；则负刍之樵，犹匍匐箐中。遂从旧道五里，过第一潭，随水而前，观第二潭。其潭当夹门逼束之内，左崖即阳桥高横于上，乃从潭左攀磴隙，上阳桥，逾东岭而下。四里至高穹之坪，望西涧之潭，已无人迹，亟东下沿溪出，三里至休马处。何君辈已去，独留顾仆守饭于此，遂啜之东出。三里半，过阮墓，从墓右下渡涧，由涧南东向上岭。路当南逾高岭，乃为感通间道；余东逾其余支，三里，下至东麓之半。牧者指感通道，须西南逾高脊乃得，复折而西南上跻，望崖而登，竟无路可循也。二里，登岭头，乃循岭南西行。三里，乃稍下，度一峡，转而南，松桧翳依，净宇高下，是为宕山①，而感通寺在其中焉。

【注释】

①宕山：《大明一统志》作荡山，也被称为上山。《元混一方舆胜览》大理路崇圣寺条载："又西南有上山寺，幽雅之趣非云南诸寺比。"

【译文】

这时候已经是下午了，腹中十分饥饿，于是赶紧下山；就看到背着柴草的樵夫，依然匍匐着穿行在山箐之中。于是从原路往回走了五里，

路过了第一个深潭,沿着水流向前走,就看到了第二个水潭。这个水潭正处于夹立的石门之内,左面的石崖上有高高横架在上面的阳桥,于是就从水潭的左侧攀登着石缝中的石磴,登上阳桥,翻过东岭向下走。走了四里之后来到了高高隆起的平地,看到西涧的水潭的旁边,已经没有人的踪迹了,急忙向东往下走,顺着溪流出来,走了三里路就到了马匹休息的地方。何君那群人已经离开了,只留下顾仆在那里守着饭菜,于是用了饭向东出了山。走了三里半,途经了阮尚宾的墓,从墓地的右面向下渡过了涧水,从涧水的南面向东攀上山岭。向南翻过高大的山岭,便应当是通往感通寺的捷径了;我向东穿过它的余脉,走了三里,下到了东麓的半中腰。牧人指点说,前往感通寺的路,一定要向西南穿过高大的山脊才能抵达,继而转向西南方向往上走,望着山崖向上攀登,竟然无路可走了。走了二里,登上了岭头,就顺着山岭的南面向西而走。走了三里,才稍稍向下走,穿过一条峡谷,转而向南,松柏依旧十分茂密,佛寺高低错落,这里便是宕山了,而感通寺就坐落在这座山之中。

【原文】

　　盖三塔、感通,各有僧庐三十六房,而三塔列于两旁,总以寺前山门为出入;感通随崖逐林,各为一院,无山门总摄,而正殿所在,与诸房等,正殿之方丈有大云堂,众俱以大云堂呼之而已。时何君辈不知止于何所,方逐房探问。中一房曰斑山,乃杨升庵写韵楼故址,初闻何君欲止此,过其门,方建醮设法于前,知必不在,乃不问而去。后有人追至,留还其房。余告以欲觅同行者,其人曰:"余知其所止,必款斋而后行。"余视其貌,似曾半面,而忘从何处,谛审之,知为王赓虞,乃卫侯之子,为大理庠生,向曾于大觉寺会于遍周师处者也。今以其祖母忌辰,随其父来修荐于此,见余过,故父子相谂①,而挽留余饭焉。饭间,何君亦令僧来招。既饭而暮,遂同招者过大云堂前北上,得何君所止静室,复与之席地而饮。夜月不如前日之皎。

【注释】

①谂（shěn）：知悉。

【译文】

三塔寺、感通寺，各有僧舍三十六间，而三塔寺的全都排列在两边，全部都将寺前的山门作为出入口；感通寺沿着山势依着树林，各自成为一院，并没有山门统摄，而且正殿所处的地方，与各个僧房的高度是一样的，正殿的方丈有一处大云堂，僧徒们全都用"大云堂"来称呼他。这时候还不知道何君这群人住在了哪里，于是只能挨房打听。其中有间房叫作斑山，正是杨升庵写韵楼的旧址，最开始的时候听说何君准备住在这里，路过门口，门前正在设坛念经作法事，心想其定然不在此处，于是没有询问便离开了。后面有人追上来，挽留回到了他们的房子里。我告诉他打算去寻找同行的人，那人说："我知道他们住在哪里，但是一定要用过饭之后再走。"我打量他的容貌，仿佛在哪里见过一面，但是又忘记了在哪里，仔细察看之后，知道他是王赓虞，是卫侯的儿子，大理府学的生员，过去曾经在大觉寺遍周禅师那里见过面。今天由于是他祖母过世的忌日，跟着他的父亲来到这里施斋作法事，看到我经过，父子二人便认出了我，于是就留我用饭。吃饭的时候，何君也吩咐僧人来招呼。用过饭之后天便黑了下来，于是与来招呼的僧人经由大云堂的前面向北往上走，便找到了何君居住的静室，再跟他席地坐下饮酒。晚上的月色并没有前一天那般皎洁。

【原文】

十三日　与何君同赴斋别房，因遍探诸院。时山鹃花盛开，各院无不灿然。中庭院外，乔松修竹，间以茶树。树皆高三四丈，绝与桂相似，时方采摘，无不架梯升树者。茶味颇佳，炒而复曝，不免黝黑。已入正殿，山门亦宏敞。殿前有石亭，中立我太祖高皇帝赐僧无极归云南诗十八章①，前后有御跋。此僧自云南入朝，以白马、茶树献，高皇帝临轩见之，而马嘶花开，遂蒙厚眷。后从大江还故土，帝亲洒天葩，以江行所

过，各赋一诗送之，又令诸翰林大臣皆作诗送归。今宸翰已不存②，而诗碑犹当时所镌者。李中谿大理郡志以奎章不可与文献同辑③，竟不之录。然其文献门中亦有御制文，何独诗而不可同辑耶？殿东向，大云堂在其北。僧为瀹茗设斋。

【注释】

①太祖高皇帝：指的是明太祖朱元璋。

②宸（chén）：帝王的宫殿，可以引申为对帝王的代称。翰（hàn）：文字、文词。宸翰：皇帝的亲笔文字。

③奎（kuí）章：帝王的手笔。

【译文】

十三日 与何君一起到别的僧房赴斋宴，因此走遍了各处的寺院。当时山上的杜鹃花盛开，每个寺院没有不绚烂多姿的。中庭院外面，高大的苍松修长的翠竹中，夹杂着茶树。茶树高有三四丈，看上去跟桂树颇为相似，这时候正在采摘，到处都是架着梯子爬上树的人。茶的味道很好，炒过之后再晒干，色泽不免有些黝黑。不久，走进了正殿，山门也是十分宏伟宽敞。正殿的前面有一座石亭子，亭子里面立着我朝太祖高皇帝赐给僧人无极的十八首归云南诗，前后都有高皇帝写的跋。这个僧人从云南进朝廷，用白马、茶树进贡，高皇帝来到轩廊之中接见了他，当时突然白马嘶鸣、茶花盛开，于是受到了礼遇。之后从长江返回故乡，皇帝亲自抛洒了鲜花，在其沿江路过的地方，全都赋了一首诗给他，又命令翰林院的各位大臣全都要写诗送他回去。现在皇帝陛下所写的诗文已经遗失了，但诗碑还是当时所刻的。李中谿的《大理郡志》认为帝王的诗不能跟文献一起辑录，竟然不予以收录。不过他的文献类中也有皇帝所写的文章，为什么只有这首诗不能一起收录呢？正殿正对着东面，大云堂在它的北边。僧人为我们沏了茶、摆上了斋饭。

【原文】

已乃由寺后西向登岭，觅波罗岩。寺后有登山大道二：一直上西北，由清碧溪南峰上，十五里而至小佛光寨，疑与昨清碧溪中所望雪痕中悬处相近，即后山所谓笔架山之东峰矣；一分岐向西南，溯寺南第十九涧之峡，北行六里而至波罗岩。波罗岩者，昔有赵波罗栖此，朝夕礼佛，印二足迹于方石上，故后人即以"波罗"名。波罗者，乃此方有家道人之称。其石今移大殿中为拜台。时余与何君乔梓骑而行。离寺即无树，其山童然①。一里，由岐向西南登。四里，逾岭而西，其岭亦南与对山夹涧为门者。涧底水细，不及清碧，而内峡稍开，亦循北山西入。又一里，北山有石横叠成岩，南临深壑。壑之西南，大山前抱，如屏插天，而尖峰齿齿列其上，遥数之，亦得十九，又苍山之具体而微者。岩之西，有僧构室三楹，庭前叠石明净，引水一龛贮岩石下，亦饶幽人之致。僧瀹茗炙面为饵以啖客。久之乃别。

【注释】

①童然：光秃秃的样子。

【译文】

之后，就从寺庙的后面向西攀上山岭，去寻找波罗岩。山寺的后面有两条可以登山的大路：一条一直向西北方向延伸，从清碧溪的南峰上去，十五里之后抵达小佛光寨，疑与昨天从清碧溪中眺望到了雪迹悬在中央的地方接近，也就是后山之中所说的笔架山的东峰了；一条分开岔向西南，逆着山寺南面第十九条山涧的峡谷，向北走六里之后就抵达了波罗岩。波罗岩这个地方，之前有一位名叫赵波罗的人在这里居住，早晚拜佛，在方形的岩石上面留下了两个脚印，因此后人就用"波罗"来命名了。波罗这个词，是该地对拥有家室的僧人的一种称呼。那块岩石现在已经搬到了大殿之中作为了跪拜用的石台。当时我与何乔梓先生骑马而行。离开山寺之后就没有树了，这里的山全都光秃秃的。走了一里，从岔路向西南登上山。继续走了四里，翻过山岭向西走，这里的山岭也是向南与对面的山夹住山涧形成了门的样子。涧底的水流很细，比不上清碧溪，不过里面的峡谷倒是略微开阔一些，也就是沿着北山向西面延伸进去。又走了一里，北面山上有岩石横着垒成岩洞，南面挨着深深的壑谷。壑谷的西南方向，大山向前环抱着，就像是屏风一样高高地插入天空，而有一座座山峰排列在山上，远远地数了一下，也有十九座山峰，这又是苍山具体而细微的地方了。岩洞的西侧，有僧人所建的三间房子，庭前叠垒的岩石光洁明亮，引了一坑水贮存在岩石下，也让人不禁产生了幽思的情绪。僧人煮了茶、用面做成饼来招待客人。在这里待了很长时间才离开。

【原文】

从旧路六里，过大云堂，时觉宗相待于斑山，乃复入而观写韵楼。楼已非故物，今山门有一楼，差可以存迹。问升庵遗墨，尚有二扁[1]，寺僧恐损剥，藏而不揭也。僧复具斋，强吞一盂而别。其前有龙女树。树从根分挺三四大株，各高三四丈，叶长二寸半，阔半之，而绿润有光，花白，小于玉兰，亦木莲之类而异其名。时花亦已谢，止存数朵在树杪，而高不可折，余仅折其空枝以行。

【注释】

①扁：通"匾"。

【译文】

由原路向回走六里，途经大云堂，这时候觉宗已经在斑山等候了，于是就再次进去观赏写韵楼。楼已经不再是原来的建筑了，现在的山门上有一座楼，还稍微遗留了一些原来的古迹。询问杨升庵所遗留下的墨迹，还存有两块匾额，寺中的僧人担心损伤剥落，收藏起来不愿意掀开。僧人还准备了斋饭，勉强吃了一钵盂之后道别。楼的前面有一棵龙女树。树从根部分枝滋生了三四棵大枝，各自有三四丈高，树叶有二寸半长。宽是长的一半，而颜色碧绿有光，花为白色，比玉兰花要小一些，也属于木莲这一类的植物，但是名字有所差异。当时花已经凋谢了，只留下树梢上的几朵，不过太高

无法折取，我只好折下了树上的空枝离开了。

【原文】

于是东下坡，五里，东出大道，有二小塔峙而夹道；所出大道，即龙尾关达郡城者也。其南有小村曰上睦①，去郡尚十里。乃遵道北行，过七里、五里二桥②，而入大理郡城南门。经大街而北，过鼓楼，遇吕梦熊使者，知梦熊不来，而乃郎已至。以暮不及往。乃出北门，过吊桥而北，折而西北二里，入大空山房而宿。

【注释】

①上睦：现在写为上末。

②七里桥、五里桥：全都位于大理的南面，从南往北依次排列在下关到大理古城的公路附近。

【译文】

从这里向东下坡，走五里，向东走上大路，有两座小塔夹住道路对峙耸立着；所走的大路，是从龙尾关前往府城的路。塔的南面有一个叫作上睦的小村落，距离府城还有十里的距离。于是就沿着大路向北走，途经七里桥、五里桥这两座桥，之后走进大理府城的南门。经过大街向北走，途经鼓楼，碰到了吕梦熊的使者，得知吕梦熊没有前来，不过他的儿子已经到了。由于天色已晚无法前去。于是从北门走出，过到了吊桥的北边，转向西北方向走了二里，进入到大空山房住下。

【原文】

十四日　观石于寺南石工家。何君与余各以百钱市一小方。何君所取者，有峰峦点缀之妙；余取其黑白明辨而已①。因与何君遍游寺殿。是寺在第十峰之下，唐开元中建，名崇圣。寺前三塔鼎立，而中塔最高②，形方，累十二层，故今名为三塔。塔四旁皆高松参天。其西由山门而入，有钟楼与三塔对，势极雄壮；而四壁已颓，檐瓦半脱，已岌岌矣。楼中有钟极大，径可丈余，而厚及尺，为蒙氏时铸，其声闻可八十里。楼后为正殿，殿后罗列诸碑，而中谿所勒黄华老人书四碑俱在焉。其后为雨珠观音殿，乃立像铸铜而成者，高三丈。铸时分三节为范，肩以下先铸就而铜已完，忽天雨铜如珠，众共掬而熔之，恰成其首，故有此名。其左右回廊诸像亦甚整，而廊倾不能蔽焉。自后历级上，为净土庵，即方丈也。前殿三楹，佛座后有巨石二方，嵌中楹间，各方七尺，厚寸许。北一方为远山阔水之势，其波流潆折，极变化之妙，有半舟披尾烟汀间。南一方为高峰叠嶂之观，其氤氲浅深，各臻神化。此二石与清真寺碑趺枯梅③，为苍石之最古者。清真寺在南门内，二门有碑屏一座，其北趺有梅一株，倒撇垂趺间。石色黯淡，而枝痕飞白，虽无花而有笔意。新石之妙，莫如张顺宁所寄大空山楼间诸石，中有极其神妙更逾于旧者。故知造物之愈出愈奇，从此丹青一家，皆为俗笔，而画苑可废矣。张石大径二尺，约五十块，块块皆奇，俱绝妙着色山水，危峰断壑，飞瀑随云，雪崖映水，层叠远近，笔笔灵异，云皆能活，水如有声，不特五色灿然而已。其后又有正殿，庭中有白山茶一株，花大如红茶，而瓣簇如之，花尚未尽也。净土庵之北，又有一庵，其殿内外庭除，俱以苍石铺地，方块大如方砖，此亦旧制也；而清真寺则新制以为栏壁之用焉。其庵前为玉皇阁道院，而路由前殿东巩门入，绀宫三重，后乃为阁，而竟无一黄冠居守，中空户圮，令人怅然。

【注释】

①"观石"句：这里指的是大理特有的大理石，明代称为点苍石、苍石，或文石，当地人也称为础石。

②"是寺"句：中塔称千寻塔，建于唐代。北塔、南塔建于晚唐或五代。

③趺（fū）：碑下的石座。

【译文】

十四日 在寺庙的石匠家欣赏石头。何君跟我各自用一百文钱买了

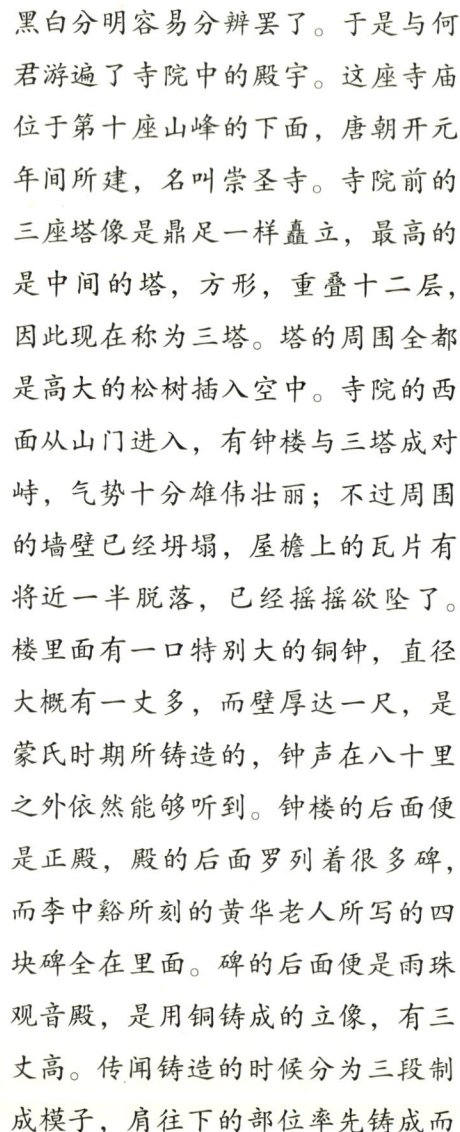

一小块。何君挑选的，有峰峦点缀在上面的绝妙之处；我挑选的只是黑白分明容易分辨罢了。于是与何君游遍了寺院中的殿宇。这座寺庙位于第十座山峰的下面，唐朝开元年间所建，名叫崇圣寺。寺院前的三座塔像是鼎足一样矗立，最高的是中间的塔，方形，重叠十二层，因此现在称为三塔。塔的周围全都是高大的松树插入空中。寺院的西面从山门进入，有钟楼与三塔成对峙，气势十分雄伟壮丽；不过周围的墙壁已经坍塌，屋檐上的瓦片有将近一半脱落，已经摇摇欲坠了。楼里面有一口特别大的铜钟，直径大概有一丈多，而壁厚达一尺，是蒙氏时期所铸造的，钟声在八十里之外依然能够听到。钟楼的后面便是正殿，殿的后面罗列着很多碑，而李中谿所刻的黄华老人所写的四块碑全在里面。碑的后面便是雨珠观音殿，是用铜铸成的立像，有三丈高。传闻铸造的时候分为三段制成模子，肩往下的部位率先铸成而铜早已用光了，这时突然天上掉下了像珠子一样的铜雨，大家一起用手将铜珠捧来熔化，正好完成了铜像的头部，因此便有了这个名字。大殿的左右回廊中的众神像也十分整齐，但回廊倒塌得已经无法遮蔽风雨了。

由后面顺着石阶上去，便是净土庵，这里就是方丈所在的住处了。前殿有三开间，佛座的后面有两块巨大的岩石，镶嵌在中间的两根柱子之间的墙上，各七尺见方，约一寸厚。靠着北面有远山阔水的气势，其中水流波涛回旋曲折，极富变化之巧妙，有些像是小船停泊在烟雾缭绕的绿洲之间。南面有一块是高峰林立、层峦叠嶂的景观，它那弥漫的云烟深浅不同，全都达到了出神入化的境界。这两块石板与清真寺中枯梅纹的碑座，全都是大理石中最为古老的东西。清真寺坐落在南门之内，二门内有一块石碑像屏风一般，碑座朝向北面的一面上面有一棵梅花，倒挂飘浮在石座的上面。石质颜色黯淡，但是树枝上却露着丝丝白色的痕迹，虽然没有花却颇富绘画的意境。新采石头中美妙的，没有能够与顺宁张知府寄放在大空山楼中的各个石头相比的了，其中的神妙之处更是超过旧石。因此了解到造物者的创作愈加巧妙，从这之后，画家的绘画全都成了俗笔，而画坛可废弃了。张知府寄放的石头大的直径有二尺，约有五十块，每一块都十分奇特，全部都是绝妙的着色山水画，危耸的山峰挨着断崖，飞瀑追逐着云雾，上面是积雪的山崖映入到水之中，层层叠叠，远近疏朗有致，每一笔画得绝世灵妙奇异，云仿佛在流动，流水仿佛有声音，并不仅是五色斑斓而已。前殿的后面还有正殿，庭院里面有一株白山茶，花的大小跟红茶差不多，而且花瓣成簇也像是红山茶，花还没有开尽。净土庵的北面，还有一座寺庵，佛殿里外的庭院石阶，全部都是采用大理石来铺就的，方形的石块大小跟方砖差不多，也是原来制成的；但是清真寺则是全新建成的，用大理石做成栏杆墙壁。这座寺庵前面就是玉皇阁道院，而路要从前殿的东面的拱门进入，有三层殿宇，后面便是阁楼，不过竟然没有一名道士在这里留守，寺院中空空如也，门户倒塌，让人心生不快。

游高黎贡山日记

【题解】

高黎贡山地处怒江大峡谷，位于怒江西岸。由于这里地形复杂，生态环境悬殊，素有"世界物种基因库""世界自然博物馆"等美誉。徐霞客从保山到腾冲，渡过怒江，翻过高黎贡山。徐霞客是考察高黎贡山的先行者，由此他对高黎贡山的认识不断加深。在回去的时候，他发现高黎贡山也是雨屏，后来在保山上江，他又对高黎贡东坡石城的原始森林进行了考察。

【原文】

十一日　鸡鸣起，具饭。昧爽，从村西即北向循西大山行。随溪而北，渐高而陡崖，共八里，为石子哨，有数家倚西山之东北隅。又北二里，乃盘山西转，有峡自西而东，合于枯飘北注之峡。溯之，依南山之北，西入二里，下陟南来峡口。峡中所种，俱红花成畦①，已可采矣。西一里，陟西来峡口，其上不多，水亦无几，有十余家当峡而居，是为落马厂②。度峡北，复依北山之南西入，一里，平上逾脊。其脊自南而北度，起为北峡之山，而北尽于罗岷者也。逾脊西行峡中，甚平，路南渐有涧形依南崖西下，路行其北。三里，数家倚北山而居，有公馆在焉，是为大坂铺。从其西下陟一里，有亭桥跨涧，于是涉涧南，依南山之北西下。二里，有数家当南峡，是为湾子桥③。有卖浆者，连糟而啜之，即余地之酒酿也④。山至是环耸杂沓，一涧自东来者，即大坂之水；一涧自南峡来者，坠峡倒崖，势甚逼仄，北下与东来之涧合而北去，小木桥横架其上。度桥，即依西山之东北行，东山至是亦有水从此峡西下，三水合而北向破峡去。东西两崖夹成一线，俱摩云夹日，溪嵌于下，蒙箐沸石，路缘于上，鏖壁摅崖。排石齿而北三里，转向西下，石势愈峻愈合。又西二里，峡曲而南，涧亦随峡而曲，路亦随涧而曲。半里，复西盘北转，路皆凿崖栈木。半里，复西向缘崖行。一里，有碑倚南山之崖，题曰"此古盘蛇谷"，乃诸葛武侯烧藤甲兵处，然后信此险之真冠滇南也。水寨高出众险之上，此峡深盘众壑之下，滇南二绝，于此乃见。碑南渐下，峡亦渐开。又西二里，乃北转下坡。复转而西一里，有木桥横涧而北，乃度，循北崖西行。一里，逾南突之脊，于是西谷大开，水盘南壑，路循北山。又西平下三里，北山西断，路乃随坡南转。西望坡西有峡自北而南，俱崇山夹立，知潞江当在其下而不能见⑤。南行二里余，则江流已从西北嵌脚下，逼东山南峡之山，

转而南去矣。乃南向下坡，一里，有两三家倚江岸而栖，其前有公馆焉，乃就瀹水以饭。

【注释】

①红花：菊科植物，开橘红色的花，果实可以榨油，花可以用来当染料，也可以制成胭脂，或者入药。

②落马厂：现在称为马厂，分里马厂和外马厂，又称马街，位于蒲缥以西的公路边。

③湾子桥：也就是现在的里湾。全都位于蒲缥以西的公路边。

④酒酿：用糯米酿成，云南现在称为甜白酒，贵州称为甜酒。

⑤潞江：唐朝的时候写为怒江，见《蛮书》。后讹传为潞江。《明史·地理志》保山县注："又南有潞江，旧名怒江，一名喳里江，自潞江司流入。"现在依然称为怒江。

【译文】

十一日　鸡叫之后起床，准备早饭。黎明的时候，从村子的西面立即朝着北面沿着西面的大山而走，沿着溪水向北走，地势慢慢变得高了起来，向上登山崖，一共走了八里，便到了石子哨，这里有几户人家倚靠着西山的东北角。继续向北走了二里，之后便绕着山向西转，有一个从西面一直延伸向东的峡谷，与枯飘向北流注的峡谷汇合。逆着峡谷而行，靠着南山的北侧，向西深入二里，再从自南而来的峡口往下走。峡谷之中种植的，全都是成片的红花，已经能摘取了。向西走一里，穿过西来的峡口，往上走的路并不多，水也没有多少，有十几户人家挨着峡口而居，这里便是落马厂。穿过峡谷的北侧，又挨着北山的南面往西深入一里，平缓上山翻过山脊。这条从南向北延伸的山脊，突起成为北峡的山，之后往北在罗岷山穷尽。翻过山脊向西在峡谷中行走，道路非常平坦，道路的南面逐渐有山涧倚靠着南面的山崖向下流，路在山涧的北面不断延伸。走了三里，有几户人家靠着北山而居，在那里还有公馆，这里便是大坂铺。从它的西侧向下走一里，有一座亭桥横跨在山涧上，于是过到了山涧的南面，靠着南山的北面向西往下走。走了二里，有几户人家坐落在南面峡谷之中，这里便是湾子桥。有贩卖淡甜酒的人，连酒糟一同饮下，便是我们地方上的酒酿了。山到了这里杂沓环列高耸，一条从东面流过来的山涧，便是大坂的水流；一条从南面峡中流过来的山涧，下坠进峡谷倒悬下山崖，水路十分狭窄，向北往下流与从东面而来的山涧汇合，之后一同向北流去，在山涧上有一座小木桥。过了桥之后，马上倚靠着西山的东面向北走，东山到这里也有水流从峡中向西往下流，三条水流汇合之后一同向北冲破山峡流去。东西两侧的山崖夹成一条线，全都上摩云天夹住红日，溪流深深嵌在下面，山中竹林茂密，溪中石头滚沸，路顺着向上延伸，穿破石崖峭壁，攀登上齿状的岩石往北走三里，转而向西往下走，石山的山势越发险峻而合拢。继续向西走二里，峡谷弯向南面，山涧也跟着山峡而弯曲，路也随着山涧而弯曲。走了半里，向西转而向北，路全都是凿山崖修成的木栈道。继续走了半里，转而向西顺着山崖而行。继续走了一里，在南山的石崖下面靠着一块石碑，上面写着"此处是古盘蛇谷"，这里便是武侯诸葛亮火烧藤甲兵的地方，这才相信这里的天险果真是滇南之首啊！水寨在诸多险峰之上高高突出，这座山峡深深盘绕在诸多壑谷之下，滇南的两处奇观，到这里才显露出来。从石碑的南面逐渐向下走，峡谷也逐渐变得宽敞起来。继续向西走了二里，便转而向北下坡。继而转向西面走了一里，在山涧的北侧有一座木桥横架在上面，于是就过了桥，顺着北面的山崖向西走了一里，穿过南突的山脊，西面的山谷顿时开阔起来，涧水绕着南侧的壑谷而流，路顺着北山延伸。继续向西平缓地向下走了三里，北山在西面断开了，路于是沿着山坡向南转。向西望去山坡西面有峡谷从北面一直延伸向南，全是高峻的山峰相夹而立，心知怒江已经就处于峡谷的下面，不过无法看到。继续向南走了二里多，就看到江水已经从西北流过来嵌在脚下，接近东山南峡的山，转而向南流去了。于是向南往下走，走了一里，有两三家人紧挨着江岸居住，村子的前面有公馆，于是就走了进去烧水做饭。

【原文】

时渡舟在江南岸,待久之乃至。登舟后,舟子还崖岸而饭,久之不至,下午始放渡而南。江流颇阔,似倍于澜沧,然澜沧渊深不测,而此当肆流之冲,虽急而深不及之,则二江正在伯仲间也。其江从北峡来,按一统志云,其源出雍望,不知雍望是何地名。据土人言出狗头国,言水涨时每有狗头浮下也。注南峡去,或言东与澜沧合,或言从中直下交南,故蒙氏封为"四渎"之一①。以余度之,亦以为独流不合者是。土人言瘴疠甚毒,必饮酒乃渡,夏秋不可行。余正当孟夏,亦但饭而不酒,坐舟中,棹流甚久,亦乌睹所云瘴母哉。渡南崖,暴雨急来,见崖西有树甚巨,而郁葱如盘,急趋其下。树甚异②,本高二丈,大十围,有方石塔甃其间,高与干等,干跨而络之,西北则干密而石不露,东南临江,则干疏而石出,干与石已连络为一,不可解矣,亦穷崖一奇也。

【注释】

①渎(dú):独流发源注入大海

的大河。

②"树甚异"句：这里的树是在现在的傣族地区最为常见的树，通称榕树。

【译文】

这时有渡船在江的南岸，等了很长时间才到。登上船之后，船夫回到石崖岸上用饭，过了很长时间也不回来，下午的时候才起航渡到南岸。江水很宽，应该是澜沧江的两倍，不过澜沧江深不可测，而这里是肆意奔腾的冲要之地，水流虽然湍急但是深度却比不上澜沧江，不过这两条江水各具特色正好可以相互媲美。这条江水从北面的峡谷中流过来，根据《一统志》中的记载，它的源头应当是在雍望，不过不知道雍望是哪里的地名。根据当地人所说，源头在狗头国，说是涨潮的时候经常会有狗头漂下来。注入到南面峡谷之中，有人说向东与澜沧江汇合，有人说从中间一直向下流到交趾南部，因此蒙氏将其封为"四渎"之一。根据我的推算，也认为独自流淌不合流的说法是正确的。当地人说瘴气很毒，一定要饮酒方能渡过江水，夏天和秋天这两个季节不能渡江。当时正值初夏，只吃了饭却没有喝酒，坐在船里，在江水中划了很长时间，却没有看到所谓的瘴母呀！渡到了江南的山崖，突然开始下起了暴雨，看到山崖西面有一棵十分巨大的树，郁郁葱葱像是盘子一般，慌忙走到了树下。这棵树长得十分奇特，树干有两丈高，粗的地方要十个人才能合抱过来，有座方形石塔砌在其间，高的地方跟树干相等，树干高跨缠绕着它，西北方向的一面树干密布还没有露出石塔，东南一面挨着江水，树干稀疏石塔便露了出来，树干与石塔已经缠绕成为一体，无法分隔了，这便是在这处偏僻的山崖之间的一处奇观。

【原文】

已大风扬厉，雨散，复西向平行上坡。望西北穹峰峻极，西南骈崖东突，其南崖有居庐当峰而踞，即磨盘石也。望之西行，十里，逼西山，雨阵复来。已虹见东山盘蛇谷上，雨遂止。从来言暴雨多瘴，亦未见有异也。稍折而南，二里，有村当山下，曰八湾①，数家皆茅舍。一行人言此地热不可栖，当上山乃凉。从村西随山南转，一里，过一峡口。循峡西入，南涉而逾一崖，约一里，遂从南崖西上。其上甚峻，曲折盘崖，八里而上凌峰头，则所谓磨盘石也②。百家倚峰头而居，东临绝壑，下嵌甚深，而其壑东南为大田，禾芃芃焉。其夜倚峰而栖，月色当空，此即高黎贡山之东峰。忆诸葛武侯③、王靖远骥之前后开疆④，方威远政之独战身死⑤，往事如看镜，浮生独倚岩，慨然者久之！

【注释】

①八湾：现在写为坝湾，位于保山县西部。

②磨盘石：今名同。不过只留下地名，已经没有百家之居。

③诸葛武侯：诸葛亮南征，对西南边疆各族产生深远的影响，到现在云贵两省关于诸葛亮的传说和遗迹依然有很多。

④王靖远骥：即王骥，字尚德，束鹿人，官至兵部尚书，封靖远伯，死后赠靖远侯，因此也被称为王尚书、王靖远。"威宁"当作"靖远"。明朝时，麓川土司经常侵扰内地，明廷曾出兵多次，最后载了王骥三征麓川的事。

⑤方威远政：即方政，事迹见《明史·云南土司传二》。正统三年（1438年），麓川土司思任反叛，扰孟定、湾甸等地，"掠杀人民"。廷臣举右都督方政往云南，协同镇守右都督沐昂率兵讨之。

【译文】

不久大风凌厉飞扬，雨散开，又向西平行上坡。望见西北穹隆的山峰极为高峻，西南并立的山崖向东突出去，它南面的山崖上有房屋正当山峰盘踞着，就是磨盘石了。望着它向西行，十里，逼近西山，阵雨重又来临。不久彩虹出现在东山盘蛇谷上方，雨终于停了。从来都说暴雨时瘴气很多，也未见有什么异状。稍折向南，二里，有个村庄坐落在山下，叫作八湾，几家人都是茅草房。同行的人说此地炎热不能居住，猜想要上山后才会凉爽。从村西顺山势向南转，一里，走过一处峡口。顺峡谷往西深入，向南涉水后越过一处山崖，约走一里，于是从南面的山崖向西上登。那上面非常高峻，曲曲折折绕着山崖走，八里后登上峰头，就是所谓的磨盘石了。百来户人家依傍着峰头居住，东边面临绝壑，下嵌之处非常深，而这个壑谷东南边是大片农田，禾苗茁壮生长在田中。此夜背靠峰头住下，月色当空，此地就是高黎贡山的东峰。回忆起武侯诸葛亮、靖远侯王骥前后开拓边疆，威远伯方政只身战死，往事如镜中之影，漂泊的人生短暂。独自一人背靠着高峻的山崖，感慨了很长时间。

【原文】

十二日　鸡再鸣，饭，昧爽出门。其处虽当峻峰之上，而居庐甚盛，有公馆在村北，潞江驿在其上。山下东南成大川，已插秧盈绿，潞江沿东山东南去，安抚司依西南川坞而居①。遂由磨盘石西南上，仍峻甚。二里，逾其南峡之上，其峡下嵌甚深，自西而东向，出安抚司下。峡底无余隙，惟闻水声潺潺在深菁中。峡深山亦甚峻，藤木蒙蔽，猿鼯昼号不绝②。峡北则路缘崖上，随峡西进，

游高黎贡山日记

上去山顶不一二里，缘峡平行西四里，有石洞南临路崖，深阔丈余，土人凿石置山神碑于中。又四里，稍折而北上崖，旋西，西登临峡之坡。北峡之上，至是始南垂一坡，而南峡之下，则有峡自南山夹底而出，与东出之峡会成"丁"字，而北向垂坡焉。又西二里，或陟山脊，或缘峰南，又三里，有数家当东行分脊间，是为蒲满哨[3]。盖山脊至是分支东行，又突起稍高，其北又坠峡北下，其南即安抚司后峡之上流也。由此西望，一尖峰当西复起，其西北高脊排穹，始为南渡大脊，所谓高黎贡山，土人讹为高良工山，蒙氏僭封为西岳者也。其山又称为昆仑冈，以其高大而言，然正昆仑南下正支，则方言亦非无谓也。由蒲满哨西下一里，抵所望尖峰，即蹑级数转而上。两旁削崖夹起，中坠成路，路由夹崖中曲折上升，两岸高木蟠空，根纠垂崖外，其上竹树茸密，覆阴排幕，从其上行，不复知在万山之顶，但如唐人所咏："两边山木合，终日子规啼[4]"，情与境合也。一里余，登其脊。平行脊上，又二里余，有数家倚北脊，是为分水关[5]，村西有水沿北坡南下，此为潞江安抚司后峡发源处矣。南转，西逾岭脊，砖砌巩门，跨度脊上。其关甚古，顶已中颓，此即关之分水者。关东水下潞江，关西水下龙川江。

【注释】

①安抚司：指的是潞江安抚司，隶属于永昌军民府，位于今潞江坝。先治城子田，天启年间迁治老城。

②鼯（wú）：啮齿目松鼠科动物，看上去像松鼠，前后肢之间长有飞膜，可从树上飞降。

③蒲满哨：今名同，位于高黎贡山上的公路旁。

④"但如唐人"句：这句诗是杜甫在大历元年（766年）春在云安所著《子规》诗。

⑤分水关：现在称为城门洞，位于公路偏北的地方，海拔2561米，为高黎贡山脊，保山、腾冲以此为界。

【译文】

十二日　鸡叫两遍（起床），用过饭，在黎明的时候出了门。这里虽然正处于高峻的山峰之上，不过民屋颇多，在村子的北面有公馆，潞江驿就在它的上面。山下东南一面已经成为大平川，现在已经被插满了秧，绿色遍野，潞江顺着东山向东南方向流去，安抚司倚靠着西南平川的山坞而居；随即从磨盘石朝着西南方向往山上走，依然十分陡峭。走了二里，翻过它南面的山峡，这里的山峡下嵌得特别深，从西面延伸向东，一直延伸到安抚司的下方。峡底并没有空余的缝隙，只听到竹林之中有潺潺的流水声。峡中的深山也非常高峻，藤枝树木密布相互遮掩，猿猴鼯鼠白昼叫个不停。峡谷北面的路顺着山崖向上延伸，顺着山峡向西走，上面距离山顶不足一二里，顺着山峡向西平缓地走四里，有个石洞从南面挨着道路旁边的山崖，深处宽处各有一丈多，当地人用石头凿了山神碑放在了洞里面。继续走了四里，稍稍转向北面登上山崖，随即转而向西，向西登上面对着山峡的山坡。北面的山峡上面，到这里开始往下垂成一个山坡，不过在南面的山峡的下面，且有一个峡谷从南山的夹谷底部一直延伸出来，与向东延伸出来的峡谷相会形成了一个"丁"字，之后向北一面下垂成山坡。继续向西走了二里，时而登上山脊，时而沿着山峰南面走，继续走了三里，有几户人家居住在东分支延伸的山脊之间，这便是蒲满哨。山脊从这里大体分出了支脉向东延伸，稍微高高凸起，它的北侧又向下坠成峡谷，它南面便是安抚司后峡的上游了。从这里向西张望，一座尖峰正当西方重又耸起，尖峰西北方向排列着高达隆起的山脊，开始成为向南延伸的大山脊，这便是所说的高黎贡山，当地人误读为高良工山，这便是蒙氏僭封为西岳的山。这座山也被称为昆仑冈，是根据它的高大来说的。不过它刚好是昆仑山向南下延支脉中的正脉，如此一来方言也并不是毫无道理的。从蒲满哨向西往下走一里，来到了过来的时候遥望看到的尖峰，马上踩着石阶转了几道弯之后向上走。两侧陡峭的山崖夹立耸起，中间向下坠成一条路，路从相夹的山崖中弯弯

曲曲低向上升，两边的高崖上有高大的树木盘曲在空中，树根缠绕下垂露在山崖的外面，山崖上浓密的竹丛树林一片绿意，下覆的树荫成为帷幕，从它上面走，不再觉得是万山的顶部，只是像唐人所吟咏的"两边山林合，终日杜鹃啼"，情境合一了。走了一里多，登上了山脊。平缓地走在山脊上，继续走了二里多，有几户人家倚靠着北面的山脊而居，这里便是分水关，村子的西面有沿着北面的山坡往南而下流的水，这里便是潞江安抚司后峡的发源地了。转向南面，向西翻过岭脊，有砖堆砌的拱门，横架在延伸的山脊上。这个关口年代久远，顶上中央已经坍塌，这便是分水的关隘。关东的水向下流入潞江，关西的水向下流入龙川江。

【原文】

于是西下峡，稍转而南，即西上穿峡逾脊，共五里，度南横之脊，有村庐，是为新安哨。由哨南复西转，或过山脊，或蹈岭峡，屡上屡下，十里，为太平哨①。于是屡下屡平，始无上陟之脊。五里，为小歇厂。五里，为竹笆铺。自过分水关，雨阵时至，至竹笆铺始晴。数家夹路成衢，有卖鹿肉者，余买而炙脯②。于是直下三里，为茶庵。又西下五里，及山麓，坡间始盘塍为田。其下即龙川江自北而南，水不及潞江三分之一，而奔坠甚沸。西崖削壁插江，东则平坡环塍。行塍间半里，抵龙川江东岸。溯江北行，又半里，有铁锁桥架江上。其制两头悬练，中穿板如织，法一如澜沧之铁锁桥，而狭止得其半。由桥西即蹑级南上，半里为龙关，数十家当坡而居，有税司以榷负贩者③。又西向平上四里余，而宿于橄榄坡④。其坡自西山之脊，东向层突，百家当坡而居，夹路成街，踞山之半。其处米价甚贱，每二十文宿一宵，饭两餐，又有夹包⑤。

龙川江发源于群山北峡峨昌蛮七藏甸⑥，经此，东为高黎贡，西为赤土山。下流至缅甸太公城⑦，合大盈江。

【注释】

①太平哨：现在写为太平铺。

②炙（zhì）：熏烤。脯（fǔ）：干肉，云南俗称为干巴。

③榷（què）：征税。

④橄榄坡：今作橄榄寨，在腾冲县东部，龙川江西岸，上营和芒棒之间。

⑤夹包：带在路上吃的食品。

⑥峨昌蛮：即阿昌族。

⑦太公城：今作达冈，在缅甸北部，伊洛瓦底江上游东岸，杰沙西南。

【译文】

由这里向西走下山峡，稍稍转而向南，立即向西上行翻过峡谷越过山脊，一共走五里，翻过横在南面的山脊，有村庄房屋，这里便是新安哨了。从新安哨的南面向西转，时而会翻过山脊，时而需要跋涉岭峡，多次上上下下，走了十里，便到了太平哨。从这里开始多次下山、多次碰到平地，开始没有往上登的山脊。走了五里，便是小歇厂。再走五里，便是竹笆铺。自从过了分水关，阵雨常常不期而至，到了竹笆铺才晴朗起来。有几户人家夹住道路形成了市，有卖鹿肉的人，我便买了一些熏烤成肉干。从这里一直向下走三里，便到了茶庵。继续向西往下走五里，抵达了山麓，山坡间开始出现有田埂环绕的农田。山坡的下面便是龙川江，从北面流向南面，水面不及潞江的三分之一宽，不过水湍急倾泻、十分汹涌。西岸山崖刀削般的石壁直接插入江中，东岸则是平缓的山坡田畦环绕。在田地里走了半里，抵达了龙川江东岸。逆着江水向北走，又走了半里，在江上架有铁索桥。它的建造方法是在两端悬挂

铁链,中间用木板像织布那样穿起来,方法与澜沧江的铁索桥完全一致,不过很窄,宽度只有澜沧江的一半。从桥的西面马上登着石阶向南往上走,走了半里便到了龙关,在这里有几十户人家挨着山坡居住,设置了税司向肩挑背驮贩卖的人征收税款。继续向西平缓地走四里多,便住在了橄榄坡。这里的山坡从西山的山脊的地方隆起,向东层层突过来,有百户人家居住在山坡上,夹住道路形成街市,盘踞在山半腰。这里的米很便宜,住宿一晚也只需二十文钱,管两餐饭,还有可以带上路吃的食物。

龙川江发源于峨昌蛮七藏甸北面山峡的群山之中,流经这里,东面是高黎贡山,西面是赤土山。向下流到缅甸的太公城,与大盈江汇合。

游鸡足山日记   后

【题解】

鸡足山是著名的佛教名山,简称为鸡山。明朝末年,逃禅风气盛行,此时鸡足山发展进入鼎盛时期,诸多学问僧在这里相聚,因此鸡足山具有鲜明的时代性与地域性。徐霞客正是在此时进入到鸡足山,对鸡足山的风物以及文化做了拾遗补缺的勘察。此外,他在丽江接受了木增"以书求修《鸡山志》",因此对鸡足山的认识更加深入。不过当时徐霞客已经年老,身患多疾,长期跟在他身边的仆人顾行又偷走了他的钱物逃走了。多重打击,让徐霞客身心俱疲。即便如此,他还是坚持创修了《鸡山志》,为中国的地理发展做出了重大贡献。

【原文】

二十九日 为弘辨师诞日,设面甚洁白。平午,浴于大池。余先以久涉瘴地，头面四肢俱发疹①块，累累丛肤理间，左耳左足，时时有蠕动状。半月前以为虱也，索之无有。至是知为风，而苦于无药。兹汤池水深，俱煎以药草，乃久浸而熏蒸之，汗出如雨。此治风妙法，忽幸而值之，知疾有瘳②机矣。下午，艮一、兰宗来。体师更以所录山中诸刹碑文相示，且谋为余作揭转报丽江。诸碑乃丽江公先命之录者。

【注释】

①疹：皮肤上出现的斑块病变。

②瘳（chōu）：病情痊愈。

【译文】

二十九日　是弘辨禅师的生日，摆设的面食十分干净洁白。中午的时候，在大池中沐浴。我之前因为长期在瘴疠的地方跋涉，头脸四肢全都长了块状的疹子，密布在皮肤纹理之间，左耳与左脚，经常会有蠕动的感觉。半个月之前以为生了虱子，找了一下又没有。到了现在才知晓那是中风，但是又苦于无药。这个热水池水很深，全都是用草药烧煮的，因此会长时间浸泡在里面熏蒸，流下的汗像下雨一般。这便是治疗中风的绝佳方法，忽然间觉得幸好碰到了它，才知晓了病情有痊愈的可能。下午的时候，艮一、兰宗前来。体极禅师将他所抄写的山中各个寺院的碑文拿给我看，并打算让我写揭帖转报丽江府。各个寺庙的本文是丽江木公事先嘱咐他抄写的。

【原文】

九月初一日　在悉檀。上午，与兰宗、艮一观菊南楼，下午别去。

初二日　在悉檀，作记北楼。是日体极使人报丽江府。

初三日、初四日　作记北楼。

初五日　雨浃日。买土参洗而烘之。

初六日、初七日　浃日夜雨不休。是日体极邀坐南楼，设茶饼饭。出朱按君泰贞、谢抚台有仁所书诗卷，并本山大力、本无、野愚所存诗跋，程二游名还，省人。初游金陵，永昌王会图讹其骗银，钱中丞逮之

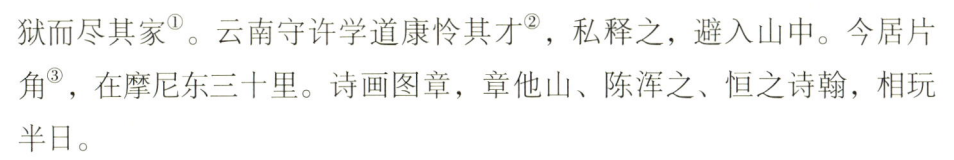

狱而尽其家①。云南守许学道康怜其才②，私释之，避入山中。今居片角③，在摩尼东三十里。诗画图章，章他山、陈浑之、恒之诗翰，相玩半日。

初八日　雨霁，作记北楼。体极以本无随笔诗稿示。

初九日　雾甚。晨饭，余欲往大理取所寄衣囊，并了苍山、洱海未了之兴。体极来留曰："已着使特往丽江。若去而丽江使人来，是诳之也。"余以即来辞。体极曰："宁俟其信至而后去。"余从之，遂同和光师穷大觉来龙。

【注释】

①中丞：即御史中丞。汉朝的时候是御史大夫的属官，明代将御史台改为都察院，其中副都御史也就相当于前代的御史中丞。

②学道：明朝有儒学提举司，后来又设置了提督学政，两京以御史、十三布政司以按察司佥事充任，为提学道，又省称学道。

③片角：今名同，是永胜县跨在金沙江南的部分。

【译文】

九月初一日　在悉檀寺。上午的时候，跟着兰宗、艮一在南楼一起观赏菊花，下午的时候他们告辞走了。

初二日　在悉檀寺，在北楼写日记。这一天体极派人到丽江府去报告。

初三日、初四日　在北楼写日记。

初五日　下了一整天的雨。买土参来洗浴烘蒸身体。

初六日、初七日　均是日夜不停地下雨。在这天体极邀请我到南楼坐谈，摆上了茶水、饼子、米饭。拿出了巡按朱大人朱泰贞、巡抚谢大人谢有仁所写的诗卷，以及本山大力、本无、野愚所保存的诗跋，程二游名叫还，省城人。当初在金陵游学的时候，永昌人王会图诬告他骗银子，钱中丞将他逮捕入狱并抄没了他的家产。云南署理学道许康怜惜他的才华，私自将其释放，让他逃到山中避难。现居住在片角，在摩尼山

东面三十里的地方。诗画图章，章他山、陈浑之、陈恒之的诗文，相互之间观赏了半天。

初八日　雨后初晴，在北楼写日记。体极拿了本无的随笔诗稿给我阅览。

初九日　天气十分晴朗。用过早饭之后，我打算到大理将我寄存的衣服行李取回，并了却苍山、洱海没能了却的兴致。体极过来挽留说："已经派了使者特意赶往丽江。如果离开之后派人过来，便是在欺骗他了。"我于是用马上就回来的话来回复他。体极说："宁愿让我等到木公的信使来了之后再走。"我听了他的话，于是跟着和光禅师前往研究大觉寺山势的始末。

【原文】

　　从寺西一里，渡兰那寺东南下水，过迎祥、石钟、西竺、龙华，其南临中谿，即万寿寺也，俱不入。西北约二里，入大觉，访遍周。遍周闲居片角庄，月终乃归。遂出，过锁水阁，于是从桥西上，共一里至寂光东麓。仍东过涧，从涧东蹑大觉后大脊北向上。一里余，登其中冈，东望即兰那寺峡，西望即水月庵后上烟霞室峡也。又上里余，再登一冈。其冈西临盘峡，西北有瀑布悬崖而下，其上静庐临之，即旃檀林也①。东突一冈，横抱为兰陀后脊，冈后分峡东下，即狮子林前坠之壑也。于是岐分岭头：其东南来者，乃兰那寺西上之道；东北去者，为狮林道；西北盘崖而上者，为旃檀岭也；其西南来者，即余从大觉来道也。始辨是脊，从其上望台连耸三小峰南下，脊两旁西坠者，南下为瀑布而出锁水阁桥；东坠者，南下合狮林诸水而出兰那寺东。是东下之源，即中支与东支分界之始，不可不辨也。余时欲东至狮林，而忽见瀑布垂绡，乃昔登鸡山所未曾见，姑先西北上。于是愈上愈峻，路愈狭，曲折作"之"字而北者二里，乃西盘望台南嘴。此脊下度为大觉正脊，而东折其尾，为龙华、西竺、石钟、迎祥诸寺，又东横于大龙潭南，为悉檀前案，而尽于其下。此脊当鸡山之中，其脉正而雄，望台初涌处，连贯三珠，故其下当结大觉，为一山首刹，其垂端之石钟，亦为开山第一古迹焉。然有欲以此山作一支者，如是则塔基即不得为前三距之一，而以此支代之。但此支实短而中缩，西之大士阁，东之塔院，实交峙于前，与西支之传衣寺岭鼎足前列。故论支当以寂光前引之冈为中，塔基上拥之脊东，而此脉之中缩者不与；论刹当以大觉中悬为首，而西之寂光，乃其辅翼，东之悉檀，另主东盟，而此寺之环拱者独尊。故支为中条附庸，而寺为中条冠冕，此寺为中条重，而中条不能重寺也。嘴之西有乱砾垂峡，由此北盘峡上，路出旃檀岭之上，为罗汉壁道；由此度峡西下，为旃檀中静室道，而瀑布则层悬其下，反不能见焉。

【注释】

①旃（zhān）檀：也被称为檀香，是一种古老而又十分稀少的树木，收藏价值高。旃檀林指的是地名。

【译文】

从寺院的西面走了一里，渡过兰那寺向东南方向往下流的涧水，途经迎祥寺、石钟寺、西竺寺、龙华寺，南面下临中谿读书的地方便是万寿寺了，全都没有走进去观赏。向西北走了约二里，进入大觉寺，拜访了遍周。遍周就住在片角庄，月底的时候才回来。于是就走出了寺庙，过了锁水阁，于是就从桥的西面向上走，一共走了一里来到了寂光寺的东麓。依然向东穿过了山涧，从山涧的东边踩着大觉寺后面的大山脊向北往上登爬。走了一里多，登上了它中间的山冈，遥望东面便是兰那寺的峡谷，遥望西面便是水月庵后上方烟霞室的峡谷。继续走了一里多，又登上了一座山冈。这座山冈西面挨着盘旋的峡谷，西北方向有悬垂在山崖上的瀑布，瀑布的上面有一处静室，这里就是旃檀林了。向东突起的一座山冈，横抱是兰陀寺后边的山脊，山冈的后面分出的峡谷向东往下延伸，那里便是狮子林前面下坠的壑谷。在这里岭头分出岔道：从东南面而来的那条路，便是兰那寺向西往上走的路；向东北方向延伸的，便是前往狮子林的路；向西北方向环绕着山崖往上攀登，便是前往旃檀岭的路；那从西南来的，便是我从大觉寺过来时走的路。这才分辨清楚了这条山脊，从它上面的望台一连耸起三座小峰往南下垂，山脊两侧则是向西下坠的，向南往下流淌的成为瀑布之后流出锁水阁桥；向东下坠的，向南往下流与狮子林多处的水流汇合之后一同流到了兰那寺的东面。这是往东向下流的水源，也就是中间的支峰与东面的支峰分界的开端，不能不进行分辨。我这时候想要向东到狮子林去，可是突然看到瀑布像白绸垂挂，这是之前在登鸡足山的时候从来没有看到过的，勉强先向西北方向往上走。从这里开始越是向上走路越是陡峻，越窄，弯弯曲曲地走出了一个"之"字形，再向北走了二里，于是就往西绕过了望台南面的山嘴。这条山脊往下延伸成为大觉寺的正脊，而后向东掉转它的尾部，成为龙华寺、西竺寺、石钟寺、迎祥寺等多处寺院，继续向东横在大龙潭南面，成为悉檀寺前面的案山，之后在它的下面一直到尽头。这个山脊正位于鸡足山的中心，它的山脉又正又雄伟，望台刚出现的地方，像是三颗连贯的珠子，因此它的下面应当环绕着大觉寺，这便是全山中首屈一指的寺庙，位于它下垂的地方的前面的石钟寺，也是开山时的第一古迹。不过有人打算将这座山算为一条支脉，如果这样的话那塔基就无法成为前山鸡爪的三个脚趾之一，却要用这里的支峰来代替它；但是这条支峰实际上很短且缩在中央的位置，南边的大士阁，东边的塔院，实际上在前方相互耸峙，与西边的支峰的传衣寺岭鼎足般地排在前面。因此要说支峰可以将寂光寺前面延伸的山冈当做是中间的支峰，塔基上方拥围的山脊是东边的支峰，不过这里缩在中间的山脉没有参与进来；说寺院应当将悬在中间的大觉寺当成首位，而西面的寂光寺，便是它左右的辅翼，东边的悉檀寺，成为另外东面的盟主，这座寺庙环绕拱卫的地方独自占有着十分尊贵的地位。因此支峰是中间支脉的附庸，但是寺庙却是中间支脉的最为出众，这是由于寺院坐落在中脉，增加了中脉的地位，而中脉无法增强寺院的地位。山嘴的西面有遍布着下垂乱石的峡谷，从这里向北绕到峡谷上去，道路通往旃檀岭之上，这便是前往罗汉壁的路；从这里穿过峡谷向西往下走，是前往旃檀林中静室的路，但是瀑布却层层悬在它的下

方，反而无法看到。

【原文】

乃再度峡西崖，随之南下。一里，转东岐，得一新辟小室。问瀑布何在？其僧朴而好事，曰："此间有三瀑：东箐者，最上而小；西峡者，中悬而长；下坞者，水大而短。惟中悬为第一胜，此时最可观，而春冬则无有，此所以昔时不闻也。"老僧牵衣留待瀹茗，余急于观瀑，僧乃前为导。西下峻级半里，越级湾之西，有小水垂崖前坠为壑，而路由其上，南盘而下。又半里，即见壑东危崖盘耸，其上一瀑垂空倒峡，飞喷迢遥，下及壑底，高百余丈，摇岚曳石，浮动烟云。虽其势小于玉龙阁前峡口瀑，而峡口内嵌于两崖之胁，观者不能对峡直眺，而旁觑倒瞰，不能竟其全体；此瀑高飞于穹崖之首，观者隔峡平揖，而自颡及趾①，靡有所遗。故其跌宕之势，飘摇之形，宛转若有余，腾跃若不及，为粉碎于空虚，为贯珠于掌上，舞霓裳而骨节皆灵，掩鲛绡而丰神独迥，不由此几失山中第一胜矣！

【注释】

①颡（sǎng）：额头。

【译文】

于是在翻到峡谷西面的山崖上面，沿着山崖向南往下走。走了一里，转而走上东面的岔路，找到一处新开辟的小室。询问瀑布在何处？那位和尚十分朴实热情，说："这一地区有三道瀑布，东面山上的竹林中，位于最上面但是水势较小；西面的峡谷之中，悬在中央但是水流很长；位于下方山坞之中的，水流很大但是最短。只有悬在中央的第一处景观，这时候最值得欣赏，到了春天、冬天这两个季节便会枯竭，这便是你过去为什么没有听说的原因。"老和尚拉住我的衣服将我挽留，让我等待沏茶，我特别想去观赏瀑布，和尚便走在前面为我领路。向西往下走了半里的陡峭石阶，顺着石阶翻到了山湾的西面，在山崖的前面有一条小溪下坠成为壑谷，而道路从它的上面向南环绕而下。继续走了半里，随即就看到了在壑谷东面有陡峭的山崖弯曲向上耸立着，山崖的上面有一条瀑布垂直悬空坠入峡谷之中，远远地飞溅喷泻，向下坠入壑谷底，有百丈多高，山风呼呼，石崖朦胧，烟雾缭绕。水势虽然比玉龙阁前面峡口的瀑布小一些，但是峡口往内嵌在了两侧山崖的边上，观赏的人无法对着山峡直视，而要在旁边斜着往下看，无法尽览其全貌；这条瀑布在穹隆的山崖头上弯弯曲曲低悬着，观赏的人隔着峡谷平视作揖，而且从顶到脚，没有漏看的。因此它跌宕磅礴的气势，飘摇的形态，弯转有余，腾跃的气势仿佛还不够，是虚空中粉碎的粉沫，是掌中的串珠，是彩虹般的裙裳在飘动；而山石间充满了灵气，掩盖着鲛人织成的丝绢而丰满的身子与神韵异常独特，不来到这里差不多就可以算是错过了山中的第一奇观了！

【原文】

由对峡再盘西嘴，入野和静室。门内有室三楹甚爽，两旁夹室亦幽洁。其门东南向，以九重崖为龙，即以本支旃檀岭为虎，其前近山皆伏；而远者又以宾川东山并梁王山为龙虎，中央益开展无前，直抵小云南东水盘诸岭焉。盖鸡山诸刹及静室俱南向，以东西二支为龙虎，而西支之南，有木香坪山最高而前巩，亦为虎翼，故藉之为胜者此，视之为崇者亦此；独此室之向，不与众同，而此山亦伏而不见，他处不能也。野和为克新之徒，尚居寂光，以其徒知空居此。年少而文，为诗虽未工，而志甚切，以其师叔见晓寄诗相示，并己稿请正，且具餐焉。见晓名读彻，一号苍雪，去山二十年，在余乡中峰，为文湛持所推许，诗翰俱清雅。问克新向所居精舍①，尚在西一里，而克新亦在寂光。乃不西，复从瀑布上，东盘望台之南。二里余，从其东胁见一静室，其僧为一宗，已狮林西境矣。室之东，有水喷小峡中，南下涉之。又东即体极静室，其上为标月静室。其峡中所喷小水，即下为兰那东涧者，此其源头也。其山去大脊已不甚遥，而崖间无道，道由望台可上，至是已越中支之顶而御东支矣。

【注释】

①精舍：对寺院的另一种称呼。

【译文】

从对面的山峡上再绕过西面的山嘴，走到野和的静室之中。门内有三间十分清爽的屋子，两侧相夹的屋子也十分幽静干净。静室的门朝向东南，如果将九重崖当成龙的话，那么这里支脉的旃檀岭便是虎了，它的前面紧临的山全部低伏着；而远山又将宾川的东山及梁王山当作龙虎，中间显得异常的开阔平展，前面没有障碍，可以直接前往小云南驿东边的水盘岭各座山峰。大致来讲，鸡足山各个寺院以及静室全都是朝向南边的，将东西两条支脉作为龙虎，而西面支脉的南面，向前环绕着的木香坪山最高，也是虎翼，因此凭借这一点成为了胜地，将它看成是崇山峻岭也是凭借这一点；只是这里静室的坐向，与

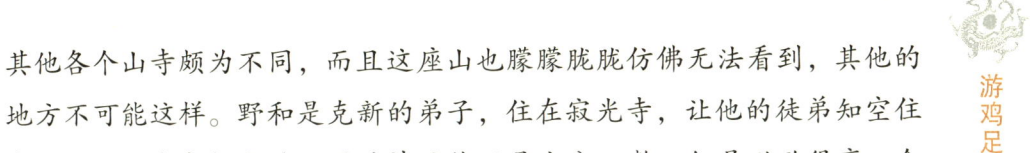

其他各个山寺颇为不同，而且这座山也朦朦胧胧仿佛无法看到，其他的地方不可能这样。野和是克新的弟子，住在寂光寺，让他的徒弟知空住在这里。知空年轻文雅，写的诗虽然不是十分工整，但是兴致很高，会将他师叔见晓寄赠的诗拿给我来阅览，跟着他自己的诗稿一起请我进行指点，并会备下饭菜。见晓法名叫读彻，还有一个法号叫苍雪，离山已经二十年，在我家乡的中峰，被文湛持所推重，诗文均十分清新雅致。打听克新之前所居住的院落，位于西边一里的地方，不过克新也在寂光寺。于是并没有向西而行，而是由瀑布的上面，向东绕到了望台的南端。走了二里多，从望台的东侧看到一处静室，住在那里的僧人是一宗，（打听之后）才知晓自己已经到了狮子林的西部了。静室的东面，在小峡之中有水喷泻，水流向南下坠，继续往东则是体极的静室，它的上面便是标月的静室。那峡中喷泻的小溪，便是下流成为兰那寺东面山涧的溪水，这里便是它的源头。这里的山距离大山脊已经不远了，不过山崖之间没有路贯通，只能从望台上走，到了这里已经翻过了中间支峰的峰顶而迎接东面的支峰了。

【原文】

由此而东半里，入白云静室，是为念佛堂。白云不在。观其灵泉，不出于峡而出于脊，不出崖外而出崖中，不出于穴孔而出于穴顶，其悬也，似有所从来而不见，其坠也，曾不假灌输而不竭，有是哉，佛教之神也于是乎征矣。何前不遽出，而必待结庐之后，何后不中止，而独擅诸源之先，谓之非"功德水"可乎？较之万佛阁岩下之潴穴，霄壤异矣。又东一里，入野愚静室，是为大静室。浃谈半晌。西南下一里，饭于影空静室。与别已半载，一见把臂，乃饭而去。从其西峡下半里，至兰宗静室。盖狮林中脊，自念佛堂中垂而下，中为影空，下为兰宗两静室，而中突一岩间之，一踞岩端，一倚岩脚，两崖俱坠峡环之。岩峙东西峡中，南拥如屏。东屏之上，有水上坠，洒空而下，罩于嵌壁之外，是为水帘。西屏之侧，有色旁映，傅粉成金，焕乎层崖之上，是为翠壁。水帘之下，树皆偃侧，有斜骞如翅，有横卧如虬①，更有侧体而横生者。众支皆圆，而此独扁；众材皆奋，而此独横，亦一奇也。

兰宗遥从竹间望余，至即把臂留宿。时沈莘野已东游，乃翁偶不在庐，余欲候晤，遂从之。和光欲下山，因命顾奴与俱，恐山庐无余被，怜其寒也。奴请匙钥，余并箱筐者与之，以一时解缚不便也。奴去，兰宗即曳杖导余，再观水帘、翠壁、侧树诸胜。既暮，乃还其庐。是日为重阳，晴爽既甚，而夜月当中峰之上，碧落如水，恍然群玉山头也。

【注释】

①虬（qiú）：古代传说中一种有脚的龙。

【译文】

从这里向东走半里，进入到白云的静室当中，便到了念佛堂。白云和尚没在。观赏了这里的灵泉，并非是从峡谷中流出而是从山脊之中流出，没有从山崖的外侧流出去却在山崖之中涌出，没有从孔洞之中流出去却从洞穴顶部溢出，高悬的泉水，应当有流过来的地方但是却没有发现，水流往下坠落，从来没有借助灌注输运但是却又不会枯竭，这样的泉水啊，佛教的神异在此处得到了验证。为什么之前没有流出来，而一定要等到修建了寺庙之后？为何后来从来没有中断过，而独独开辟了各处水源的先河，说它并非"功德水"怎么能行呢？将它与万佛阁岩石下的积水洞穴相比较，有着天壤之别了。继续向东走了一里，进入到野愚的静室，这是大静室。深入地交谈了半天。向西南往下走了一里，在影空的静室中用了饭。与他相别已有半年，一见面便紧握手臂，吃饭之后便告辞了。从这里西峡向下走了半里，便来到了兰宗的静室。狮子林中间的山脊，从念佛堂居中下垂，中间是影空的静室、下面是兰宗和尚的静室，有一块突起的石崖隔开了它们，一个静室盘出在石崖的顶部，一个静室紧临着石崖的脚下，石崖的两边都是深坠的峡谷环绕着它。石崖呈现为东西方向屹立在峡谷之中，向南围拥像是屏风一般。东面的屏风上面，有水流从上面倾泻，洒在空中掉下来，罩在下嵌的石壁之外，这

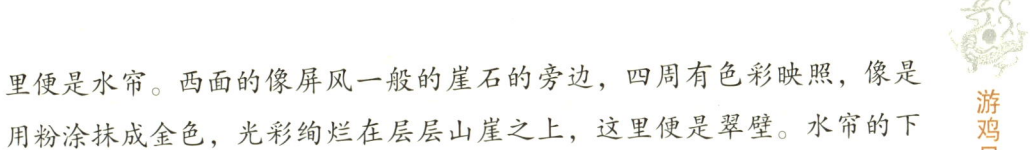

里便是水帘。西面的像屏风一般的崖石的旁边，四周有色彩映照，像是用粉涂抹成金色，光彩绚烂在层层山崖之上，这里便是翠壁。水帘的下面，树木全都侧倒着，有的斜举像是鸟的翅膀一般，有的横卧像是虬龙一般，有的树体侧着横长的。各处的树干全都是圆的，可是这里的却独独是扁的；各地的树木全都是向上生长的，可是这里却是横着长的，也能算是一处奇观了。

兰宗和尚远远地从竹丛间看到了我，见面之后马上挽住我的手臂让我住在那里。当时沈莘野已经前往东游，他这时候没有在屋中，我打算等他回来见面，于是听从了兰宗的安排。和光打算下山去，于是就吩咐顾奴跟他一起走，由于担心山间庐舍中没有多余的被子，怜惜他会因此而着凉。顾仆请求将钥匙交给他，由于一时间解开捆绑钥匙的绳子十分不便，我连同箱子、竹筐的钥匙全都交给了他。顾仆离开之后，兰宗马上拖着手杖带着我，又去游览了水帘、翠壁、侧树等多处的景观。天黑之后，就回到了他的家中。这一天是重阳节，白天已经十分晴朗，而夜里明月正位于中峰的上面，天空像水波一般清澈，恍惚置身于群玉山头了。

【原文】

初十日　晨起，问沈翁，犹未归。兰宗具饭，更作饼食。余取纸为狮林四奇诗畀之。水帘、翠壁、侧树、灵泉。见顾仆不至，余疑而问之。兰宗曰："彼知君即下，何以复上？"而余心犹怏怏不释，待沈翁不至，即辞兰宗下。才下，见一僧仓皇至。兰宗尚随行，讯其来何以故。曰："悉檀长老命来候相公者。"余知仆遁矣[①]。再讯之。曰："长老见尊使负包囊往大理，询和光，疑其未奉相公命，故使余来告。"余固知其逃也，非往大理也。遂别兰宗，同僧亟下。五里，过兰那寺前幻住庵东，又下三里，过东西两涧会处，抵悉檀，已午。启箧而视，所有尽去。体极、弘辨欲为余急发二寺僧往追，余止之，谓："追或不能及。及亦不能强之必来。亦听其去而已矣。"但离乡三载，一主一仆，形影相依，一旦弃余于万里之外，何其忍也！

【注释】

①逋（bū）：逃亡，逃跑。

【译文】

初十日 早晨起来，询问沈翁，依然还没有回来。兰宗准备了饭菜，还另外做了饼子吃。我取来纸写了狮子林四奇诗赠给了他。四奇指的是水帘、翠壁、侧树、灵泉这四处景观，看到顾仆还没有回来，我心生疑虑向他询问。兰宗说："他肯定知晓先生马上就要下去了，再上来有何用？"可是我心中十分不安，无法释怀，没有等到沈翁，马上就辞别了兰宗下山去了。刚往下走，看到一名和尚慌张地走过来。兰宗还跟着我，向他询问所为何事。说："悉檀寺的长老吩咐我前来迎接相公的。"我心想顾仆逃跑了，再次向和尚询问，他说："长老看到贵使背着包袱来到大理，向和光询问，怀疑他并不是奉了您的命令，因此派我前来汇报。"我原本就知晓他是逃跑了，不是去大理；于是辞别了兰宗，与和尚一同急忙下山。走了五里，路过了兰那寺前幻住庵的东面，继续向下走了三里，途经东西两条山

洞汇合的地方，来到了悉檀寺，已经是中午了。打开箱子查看，发现里面所有的东西全都不见了。体极、弘辨准备紧急派两名寺中的僧人去追赶，我阻止了他们，说道："追可能也追不上了。追上他也无法强迫他回来，还是任由他离开算了。"只是离开家乡已有三年，一主一仆，形影相依，竟然在万里之外抛下了我，于心何忍啊！

法王缘起

【题解】

在唐宋时期，将西藏称为吐蕃，元朝统一藏族地区之后在青藏高原设立了军中机构，在河州设立了行政机构，并对地方政权进行了扶植。徐霞客在游记之中特意写了本篇日记，记载西藏的人王、法王分治这种跟中原地区完全不同的政治制度。

【原文】

吐蕃国有法王、人王①。

人王主兵革，初有四，今并一。法王主佛教，亦有二。人王以土地养法王，而不知有中国；法王代人王化人民，而遵奉朝廷。其教，大法王与二法王更相为师弟。

大法王将没②，即先语二法王以托生之地。二法王如其言往求之，必得所生，即抱奉归养为大法王，而传之道。其抱归时，虽年甚幼，而前生所遗事，如探环穴中，历历不爽。二法王没，亦先语于大法王，而往觅与抱归传教，亦如之。其托生之家，各不甚遥绝，若只借为萌芽，而果则不易也。大与二，亦只互为渊源，而位则不更也③。

庚戌年，二法王曾至丽江，遂至鸡足。

大宝法王于嘉靖间朝京师,参五台。

丽江北至必烈界④,几两月程。又两月,西北至大宝法王。

【注释】

①吐蕃(bō):7~9世纪古代藏族建立的政权,由松赞干布开始延续了两百多年,是西藏历史上创立的首个政权。人王:首领。法王:喇嘛教的首领。

②没:通"殁(mò)",死。

③位则不更也:也就是喇嘛教的"灵童"转世制度。

④必烈:也就是必里。在明朝的时候设立了必里卫,位于现在的青海南部

【译文】

吐蕃国有法王、人王。

人王主要管理军务大事,最开始的时候有四个,如今已经合并成了一个。法王主要管理佛教,也有两个。人王利用土地来供养法王,却不知道有中原;法王代替人王来教化百姓,但是尊重敬奉朝廷。他们的教规,大法王与二法王互相更替作为师兄弟。

大法王临死的时候,就会事先将自己托生的地方告知给二法王。二法王按照他的话前往寻找,一定能找到转世的人,立即抱回来作为大法王供养,并将教旨传授给他。他抱回来的时候,虽然年纪尚幼,但是对

于前生的事情，就像是伸手到环形的洞穴中取出来一样，清楚地记得，丝毫没有出入。二法王临死的时候，也会事先将自己的托生之地告知给大法王，而且寻找与抱回来传教，也是这样。他们托生的人家，各自相隔并不远，就好像只借以当成萌生的幼芽，但结果却不变。大法王与二法王，也只是互为渊源，而地位也不会变更。

庚戌年，二法王曾经来到丽江，进而来到了鸡足山。

大宝法王在嘉靖年间朝见京师，在五台山进行了参拜。

丽江向北到达必烈境内，有将近两个月的路程。继续走两个月，向西北通往大宝法王居住的地方。

溯江纪源

【题解】

徐霞客出生在长江口附近的江阴，从小便立下了溯江河之源的志向。他利用追踪和目击的方法对江河进行考察。本篇便是徐霞客探索两江源头的地理日志。经过徐霞客精密的观察与大胆的推测，辨析了我国重要的两条最大的河流：长江与黄河的发源、流域情况。同时对其水系也进行了比较详细的说明，澄清了多种错误的说法。不过让人遗憾的是，原文已经遗失，本篇只是幸存的千言文字。

【原文】

江、河为南北二经流，以其特达于海也。而余邑正当大江入海之冲，邑以江名，亦以江之势至此而大且尽也。生长其地者，望洋击楫，知其大不知其远；溯流穷源，知其远者，亦以为发源岷山而已。余初考纪籍，见大河自积石入中国[1]。溯其源者，前有博望之乘槎，后有都实之佩金虎符②。其言不一，皆云在昆仑之北，计其地，去岷山西北万余里，何江源短而河源长也？岂河之大更倍于江乎？迨逾淮涉汴，而后睹河流如带，其阔不及江三之一，岂江之大，其所入之水，不及于河乎？迨北历三秦③，南极五岭④，西出石门、金沙，而后知中国入河之水为省五⑤，陕西、山西、河南、山东、南直隶。入江之水为省十一⑥。西北自陕西、四川、河南、湖广、南直，西南自云南、贵州、广西、广东、福建、浙江。计其吐纳，江既倍于河，其大固宜也。

【注释】

①大河：指的是黄河。积石：山名。明朝的时候分为大积石山和小积石山。大积石山指的是阿尼马卿山，位于青海省的南部，距离黄河源头很近。小积石山位于青海省的东部，两山如削，黄河从中冲出，明朝的时候有积石关，现在称为积石峡，在甘肃、青海界上。附近的循化撒拉族自治县也可以称为积石。

②都实：元代人。《元史·地理志·河源附录》记录了元代探河源的成果，也简单地介绍了都实探河源的经过。

③三秦：秦朝灭亡之后，项羽将关中分为三份，封给秦降将章邯、司马欣、董翳三人为王，后来将陕西（不包括汉中）、陇东称为三秦。

④五岭：对越城、都庞、萌渚、骑田、大庾五岭的总称。

⑤入河之水为省五：这是按照明朝的行政区域来讲的。明代的时候并没有设立甘肃省，现在的甘肃省大部均隶属陕西，因此没有提及甘肃。明代黄河往南掉转入海，因此说黄河经过南直隶，即今安徽、江苏两省。

⑥入江之水为省十一：根据查证，现在的广东、福建并不属于长江流域。另有江西属长江水系。《徐霞客游记》未列。

【译文】

长江、黄河是南北两条主要的河流，是由于它们单独流向大海。我的家乡正位于长江口流向大海的重要地区，县也因为长江而命名，也由于到了这里长江的水势变大而且即将到头了。在这个地方生活的人们，

溯江纪源

望见浩瀚的水流冲击着船桨，知道水势很大却不知道它远；逆着水流追寻其源头，知道它发源于很远地方的人，也只是认为发源于岷山罢了。我最开始在从典籍进行考证的时候，看到说黄河是从积石山流向中原的。追寻它源头的人，前有博望侯乘坐木筏前往，后有都实佩带金虎符。他们的说法不同，均说是在昆仑山的北面，估计那个地方，距离岷山西北要有一万多里，为什么长江的源头短而黄河的源头要相对较长呢？难不成黄河的大处更比长江大一倍吗？等到渡过了淮河涉过汴河，之后才看到黄河的水流像是衣带一般，水面宽处不足长江的三分之一，难道长江这样大，它所流入的水流，还比不上黄河吗？向北经过三秦地区，南面五岭已经到达了尽头，向西到了石门关、金沙江，之后得知中国汇入黄河的水流是陕西、山西、河南、山东、

南直隶这五个省。汇入长江的水流则多达十一个省。西北是陕西、四川、河南、湖广、南直隶，西南是云南、贵州、广西、广东、福建、浙江。对它们水流的吞吐量进行计算，长江既然比黄河多一倍，它的水流大也是应该的。

【原文】

按其发源，河自昆仑之北，江亦自昆仑之南，其远亦同也。发于北者曰星宿海，佛经谓之徙多河①。北流经积石，始东折入宁夏②，为河套，又南曲为龙门大河，而与渭合。发于南者曰犁牛石，佛经谓之殑伽河。南流经石门关③，始东折而入丽江，为金沙江，又北曲为叙州大江，与岷山之江合。余按岷江经成都至叙④，不及千里，金沙江经丽江、云南、乌蒙至叙，共二千余里，舍远而宗近，岂其源独与河异乎？非也！河源屡经寻讨，故始得其远；江源从无问津，故仅宗其近。其实岷之入江，与渭之入河，皆中国之支流，而岷江为舟楫所通，金沙江盘折蛮僚溪峒间，水陆俱莫能溯。在叙州者，只知其水出于马湖、乌蒙，而不知上流之由云南、丽江；在云南、丽江者，知其为金沙江，而不知下流之出叙为江源。云南亦有二金沙江：一南流北转，即此江，乃佛经所谓殑伽河也；一南流下海，即王靖远征麓川，缅人恃以为险者，乃佛经所谓信度河也。云南诸志，俱不载其出入之异，互相疑溷，尚不悉其是一是二，分北分南，又何由辨其为源与否也。既不悉其孰远孰近，第见禹贡"岷山导江"之文，遂以江源归之，而不知禹之导，乃其为害于中国之始，非其滥觞发脉之始也。导河自积石，而河源不始于积石；导江自岷山，而江源亦不出于岷山。岷流入江，而未始为江源，正如渭流入河，而未始为河源也。不第此也，岷流之南，又有大渡河，西自吐蕃，经黎⑤、雅与岷江合，在金沙江西北，其源亦长于岷而不及金沙，故推江源者，必当以金沙为首。

【注释】

①"佛经谓之"句：古印度传说，认为地面上的各条大河都是从（指今喜马拉雅山西部一带）四处分流，因此称为四河。在此篇，徐霞客对对上面各河多有自己的解释。

②宁夏：明朝的时候设置宁夏卫和宁夏镇，隶属于陕西省，管理现在的宁夏回族自治区银川市。

③石门关：明朝的时候设立石门关巡检司，在今丽江县西一百二十里石鼓稍北的金沙江西岸，地当吐蕃、幺些交界上。

④叙：明朝的时候设立叙州府，也就是现在的四川省宜宾市。

⑤黎：明朝设立黎州安抚司，管理今四川汉源县九襄镇。

【译文】

对它们的发源地进行考察，黄河位于昆仑山的北侧，长江位于昆仑山的南侧，它们的长度相同。在北侧发源的称为星宿海，佛经中将其称为徙多河。向北流经积石山，之后才会转向东面流经宁夏卫，形成河套，继而向南弯曲地成为龙门峡的大河，之后与渭水相汇合。在南侧发源的称为犁牛石，佛经中将其称为殑伽河。向南流经石门关，之后才向东转而汇入丽江，成为金沙江，之后又往北弯曲成为叙州府的大江，跟发源于岷山的江水相汇合。我考察发现，岷江经成都到叙州府，不足一千里，金沙江流经丽江、云南、乌蒙府到叙州府，总流域长达两千多里，舍弃了远处的却将近处的当作是本源，难道只有它的源头与黄河有所不同吗？这是错误的。经过多次寻找、探究黄河的源头，才找到它远处的源头；从来都没有人询问长江的源头，因此就将近处的支流当成了源头。其实岷江汇入长江，与渭水汇入黄河是一样的，全都是支流罢了，而岷江是舟船可以通行的地方，金沙江环绕蜿蜒在蛮僚各族聚居的溪谷之间，水陆两路全都没有人追溯。叙州府的人，只清楚这条江水出自马湖府、乌蒙府，却不知道它的上游要经过云南、丽江；在云南、丽江的人，知道它是金沙江，却不知道下游到叙州府成为长江的源头。云南有两条金沙江：一条向南流之后转而向北的，就是此江，是佛经中所说的殑伽河了；一条向南流汇入大海的，就是王靖远讨伐麓川的时候，缅甸人作为天险所依靠的那条江，也就是佛经中所说的信度河了。云南各种地方志上，全都没有记载它们出入的不同处，互相疑惑混淆，甚至不知道它们是一条江还是两条江，分在北方还是分在南方，又如何能够分辨出它到底是不是长江的源头呢？既然无法了解它们谁远谁近，只看到《禹贡》中所写的"岷山导江"的字句，就认为长江的源头在岷江，却不知大禹疏导岷江，是由于它是祸害中国的开端，并非是长江滥觞发源的起点。疏导黄河自积石山开始，但是黄河源头并非起始于积石山；疏导长江自岷山开始，而长江的源头也并非是岷山。岷江流向长江，却不是长江的源头，就像说渭水流入黄河，并非是黄河的源头一样。不仅如此，岷江流域的南边，还有一条大渡河，西面源自吐蕃，流经黎州、雅州与岷江合流，在金沙江西北方向，它的源头要比岷江远但不一定能赶得上金沙江，因此追溯长江源头的，一定会将金沙江作为第一。

【原文】

不第此也，宋儒谓中国三大龙，而南龙之脉，亦自岷山，濒大江南岸而下，东渡城陵①、湖口而抵金陵②，此亦不审大渡、金沙之界断其中也。不第此也，并不审城陵矶、湖口县为洞庭、鄱阳二巨浸入江之口。洞庭之西源自沅，发于贵州之谷芒关③；南源自湘，发于粤西之釜山、龙庙。鄱阳之南源自赣，发于粤东之涮头、平远；东源自信、丰，发于闽之渔梁山、浙之仙霞南岭④。是南龙盘曲去江之南且三千里，而谓南龙濒江乎？不第此也，不审龙脉，所以不辨江源。今详三龙大势，北龙夹河之北，南龙抱江之南，而中龙中界之，特短。北龙亦只南向半支入中国。俱另有说。惟南龙磅礴半宇内，而其脉亦发于昆仑，与金沙江相持南下，经石门、丽江，东金沙，西澜沧，二水夹之。环滇池之南，由普定度贵竺、都黎南界⑤，以趋五岭。龙远江亦远，脉长源亦长，此江之所以大于河也。不第此也，南龙自五岭东趋闽之渔梁，南散为闽省之鼓山⑥，东分

为浙之台、宕。正脉北转为小笱岭，闽浙界。度草坪驿，江浙界。峙为浙岭、徽浙界。黄山，徽宁界。而东抵丛山关[7]，绩溪、建平界。东分为天目、武林[8]。正脉北度东坝[9]，而峙为句曲，于是回龙西结金陵，余脉东趋余邑。是余邑不特为大江尽处，亦南龙尽处也。龙与江同发于昆仑，同尽于余邑，屹为江海锁钥，以奠金陵，拥护留都千载不拔之基以此。岂若大河下流，昔曲而北趋碣石，今徙而南夺淮、泗，漫无锁钥耶？然则江之大于河者，不第其源之共远，亦以其龙之交会矣。故不探江源，不知其大于河；不与河相提而论，不知其源之远。谈经流者，先南而次北可也。

【注释】

①城陵：指的是城陵矶，是洞庭湖口，位于湖南省岳阳市北。

②湖口：明朝时设立湖口县，是鄱阳湖口，位于江西省九江市东。

③谷芒关：位于贵定县偏东

的公路旁。

④"鄱阳之南"句：渔梁山位于福建北隅，仙霞南岭位于浙江西南隅，全都处于闽、浙、赣三省的交界处。而信丰在赣南，赣水南源也称为信丰江。信丰应当是广信、永丰的省称，广信府位于现在的江西省上饶市，永丰县位于现在的广丰县。鄱阳东源指的是上饶江，也就是现在的信江。

⑤贵竺：指的是贵竹，明朝设立贵竹长官司，管辖范围为现在的贵州省贵阳市。都黎：即都泥江。

⑥鼓山：位于福州市东郊，闽江北岸，山顶上有一巨石如鼓，因此而得名，为著名风景胜地。

⑦丛山关：在现在的安徽省绩溪县北三十里处。

⑧东分为天目、武林：武林山为灵隐、天竺诸山的总称，在现在的浙江杭州市西部。天目山在浙江省西北部，分为东天目山与西天目山两支。

⑨东坝：明时又称广通镇，今仍称东坝，在江苏高淳县东境。

【译文】

不只这样，宋代儒生认为中国有三大龙脉，而南方的龙脉，也是出自岷山，沿着长江的南岸向下延伸，向东延伸经过城陵矶、湖口县之后到达金陵，这也是没有考察清楚大渡河、金沙江阻断了这条山脉。不只这样，还不清楚城陵矶、湖口县是洞庭湖、鄱阳湖这两大巨大的湖泽汇入长江的湖口。洞庭湖的西面的水源来自沅江，发源于贵州的谷芒关；南面的水源来自湘江，发源于广西的釜山、龙庙。鄱阳湖南面的水源来自赣江，发源于广东的浰头、平远；东面的水源来自信江、永丰溪，发源于福建的渔梁山、浙江的仙霞南岭。如此南方的龙脉盘旋弯曲距离长江的南岸有将近三千里的距离，却简单地认为南方的龙脉是挨着长江的？不只这样，不了解龙脉，因此无法分辨出长江的源头。现在已经详细地了解了三条龙脉的大概趋势，北面的龙脉夹在黄河的北面，南方的龙脉环绕在长江的南面，而中部的龙脉夹在它们之间，显得尤其短。北面的龙脉也只是向南延伸了半条支脉进入中原。全都没有另外的解释。只有南边的龙脉磅礴在半个国家内，而且它的山脉也是从昆仑山开始，与金沙江相并列向南往下延伸，经过石门关、丽江，东面是金沙江，西面是澜沧江，两条江水将它夹着。绕过滇池的南面，从普定延伸到贵竹、都黎的南境，之后到五岭。龙脉很长，长江也很长，山脉很长，水源也很长，这便是长江水势比黄河大的原因了。不只这样，南方的龙脉从五岭向东延伸到福建的渔梁山，向南散开成为福建省的鼓山，向东散开成为浙江的天台山、雁宕山。正脉转而向北成为小箅岭，位于闽浙的交界处。延伸到草坪驿，处于江浙交界处。耸立成为浙岭、徽州浙江交界。黄山，宁国府徽州府交界。向东到丛山关，绩溪、建平境内。向东分为天目山、武林山。正脉向北延伸过东坝，之后耸立对峙成为句曲山，于是龙脉向西回绕盘结成为金陵，余脉向东延伸到我县。如此一来，我县不仅是大江的穷尽的地方，还是南方龙脉穷尽的地方。龙脉与长江一起发源于昆仑山，一同在我县穷尽，俨然成为长江入海处的军事要地，成为金陵的门户基础，拥围护卫原来的都城千年不败的基础就是凭借这一点。难道黄河的下游，过去弯弯曲曲地向北流向碣石，现在迁到了南面，夺取了淮河、泗水的河道，是无边无际的没有

入海口的军事要地吗？这便是长江之所以要比黄河大的缘故，不仅是由于它们的源头长度一样，还由于它们跟龙脉相交合。因此，如果不去探寻长江的源头便不会知晓它比黄河大；不与黄河相比较，就不知道它的源头很远。河流的流域，可以先考察南方再去考察北方。

参考文献

[1] [明] 徐霞客著. 徐霞客游记 [M]. 吉林：吉林出版集团有限责任公司, 2014.

[2] 朱惠荣译注. 徐霞客游记 [M]. 北京：中华书局, 2009.

[3] 崇贤书院释译, [宋] 洪迈著. 徐霞客游记化读本 [M]. 北京：新世界出版社, 2014.